云梯畲族乡志

LOCAL RECORDS OF YUNTISHEZU

安徽省宁国市云梯畲族乡志编纂委员会　编

图书在版编目（CIP）数据

云梯畲族乡志 / 安徽省宁国市云梯畲族乡志编纂委员会编 .-- 北京：方志出版社，2018.11

（中国名镇志丛书）

ISBN 978-7-5144-3286-2

Ⅰ. ①云… Ⅱ. ①安… Ⅲ. ①乡镇—地方志—宁国 Ⅳ. ① K295.45

中国版本图书馆 CIP 数据核字（2018）第 219708 号

· 中国名镇志丛书 ·

云梯畲族乡志

编　　者：安徽省宁国市云梯畲族乡志编纂委员会
责任编辑：朱　姝

出 版 人：冀祥德
出 版 者：方志出版社
地址　北京市朝阳区潘家园东里 9 号（国家方志馆 4 层）
邮编　100021
网址　http://www.fzph.org
发　　行：方志出版社图书经销中心
电话　（010）67110500
经　　销：各地新华书店
排　　版：北京纺印图文设计制作有限公司
印　　刷：北京中科印刷有限公司

开　　本：787 × 1092　　1/16
印　　张：17.5
字　　数：344 千字
版　　次：2018 年 11 月第 1 版　　2018 年 11 月第 1 次印刷

ISBN 978-7-5144-3286-2　　**定价**：141.00 元

序一

习近平总书记指出："不忘历史才能开辟未来，善于继承才能善于创新……只有坚持从历史走向未来，从延续民族文化血脉中开拓前进，我们才能做好今天的事业。"中国优秀传统文化是在漫长的历史长河中历经无数次涤荡和沉淀而形成的思想精髓，蕴藏着无穷的宝藏和无尽的力量。发掘和继承优秀传统文化，是延续中华文明"根"与"魂"的必由之路。与时俱进，推动传统文化不断开拓创新，是中华文明常葆勃勃生机的重要保证。

"国有史，邑有志。"编修地方志是中国特有的文化现象，是中华民族的优秀文化传统。数千年来，连绵不断的志书编修为保护中华民族根脉，传承中华文明发挥了不可替代的作用。中国现存古志有8000余种，占现存古籍的十分之一。中华人民共和国成立以来，编修完成数万种省、市、县三级综合性行政区域志、部门志、行业志、专志等，编纂数万种地方综合年鉴、行业年鉴和专门年鉴等，整理出版数千种历代方志及相关研究成果，发表相当数量的方志理论与年鉴理论研究成果。这既是对我国国情、地情持续开展的大规模普遍调查，也是对各地自然与社会发展状况进行的综合研究，其成果构成了一座丰富的文化资源宝藏，为各级领导科学决策提供了重要参考，为推动经济社会发展和文化建设发挥了重要作用。

当前，中国特色社会主义进入新时代，全国地方志事业也进入新时代。如今的地方志事业围绕党和国家利益、经济社会发展，以人民为中心开拓创新，志、鉴、馆、史"四驾马车"并驾齐驱，志、鉴、馆、网、库、用、会、刊、研、史"十业并举"，加快实现在全国范围内全面推进地方志从一项工作向一项事业转型升级。在党中央、国务院的亲切关怀和各级地方志工作者的共同努力下，一批紧密结合社会发展需求、具有独特创造性的工作逐步开展，涵盖中国名镇志、中国名村志、中国名山志、中国名水志、中国名街志等"名志"系列文化工程是其中代表。作为首个"名志"系列文化工程的中国名镇志文化工程，启动于2015年，至今已是第三个年头。中国名镇志丛书在记述主体上，选择中国历史文化名镇、经济强镇、特色镇等在全国具有影响力和代表性的乡镇，旨在全面展示中国名镇的文化精髓；在内容题材选择上，重在突出不同名镇的“名”和“特”，力求集中体现不同名镇最精彩的部分，增强可读性；在志书编纂程序设置方面，志书申报、篇目设计、专家审读、专家组验收等流程环环相扣，紧密结合，力争把每一部志书都打造成精品佳志。

习近平总书记指出：“历史和现实都表明，一个抛弃了或者背叛了自己历史文化的民族，不仅不可能发展起来，而且很可能上演一场历史悲剧。”2018 年是改革开放 40 周年，40 年来中华大地发生了翻天覆地的变化，乡镇发生了极为深刻的改变，从粗茶淡饭到有机食品，从粗布衣裙到精美时装，从土屋平房到高楼大厦，人民生活水平大大提高，城乡差距不断缩小。然而，在感受辉煌成就的同时，我们也应该看到，许多精巧的古建、精湛的工艺、亲切的乡音、独特的乡俗也在快节奏的发展中与我们渐行渐远，曾经的家乡正逐渐变为记忆中的故园。

党的十九大报告提出乡村振兴战略，此后党中央、国务院又推出一系列重大举措。实施乡村振兴战略，必须全面加强乡村文化建设，培养乡村文化自信，培植文化之“根”，铸牢文化之“魂”。没有乡村文化的高度自信，没有乡村文化的繁荣发展，就难以实现乡村振兴的伟大使命。振兴乡村文化，既要塑形，更要铸魂，必须遵循乡村发展的客观规律，在发展中把文化的精髓保留下来，把乡土味道、乡村风貌的“魂”传承下去。在保留优秀乡村文化内核的基础上，用现代表现方式，把反映时代精神、先进理念的内容通过群众喜闻乐见的文化产品表达出来，才能够让乡土文化具有更强大的生命力。用创新性的模式书写乡镇志，传承和抢救乡土历史文化，激发爱国爱乡情怀，为探索中国特色新型城镇化发展经验、发展模式、发展道路提供历史智慧和现实借鉴，正是实施中国名镇志文化工程的目的和意义所在。

“月是故乡明”。中国人素有“家国情怀”，家乡的山水是最为美丽的，家乡的风俗是充满温暖的，一声亲切的乡音，一口熟悉的家乡菜，都能拨动游子的心弦，让其魂牵梦萦。中国名镇志丛书是一套全面梳理中国名镇历史人文，挖掘文化特色，突出“名”和“特”的镇志。它能让人民群众深刻感受到本土本乡自然的优美、历史的醇厚、人物的杰出、艺文的风雅等，有助于培养人民群众对家乡文化的自信，激发起人民群众浓烈的爱乡爱国情怀，助力国家新型城镇化建设和乡村振兴战略的实施。

是为序。

中国社会科学院院长
中国地方志指导小组组长　谢伏瞻

序二

连绵不断地编修地方志是我国特有的文化传统，为传承中华文明作出了巨大的贡献。在党中央、国务院的高度重视和支持下，这一古老的文化传统焕发勃勃生机，展现新的活力，成为保存、继承、发扬光大中华优秀传统文化的重要依托，培育和践行社会主义核心价值观的重要媒介，社会主义先进文化建设的重要组成部分，发展中国特色社会主义，增强道路自信、制度自信、理论自信的重要载体，在实现“两个一百年”奋斗目标和中华民族伟大复兴中国梦进程中具有不可替代的地位和作用。

事物总是在不断发展中前进。经过改革开放以来30余年的发展，中国特色地方志事业与传统的编修地方志已不可同日而语，形成了志（志书）、鉴（年鉴）、库（地情数据库）、馆（方志馆）、网（地情网站）、刊（期刊）、会（学会）、研（理论研究）、用（开发利用）等多业并举的新格局。截至2015年10月底，全国编纂完成首轮、二轮省、市、县志书8000多种，编修部门志、行业志、专业志、乡镇村志27000多种，编纂地方综合年鉴2300多种，累计整理旧志2500多种，还编纂出版了大量的地情书，字数以百亿计，形成以反映国情、地情为主要内容，全面系统、持续不断、卷帙浩繁的社会科学成果群。另外，还开通了27个省级网站、230个市级网站、816个县级网站；建成国家方志馆1个、省级方志馆16个、市级方志馆86个、县级方志馆近300个。这些成果，成为国家极为重要的文化资源，是国家文化软实力和公共文化服务体系的重要组成部分。

最近几年，地方志工作的触角在不断延伸，部门志、行业志、专业志、特色志、乡镇村志编纂方兴未艾，成为当前地方志事业发展新的增长点和亮点。特别是乡镇志，兴起了编纂热潮，从自发的民间行为逐渐过渡为政府组织的文化行为，有的省份以政府令形式将其纳入地方志编修范畴，像河南省还以省政府办公厅名义要求全省普修乡镇志。乡镇志并不是一个新生事物，据现有资料可考，宋代常棠所撰《澉水志》是现存最早的一部乡镇志。与省、市、县三级志书相比，乡镇志虽属小志，但意义却不小，特别是在当前国家全力推进新型城镇化建设的背景下，乡镇志的作用更显重要。

启动中国名镇志文化工程，是适应当前新型城镇化建设形势发展需要、地方志事业发展形势需要的重要举措，也是充分发挥地方志存史、资政、育人功能的重要手段。作为最基层行政组织的志书，镇志是最接近中国社会发展变迁的国情、地情记录文本，具有重要的历史文献价值。而作为充分反映本区域自然、政治、经济、文化和社会的历史与现状的资料性文献，镇志又能全面展示发展脉络，摸索发展经验，为探索中国乡镇未来发展方向提供借鉴和参考。当然，对于祖祖辈辈生于斯长于斯的中国人来说，故乡就是一个魂牵梦萦的地方，故乡的情怀终生难忘。留得住乡愁，记得住乡思，充分展示名镇文化魅力，激发爱乡、爱国情怀，正是中国名镇志文化工程题中应有之义。

是为序。

中国社会科学院原院长
中国地方志指导小组原组长　王伟光

序三

"国有史，邑有志"，中国自古就有注重编史修志的传统。按照我国目前地方志行政法规，国家各级地方志机构的法定职责是编纂省、市、县三级志书，并不包括县以下的乡镇志和村志。这种规定，一方面可能因为全国有数百万自然村落和数万乡镇，全部实行官修很难实现；另一方面可能因为我国历史上就有"皇权止于县"的说法，县以下的民间社会历来是一个以自治为主的领域。然而，改革开放几十年来，我国社会正在发生巨变，这种巨变在基层社会的乡镇、村落、家庭领域更为深刻。作为"乡之首，城之尾"的镇，逐渐被日益崛起的大都市淹没了光彩，村落在快速的城镇化过程中每天都在大量消失，农村家庭的小型化、空巢化趋势非常突出。在这种情况下，我一直在思考，如何留得住历史文化记忆和乡愁，如何把修志的工作向基层社会延伸？

中国人的"家国情怀"，是从"诚意、正心、修身"开始，到实现"齐家、治国、平天下"。所以从国家一统志，省、市、县三级志，到乡镇志、村志、家谱，也是一个完整的系统。

正是在这种背景下，我们决定启动中国名镇志文化工程。乡镇是无数中国人生命的底色和成长的摇篮。如何在城镇化进程中，留得住乡愁，记得住乡音，忘不了乡思，事关城镇化进程的人文关怀和文化保护，事关文化血脉的传承。同时，科学记录城镇化进程，反映城镇化成就，也为今后探索城镇化发展规律、积累经验提供了基本素材。作为全面系统记述一定行政区域的自然、政治、经济、文化和社会的资料性文献，志书是以上功能最好的载体。

我国目前有 4 万多个乡镇，全部修乡镇志还不具备条件。中国名镇志丛书选择的是传统文化名镇、历史军事重镇、革命历史名镇、民族特色名镇、特色经济名镇、旅游景观名镇等类型的乡镇，应该是最具代表性的，在中国乡镇文化传承和社会发展中具有标杆意义。

编纂中国名镇志丛书是对乡土历史文化的保护。随着城镇化进程加快，有不少乡镇被撤并，有些还是在历史上有重要意义的历史文化名镇、特色镇等。如不及时对其历史进行整理、记录，这些重要的历史资料将散佚殆尽。因此，中国名镇志丛书的编纂是对宝贵历史资料的抢救。

编纂中国名镇志丛书是对乡土意识的传承。什么东西有魅力？故乡的山水，乡音乡情的记忆，乡土的气息和家乡菜的味道，不管走到哪里，总是触动心弦。中国名镇志丛书记录的是家乡的山山水水，家乡的历史文化，家乡的风土人情，留住的是乡愁。这些最能激发远方游子和本地民众的爱乡情怀、爱国情怀。

编纂中国名镇志丛书是一种学术探索。镇志的编纂，实质也是一次深入的社会调查研究。“麻雀虽小五脏俱全”，相比省、市、县，乡镇第一手资料的获得需要付出更大的努力。我们也希望在志书编纂上有所创新，使中国名镇志丛书成为一套图文并茂、雅俗共赏的新型志书。

中国社会科学院副院长
中国地方志指导小组常务副组长

安徽省宁国市云梯畲族乡志编纂委员会

主　　　任　朱俊敏

第一副主任　钟奕辉

副　主　任　程天全

委　　　员　熊朝梁　汪桂娟　张自明　叶辉剑

　　　　　　　金雅玲　朱玉祥

办公室主任　金雅玲

主　　　编　赵祖军

汤公山上的映山红（2017 年摄）

中国名镇志丛书凡例

一、以马克思列宁主义、毛泽东思想、邓小平理论、“三个代表”重要思想、科学发展观、习近平新时代中国特色社会主义思想为指导，坚持辩证唯物主义和历史唯物主义的立场、观点和方法，存真求实，全面、客观、系统记述中国名镇城镇化进程和改革开放成果，传承和抢救乡土历史文化，激发爱国爱乡情怀，留住乡愁，为探索中国特色新型城镇化建设、服务乡村振兴战略提供历史智慧和现实借鉴。

二、为全面反映入志事物发展脉络，各志上限追溯至事物发端，下限一般断至各镇志启动编修年份，个别重大事项可延至搁笔。详今明古，着重反映时代特色和地方特点，重点体现各镇的“名”与“特”。

三、记述地域范围以下限年份的行政辖区为主。为体现名镇在更大区域内的意义，可以从更开阔的区域视野记述与该镇相关的内容。

四、统一采用纲目体，设类目、分目、条目三个层次。横排门类，纵述史实，述而不论。

五、综合运用述、记、志、传、图、表、录等各种体裁，以志体为主。体裁运用适当创新，篇目设置不求面面俱到，一般意义上的乡镇级内容略去不载。

六、除引用文字和附录文献资料外，统一使用规范的现代语体文记述，行文力求朴实、严谨、简洁、流畅、优美，具有较强可读性。

七、人物部类遵循“生不立传”原则，人物传主按生年排序，只选录对本镇发展有重大影响的人物，不面面俱到。

八、各项数据一般采用国家统计部门数据。数据缺乏的，采用主管部门或主办单位正式提供的数据。

九、数字用法、标点符号、计量单位分别执行国家标准《出版物上数字用法》（GB/T 15835—2011）、《标点符号用法》（GB/T 15834—2011）、《国际单位制及其应用》（GB 3100—1993）和《有关量、单位、符号的一般原则》（GB 3101—1993）。历史上使用的计量单位，如斗、石、里、尺、磅、华氏度等，在引文时可照录。考虑到社会使用习惯，全书中亩不统一换算。

十、中华民国成立前的纪年，使用朝代年号纪年，括注公元年份；中华民国成立后的纪年，均使用公元纪年。志中所称“解放前（后）”，以该镇解放日为界；“新中国成立前（后）”，以中华人民共和国成立日 1949 年 10 月 1 日为界；“改革开放前（后）”，以 1978 年 12 月中共十一届三中全会召开为界。本志“××年代”，凡未加世纪者，均指 20 世纪。

十一、为节省篇幅，避免重复，本志采用条目互见法。参见条目的表示形式为：参见本志“××类目·××分目·××条目”。

十二、对旧志、古籍中的繁体字、冷僻字一般用简化字或通用字替换，易引起误解的则保留。

十三、记述各个历史时期的党派、机构、职务、地名等，均以当时的名称为准。对频繁使用的名称，首次用全称并括注简称，其后用简称。

十四、各镇志需要单独说明的事项，均在各自编纂始末中记述。

云梯畲族乡在中国的位置

云梯畲族乡在安徽省的位置

审图号：GS（2018）5807号

云梯畲族乡地图

图例

- ◎ 乡（镇）驻地
- ⊙ 村委会驻地
- ○ 自然村
- ▲787 山峰及海拔
- ✕ 关隘
- 省界
- 乡界
- 行政村村界
- 河流与水库
- 高速公路
- 省道
- 乡村道

比例尺　1：80000

审图号：皖宣 S（2018）2 号

鸟瞰云梯畲族乡集镇（2017 年摄）

鸟瞰皖浙交界的千秋岭（2017 年摄）

龙王山上的黄山松（2009 年摄）

大野洼的泉水（2015 年摄）

乡村休闲旅游（2016 年摄）

畲族姑娘与汤公山映山红花王合影（2013 年摄）

畲乡田园风光（2007 年摄）

层层梯田退耕还林后，栽种山核桃、雷竹（2012 年摄）

千秋畲族村的山核桃树王，树龄 77 年，树围 236 厘米，树冠 16 米 × 15 米，产山核桃鲜蒲可达 450 千克（2017 年摄）

程东升绘画作品《情系畲乡》

程安栋书法作品《仙克谨咏云梯棋盘石诗》

陈明发书法作品《徐云涛题千秋关诗》

畲乡“三月三”歌会（2015 年摄）

畲乡婚嫁习俗表演—— 迎亲队伍（2016 年摄）

畲乡婚嫁习俗表演——拦赤郎（2017 年摄）

目录

1 安徽畲乡

7 基本乡情

9 **建置区划**
9 乡名由来
10 地理位置
10 建置沿革
11 **自然环境**
11 地质
13 地形
14 气候
15 河流
18 土壤
20 植被
20 野生动植物
21 **人口民族**
21 人口总量
21 常住人口
21 流动人口
22 人口受教育程度
22 人口年龄结构
22 民族构成
23 畲族人口迁徙
23 畲族人口分布
23 **基础设施建设**
24 公路设施
25 水利设施
28 农村电网改造工程
28 村村通水泥路工程

29 有线电视村村通工程
30 农村饮用水工程
30 农村环境卫生综合整治工程
31 千秋畲族村建设
36 **经济发展**
36 概况
37 农业
38 林业
39 乡镇企业
41 **畲族居民生活**
41 衣
41 食
41 住
42 行
42 耐用品
43 **社会事业**
43 学校教育
45 畲族文化教育
46 医疗卫生
47 **民族团结**
47 民族平等政策
47 民族事务小组
48 民族自治管理
48 民族团结模范
48 **建制村概况**
49 云梯村
50 白鹿村
50 千秋畲族村
52 毛坦村

53 特色农业

55 **笋干竹栽培**
55 笋干竹种类
56 笋干竹栽培
57 笋干加工
58 **雷竹栽培**
58 概况
59 雷竹造林
59 幼林抚育
60 成林培育
60 早出高产培育
61 **山核桃栽培**
61 概况
62 山核桃栽培
63 林地经营管理
63 山核桃病虫害防治
64 山核桃采摘
65 **毛竹栽培**
65 毛竹造林
66 竹林抚育
67 **中药材种植**

67 宁国贝母
69 “宁前胡”
70 白术
71 **乡村农家乐**
72 畲酒红乡村度假酒店
73 太子塘度假村
73 天龙山庄

75 畲族文化

77 **畲族民歌**
77 民歌特色
78 民歌传承与保护
81 民歌选介
83 **畲族舞蹈**
83 舞蹈特点
84 舞蹈展演
84 **畲族语言**
85 畲语注音
86 畲语拼写与拼读
90 **编织工艺**
90 概述
91 彩带
91 竹编
92 **畲族古籍**
92 仰天湖《蓝氏宗谱》
92 落花坞《蓝氏宗谱》
92 西坑《蓝氏宗祠家谱》
93 畲族杂歌选抄
93 畲族情歌选集
94 百草药房吉用
94 中成药的配方与应用
94 除邪镇妖篇
94 功德清醮篇
95 落花坞蓝祖老之墓碑文
95 小阳山雷公春财墓碑
95 畲族香火榜文
95 汝南堂上蓝氏门中三代宗亲列
96 **畲族文化活动**
96 “三月三”歌会
97 畲族文化展示

99 畲乡风情

101 **信仰习俗**
101 祖神信仰
101 汤氏娘娘信仰
102 灶神信仰
102 **婚嫁习俗**
102 拦赤郎（杉刺拦路）
103 捡田螺
103 借锅

104 撬蛙
104 夜行嫁
106 牛牯兑牛娘
107 **农耕方式**
107 刀耕火种
107 畲乡梯田
108 **生活习俗**
108 服饰
109 饮食
111 住宅
113 **特色菜肴**
113 山粉粿
113 洋芋饼
113 腌蒸鸡
114 苋菜秆
114 豆酱肉
114 红烧毛芋秆

115 古迹 · 名胜

117 **古迹**
117 云梯老街
119 吴氏故居
119 三贤祠
120 状元楼
120 朱氏宗祠
121 落马桥
121 三十六间
122 汤王庙
123 青岭庵
123 孔雀庵
123 壕堑关
123 铜岭关
124 庙后山墓
124 庙后山脚墓
124 “望仙岩”摩崖石刻
124 望仙庵岩画
124 望仙庵古井
124 “宋故吴公居士之墓”摩崖石刻
125 中岭洞
125 **名胜**
125 千秋关
127 千秋畲族文化园
132 将军关探险漂流

133 名人与名镇

135 **历史名人**
135 吴仁寿
135 朱洁庵
136 吴柔胜

137 吴晦之
137 吴渊
138 吴潜
140 吴璞
140 朱文荣
140 朱凤
140 朱大有
141 朱一松
141 朱一柏
142 朱万理
143 **名人与云梯畲族乡**
143 蓝银奶
143 李宏奎
143 余盛和
144 雷水林
144 王君良

145 艺文·书画

147 **诗词**
147 送梅处士归宁国
147 千秋岭下
147 夜宿千秋岭下田家
148 千秋岭
148 过千秋岭
148 山庵睡起
149 灵岩石门
149 次韵奚大卿追忆万卷堂同舍
149 谢徐侍郎书来相勉就举
149 宁川道中
150 望江南
151 满江红
151 过宁国界宿朱处士家
152 赠朱处士
152 云梯十景诗
154 云梯奇石
155 千秋关怀古
155 千秋岭晚眺
156 **散文**
156 走过大野洼
165 茅坦行
168 畲乡片影
171 千秋关散记
173 汤公山赏花记
176 **民歌**
176 唱不完畲乡好风光
177 畲乡小街
178 儿歌
178 叫我唱我就唱
179 竹海林声
180 敬酒歌
181 猜谜歌

182 **剧本**
182 畲山情（节选）
187 **书画**
187 朱大有草书
189 陈为中水彩画

193 大事纪略

195 913 年钱元瓘智战千秋岭
196 1911 年云梯光复军起义
197 1937 年千秋关遭遇战
197 1941 年畲民集体反抗地主的斗争
198 1941 年仙霞兵变
199 1958 年畲族认定
199 1985 年农业综合开发云梯实验区设立
200 1992 年云梯畲族乡成立
200 1994 年基本实现农村总体小康
201 1994 年荣获“全国民族团结进步先进单位”称号
201 2014 年荣获“全国教育系统先进集体”称号
202 2015 年荣获“全国特色景观旅游名村”称号

203 附录

205 云梯农业综合考察总体报告
231 云梯农业综合开发实验区实施效益及探讨
245 宁国县人民政府关于扶持云梯畲族乡发展经济的决定

247 主要参考文献

248 编纂始末

安徽畲乡

云梯畲族乡位于安徽省东南部，属于宁国市，与浙江省临安市、湖州市安吉县毗邻。云梯曾经是南宋都城临安的边关重镇，坐落在千秋关下。宋代云梯设有仙都巡检司，中华民国时期设云梯镇，1949 年始设云梯乡，1961 年设云梯人民公社，1983 年改设云梯乡，1992 年经安徽省人民政府批准成立云梯畲族乡。云梯畲族乡是安徽省唯一的畲族乡，区划面积为 51.0 平方千米。2015 年，有人口 6141 人，其中畲族人口 1800 多人，辖云梯村、白鹿村、毛坦村、千秋畲族村 4 个村委会。

云梯畲族乡多山，全乡山地和丘陵地貌占 95.3%。东部省界上的龙王山，海拔 1587 米，是西天目山主峰，也是宁国市最高峰。全乡属北亚热带季风气候，气候温凉，四季分明，雨量丰沛。受山区地形影响小区域气候复杂多样，气候垂直差异显著。

云梯畲族乡地处天目山腹地，是三条江河的源头。毛坦村的沙湾河是西苕溪的上源河流，也是黄浦江的源头；毛坦村的毛坦河是钱塘江上源之一天目溪的源头；千秋畲族村的铜岭关是水阳江上源东津河的发源地。乡域地带性植被是亚热带常绿阔叶林，自然植被多为常绿落叶阔叶混交林，人工植被多为笋干竹林、山核桃林、毛竹林。

云梯畲族乡野生动植物资源丰富，种类繁多。国家一级保护动物有黑麂、白颈长尾雉、穿山甲；国家二级保护动物有小灵猫、鬣羚。国家一级保护植物有银杏；国家二级保护植物有杜仲、鹅掌楸、金钱松及红椿等。野生药类和果类植物有贝母、牡丹、山楂、酸梨、野苹果等。

云梯畲族乡的畲族居民是清朝光绪年间（1875—1908），从浙江省淳安、景宁、兰溪及福建省浦城等地迁居宁国的。他们居住在天目山的千秋关一带，以山地农耕为主，保留着自己的语言和民歌。1958 年，经过民族识别，安徽省认定宁国境内的雷、蓝、钟三个姓为少数民族畲族。畲族有自己的民族语言，没有自己的民族文字，历来通用汉字。“三月三”是畲族最隆重的节日，畲族群众擅长唱歌，歌曲世代口口相传。云梯畲族民歌题材广泛，体裁多样，旋律、语言和发声方法独特，节奏变化和演唱形式多样。云梯畲族婚俗内涵丰富，包含畲族的历史渊源、民歌、舞蹈和民间信仰等。2010 年，云梯畲族民歌和婚嫁习俗被列入安徽省第三批非物质文化遗产项目名录。云梯畲族中心小学相继开设了“说畲语”“唱畲歌”民族文化课程。2014 年，学校被教育部、人力资源和社会保障部联合授予“全国教育系统先进集体”称号。

云梯畲族乡自古位于皖浙交通要道上，古镇街巷风貌依稀可辨。解放后，重视交通、水利建设。20 世纪 50 年代，河千公路（河沥溪—千秋关）建成通车。二十世纪六七十年代，红旗水库、太子坑水库相继建成，并随后开发小水电，结束了云梯无电历史。进入21世纪，农村电网改造工程、村村通水泥路工程、农村饮用水工程、村村通有线电视工程、农村环境卫生综合整治工程相继开展，云梯畲族乡基础设施不断完善。随着2009年千秋关隧道、2015年宁千高速公路（宁国—千秋关）的建成通车，云梯畲族乡对外交通更加便捷。

2011年，云梯畲族乡千秋畲族村成功创建为安徽“美丽和谐乡村建设示范村”。2012年，在该村召开安徽省少数民族特色村寨保护与发展项目试点现场会。2013年，千秋畲族村被列入安徽省美好乡村中心村建设，村庄基础设施建设成绩显著。2014年，千秋畲族村被国家民族事务委员会正式命名为首批“中国少数民族特色村寨”；同年，千秋畲族村被列入“十二五”时期全国少数民族特色村寨保护与发展名录。2015年，该村被列入住房和城乡建设部、国家旅游局联合公布的第三批“全国特色景观旅游名村”。

云梯畲族乡属花岗岩地带，土壤砂质成分多。历史上，由于森林过度砍伐、开荒种山，造成了云梯畲族乡严重的水土流失。1985年，全乡水土流失面积占37.8%，全乡森林覆盖率只有49.7%。是年，云梯建立农业综合开发云梯实验区，是全国农业区划系统首创的实验区之一。通过多年的农业综合开发，旱笋生产突飞猛进，林业建设蓬勃发展，小流域治理进展迅速，种植业结构调整取得成效，农民人均纯收入快速增长，生态环境显著改善。由于实验成效显著，1990年，云梯农业综合治理开发被全国农业区划委员会、农业部授予优秀科技成果三等奖。1994年，云梯畲族乡成为宁国县率先实现小康达标的乡。1999年，云梯小流域水土流失综合治理工程被水利部、财政部评为全国生态环境建设示范小流域工程。2013年，森林资源清查，全乡森林覆盖率达93.0%。

云梯畲族乡在农业综合开发中形成了特色农业。宁国市是“中国元竹之乡”“中国山核桃之乡”“中国前胡之乡”。云梯畲族乡是宁国笋干、旱笋、宁国山核桃、毛竹、中药材的重点产区，全乡笋干竹、雷竹、山核桃、毛竹、中药材栽培广泛。随着云梯畲族乡生态环境和道路、电力、卫生等基础设施的改善，乡村农家乐蓬勃发展，2015年，被评为“安徽省优秀旅游乡镇”。

云梯畲族乡历史悠久，人文荟萃。该乡有众多历史文化古迹可供人们寻访：千秋关、云梯老街、“望仙岩”摩崖石刻、望仙庵岩画及中岭洞等。该乡有可歌可泣的历史人物可供人们追记和缅怀：状元、丞相吴潜，云梯吴氏“三贤”（吴柔胜、吴渊、吴潜），白鹿朱氏云岳先生（朱一松），以及汤山先生（朱一柏）等。该乡有历史悠久、艺术造诣颇高的古诗词、书法作品可供人们欣赏。如宋代吴晦之的诗、吴潜的词，以及明代朱大有的草书作品等。1981 年，千秋关被列入《中国名胜词典》。2015 年，千秋畲族文化园被评定为国家 AAA 级旅游景区。

自从被设立为少数民族乡以来，云梯畲族乡在各级党委、政府的关心支持下，通过各族人民的共同努力、团结奋斗，全乡经济社会取得了长足发展，民族团结进步呈现可喜局面。1994 年，云梯畲族乡人民政府被国务院授予“全国民族团结进步先进单位”称号；2005 年、2009 年、2013 年，被国务院授予“全国民族团结进步模范集体”称号。

畲乡农家（2012 年摄）

位于千秋畲族村的观景亭（2016 年摄）

基本乡情

云梯畲族乡位于安徽省东南部，与浙江省相邻。1992年，设立云梯畲族乡。2015年，全乡辖4个建制村，人口共6141人，其中畲族共1800多人。

这里的地形以中低山地为主，气候温暖湿润，林特产品资源丰富，是宁国山核桃、宁国笋干的主产区之一。改革开放后，云梯畲族乡退耕还林，经济林建设突飞猛进，农民收入快速增长，教育卫生事业长足发展，基础设施不断完善，成为宁国市率先实现小康达标的乡，被国务院多次表彰为“全国民族团结进步模范集体”。

建置区划

云梯畲族乡境内的乡级行政建置，始于中华民国时期的云梯镇。1952 年 6 月，设云梯乡，后多有变动。自 1961 年设云梯人民公社，下辖云梯、白鹿、毛坦、千秋 4 个生产大队始，乡级行政区及基层村级组织一直未变动。乡区划面积为 51.0 平方千米。

乡名由来 该乡因驻地云梯村而得名。1992 年，因全乡人口中畲族人口占相当比重，经报请安徽省人民政府批准，撤销云梯乡，设立云梯畲族乡，原行政区域不变。

“云梯”地名由来，历史已久。南宋宁国云梯诗人吴晦之，以居住地或居住环境为号，取别号“云梯”。历史上，该地有两种人文景观，被人们称为“云梯”，并逐步形成当地地名：一是该地为过千秋关的交通要道，山路弯弯，层层石阶，云雾缭绕，犹如通往云端的“梯子”，故名“云梯”；二是该地的人开山造田，漫山遍野，层层叠叠，仰观梯田犹如登天云梯，故名“云梯”。

层层梯田（2012 年摄）

地理位置　云梯畲族乡位于安徽省东南部，属于宁国市，与浙江省湖州市安吉县、临安市交界。乡境地跨北纬 30° 20'10" ~ 30° 24' 30"，东经 119° 14'40" ~ 119° 24' 0"。乡境东面与安吉县章村镇接壤；南面与临安市太阳镇、於潜镇、天目山镇毗邻；北面和西面与宁国市仙霞镇相连。

云梯畲族乡南面与浙江省临安市有公路相通。2009 年，千秋关隧道开通，结束了盘山公路过关的历史。千秋关至临安市於潜镇公路于 2008 年改建，里程为 20 千米；於潜镇通往杭州市城区的高速公路于 2006 年建成，里程为 80 千米。云梯畲族乡至宁国市区的宁千高速公路于 2015 年建成，里程为 40 千米。

建置沿革　古代县域农村设乡里，宁国县农村在明代、清代共设 15 个乡、42 个都，云梯畲族乡境属怀远乡十三都。1932 年，恢复乡保制，宁国县设 52 个乡（镇）、213 个保，云梯畲族乡境设云梯镇，辖第 24 保、25 保、26 保、27 保、28 保、29 保。1940 年，云梯畲族乡境属仙霞乡。1941 年，仙霞乡改称啸天乡。1945 年，宁国县设 2 个镇、14 个乡、127 个保，云梯畲族乡境属啸天乡，辖云梯、白鹿 2 个保。

解放后，1949 年 5 月，宁国县设 8 个区、2 个镇、32 个乡，云梯畲族乡境属四区，设云梯乡，乡以下废保设村，辖云梯、白鹿 2 个村。1949 年 10 月，宁国县设 4 个区、2 个镇、14 个乡，云梯畲族乡境属三区仙家乡。1952 年 6 月，区名以驻地地名命名，全县设 7 个区、2 个镇、89 个乡，云梯畲族乡境属狮桥区，设云梯、白鹿 2 个乡。

1956 年 10 月，宁国县设 6 个区、2 个镇、34 个乡，云梯畲族乡境属狮桥区仙家乡。

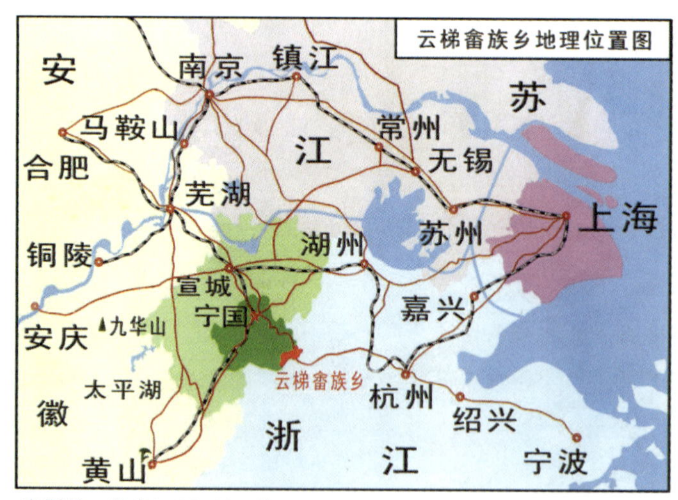

审图号：皖宣S（2018）1号

云梯畲族乡地理位置图

1958年9月，全县设8个人民公社、69个生产大队，云梯畲族乡境属狮桥公社，设云梯大队。

1961年9月，宁国县设8个区、44个人民公社，云梯畲族乡境属狮桥区，设云梯人民公社，辖云梯、白鹿、千秋、毛坦4个生产大队。1983年12月，全县设8个区、42个乡，云梯畲族乡境属狮桥区，设云梯乡，辖云梯、白鹿、千秋、毛坦4个行政村。1987年5月，宁国县撤销区级行政建置，云梯乡为县辖乡。1992年9月，经安徽省人民政府批准，撤销云梯乡，设云梯畲族乡，原行政区域不变，辖云梯村、白鹿村、毛坦村、千秋畲族村4个村委会。

云梯畲族乡成立庆典（1992年摄）

自然环境

云梯畲族乡自然环境独特。地层岩性以岩浆岩为主，地形以山地为主，土壤以黄红壤为主，龙王山垂直自然带谱特征明显，河流为江河上游源流。云梯畲族乡的气候复杂多样，动植物资源丰富多彩。

地质 云梯畲族乡境内出露的地层主要是岩浆岩。该处的岩浆岩是仙霞岩体的一部分，主要有花岗闪长岩、花岗岩等。距今约7000万年前，燕山运动强烈影响该地，岩浆活动频繁，形成了岩浆岩侵入体。

汤公山下的丘陵和谷地（2016 年摄）

地形 云梯畲族乡境内的地形有山地、丘陵和盆谷地。全乡海拔1000米以上的中山共1433公顷，如汤公山，海拔1130米；海拔500～1000米的低山共2699公顷；海拔200～500米的高丘共853公顷；盆谷地共249公顷。全乡中低山地共4132公顷。

在中山山地中，坡度在25°以上的陡坡地共1302公顷，占中山山地总面积的90.86%；坡度在15°～25°的斜坡地共131公顷，占中山山地总面积的9.14%。在低山山地中，陡坡地共1349公顷，占低山山地总面积的49.98%；斜坡地共1203公顷，占低山山地总面积的44.57%；坡度在15°以下的缓坡地共147公顷，占低山山地总面积的5.45%。在高丘丘陵中，陡坡地共170公顷，占高丘丘陵总面积的19.93%；斜坡地共534公顷，占高丘丘陵总面积的62.60%；缓坡地共149公顷，占高丘丘陵总面积的17.47%。在盆谷地中，盆地共186公顷，河谷平原共63公顷。全乡的陡坡地共2821公顷；斜坡地共1868公顷；缓坡地共296公顷。

云梯畲族乡总体上位于天目山西北坡。天目山是中国东南部一条

龙王山（2012 年摄）

东北—西南走向的古老山脉。该山的主峰有两座对峙的高山，东面的山峰被称为“东天目”；西面的山峰被称为“西天目”。两个山峰顶上曾经各有一个水池，冬夏不涸，池水清澈，好像是一双仰望蓝天的“巨眼”，故名“天目山”。古时候，天目山曾被称为“浮玉山”“天眼山”“天池山”。自五代后晋天福元年（936）起，始称天目山，一直沿用至今。天目山西起皖浙边界的百丈峰，沿皖浙边界向东北延伸至湖州，逐渐倾没于杭嘉湖平原，山脉长 130 千米，宽 20 千米。

云梯畲族乡全境东南高、西北低，东部的龙王山和西南部的汤公山海拔都在 1000 米以上，西北部河流平畈最低海拔为 150 米。

龙王山是西天目山的主峰，海拔 1587 米，是皖浙两省、三个县市（安徽省宁国市，浙江省临安市、安吉县）的界山，也是宁国市境地势的最高点。龙王山位于云梯畲族乡东部边界，与龙王山相连，海拔 1000 米以上的山峰有 21 座，其中 13 座位于浙江省。以龙王山山脊分水，似一道屏障把安徽、浙江两个省分隔。云梯畲族乡大部分地区都处在龙王山的西部山麓。

气候 云梯畲族乡属北亚热带季风气候，温暖湿润，四季分明，雨量丰沛，雨

汤公山下云雾（2016 年摄）

热同期，受山区地形影响小区域气候复杂多样。1951—1980 年历年平均气温为 15.2℃，≥ 20℃的有效积温为 3110℃，年降雨量 1388.2 毫米，无霜期 200 ~ 210 天。

全乡地势高差大，气候垂直差异显著。气温随海拔高度增加而递减，平均垂直递减率为海拔每升高 100 米，气温下降 0.47℃。降雨随地形有变化。1957—1980 年历年平均年降雨量，西北丘陵平畈在 1350 ~ 1400 毫米，东南部中低山年降雨量在 1400 ~ 1450 毫米，且云雾多，光照短，温差大。当地群众形容这里的天气是“山下无雨山上有，山下无云云罩顶，山间落霜顶雪飘，时风时雨变化中”。此外，千秋、云梯两个村风大，金毛坞、铜岭关、桃树坞是大风口。

河流 云梯畲族乡河流有 36 条，总长 58 千米，分属三大水系——长江水系、太湖水系、钱塘江水系。

长江下游支流水阳江，它的上游在宁国市有三条大河——东津河、中津河、西津河，其中东津河发源于云梯畲族乡千秋畲族村的铜岭关，千秋畲族村、云梯村、白鹿村 3 个行政村的范围都是东津河的集水区域，属于长江流域。

毛坦河瀑布（2014 年摄）

黄浦江源头石碑（2011 年摄）

毛坦村北部有一条自南向北流的河流，即沙湾河。沙湾河发源于壕堑关，壕堑关的西侧有一座建于 2011 年的纪念碑，碑上镶嵌着“黄浦江源头”五个黄灿灿的铜字。沙湾河向北流入浙江省安吉县章村镇郎村，为西苕溪上源河流。在郎村村前河流的古石桥上，镶嵌着清道光二十九年（1849）的石刻“苕源”二字，说明在旧时已经有人认定沙湾河是苕溪的正源，而苕溪属太湖水系，为黄浦江的源头。

毛坦村南部的毛坦河，发源于龙王山西侧的大野洼，流入浙江省临安市於潜镇的天目溪，天目溪的下游是分水江，分水江在桐庐县注入富春江，富春江的下游即钱塘江。根据 1970 年 9 月至 1971 年 6 月的河流调查，毛坦河主河道长度为 9 千米，最大河面宽 13.3 米，河道落差 104.0 米，河道淤积深 0.7 米，洪水时水深 4 米，枯水时水深 0.2 米，年平均流量为 1.06 立方米 / 秒，年径流总量为 0.49 亿立方米，年径流深度为 857.0 毫米。

土壤 根据 1982—1985 年宁国县土壤普查，云梯畲族乡地带性土壤为红壤，分黄红壤和红壤性土两个亚类，其中黄红壤共 2592 公顷、红壤性土共 453 公顷。山地垂直带谱土壤有山地黄壤和山地黄棕壤，其中山地黄壤共 328 公顷、山地黄棕壤共 1087 公顷。水稻土主要为潴育型水稻土，麻石沙泥田共 242 公顷。

千秋花泥（2007 年摄）

龙王山黄山松（2012 年摄）

在千秋关附近的鸡毛坞出产一种土壤，当地村民称之为“香灰泥”。相传，这里总长满一人多高的茅草，经常有强盗出没，为了使强盗没地方躲藏，百姓经常放火烧山，年复一年，这里累积了深厚的“香灰泥”，茅草也越长越茂盛，宽的茅草像鸡毛，鸡毛坞也因此得名。这种“香灰泥”颜色黑如漆，日晒不变色，雨淋不结块，属于中性土壤，富含有机质及氮、磷、钾等营养元素。用该种泥土培育花卉，能促进花卉杆壮、色艳、形美、持久，且能保证较高的成活率和早发率。因此，人们称该种泥土为“花泥”。当地曾开发销售该种“花泥”，产品名为“千秋花泥”，后为防止水土流失而禁止开发。

1984 年 10 月，宁国县土壤肥料站对龙王山土壤垂直分布进行了实地考察，开展了土壤剖面采样分析，建立了龙王山土壤垂直自然带谱。

海拔 420 ~ 750 米为黄红壤。如毛坦村核桃湾的土壤剖面，海拔为 420 米；地形是鞍形坡面，南坡，坡度为 38°；母质是花岗岩风化物；自然植被为楮树、白栎、杜鹃、杂竹、茅草、松树、毛竹。

海拔 750 ~ 1050 米为山地黄壤。如毛坦村大野洼土壤剖面，海拔为 1000 米；地形为鞍形坡面，中山北坡偏东，坡度为 15°；母质是花岗岩残坡积物；植被是青冈栎、映山红、核桃、桦树、白栎、杂竹、芭茅草。

海拔 1050 ~ 1400 米为山地黄棕壤。如毛坦村龙王山顶部土壤剖面，海拔为 1400 米；地形为中山上部山冈，西南坡，半阳坡面，坡度为 24°；母质是花岗岩残坡积物；植被是山楂、白栎、灯笼花、黄山松、金刚刺、箬竹、假苇拂子茅、龙须草。

海拔 1400 ~ 1580 米为山地草甸土。如毛坦村龙王山山顶土壤剖面，海拔为 1580 米；地形为山顶南坡凹部；母质是花岗岩残积物；植被是假苇拂子茅、龙须草，及山楂、黄山松等矮小植物。

植被 云梯畲族乡地带性植被是亚热带常绿阔叶林，自然植被多为常绿落叶阔叶混交林，人工植被多为元竹林（笋干竹林）、山核桃林、毛竹林。

1984 年，县土壤肥料站对龙王山土壤植被开展调查。龙王山海拔 700 米以下的山地植被多为人工开垦的林地，主要树种是松树、杉树、檫树及竹林，地势坡度不大，花岗岩风化层比较深厚。局部缓坡地段开垦种植玉米、黄豆、花生及蔬菜。自然植被多为常绿落叶阔叶混交林及次生林，主要树种是槠树、白栎树、茅栗树，其间分布着大量的元竹及芭茅草等草本植物，覆盖度达 60% ~ 70%。陡坡地段植被稀疏，多为灌木杂草，覆盖度偏低。

龙王山海拔 700 ~ 1100 米的山地植被以落叶阔叶林为主，并有少量常绿阔叶林，主要树种是白栎、刺栗、槠树、青冈栎，以及灌木映山红、茅草等，坡度比较陡。山沟坡脚地多为元竹、箬竹，坡度较缓的地方有少量的人工林地，种植檫树、杉树，还有极少种粮的旱地。

龙王山海拔 1100 ~ 1400 米的山地植被以落叶林为主体，间有少量的针叶林，主要树种是白栎、刺栗、茅栗、山核桃、檵木、天目木兰、黄山松、山楂等。山沟坡脚有箬竹、元竹和草本植物。随着海拔高度的上升，植物高度明显降低。至海拔 1400 米处，主要是短灌丛、短小乔木等，如山楂、假苇佛子茅、箬竹、金刚刺及黄山松。至海拔 1587 米的顶峰，为假苇佛子茅及少量的山楂。

野生动植物 云梯畲族乡受山区地形影响，区域气候复杂多样，野生动植物资源丰富，种类繁多。国家一级保护动物有黑麂、白颈长尾雉、穿山甲，国家二级保护动物有小灵猫、鬣羚，国家三级保护动物有红嘴相思鸟等。国家一级保护植物有银杏，国家二级保护植物有杜仲、鹅掌楸、金钱松及红椿等，还有刺黄檗、贝母、牡丹、黄连、竹鞭

黑麂（国家一级保护动物）

三七、厚朴、石耳、独活、滴水珠、山楂、酸梨、野苹果等野生药类和果类植物。

人口民族

历史上，云梯畲族乡人口众多。当地著名的吴氏家族、朱氏家族都是宋代迁居云梯，繁衍生息，因人才辈出而成为名门望族。清咸丰年间（1851—1861）、同治年间（1862—1874）的战乱和瘟疫造成宁国“十室九空”，人口锐减。清同治末有浙江、福建及徽州等地移民到该处安家落户，其中包括畲族群众。

人口总量 解放后，云梯畲族乡的人口总量快速增长。二十世纪七八十年代，实行计划生育后，人口增长速度减缓。90 年代后，进入低增长阶段。1953 年第一次全国人口普查时，云梯畲族乡境内有云梯和白鹿 2 个乡，人口总数为 3524 人，其中男 1925 人、女 1599 人。1964 年第二次全国人口普查，云梯人民公社人口共 4372 人，其中男 2301 人、女 2071 人。1990 年第四次全国人口普查，云梯乡人口共 6109 人，其中男 3227 人、女 2882 人。2015 年，云梯畲族乡人口共 6141 人，其中男 3255 人、女 2886 人。

常住人口 改革开放后，乡村劳动力进城务工经商，农村常住人口数量减少。2000 年全国第五次人口普查，常住人口为 6142 人，其中居住本乡且户口在本乡的有 5979 人，居住本乡半年以上且户口在外乡镇（街道）的有 148 人，在本乡居住不满半年且离开户口登记地半年以上的有 3 人，居住本乡户口待定的有 12 人。2010 年第六次全国人口普查，云梯畲族乡常住人口为 4729 人，其中居住本乡且户口在本乡的有为 4471 人，居住本乡而户口在外乡镇（街道）且离开户口登记地半年以上的有 215 人，居住本乡但户口待定的有 41 人，居住本乡但在国外学习共 2 人。本乡户籍人口共 6025 人，其中外出半年以上人口有 1504 人，占户籍人口的 25.0%。

流动人口 随着改革开放的深入，云梯畲族乡流动人口增加。2000 年第五次全国人口普查，流动人口有 151 人，其中居住在云梯畲族乡半年以上但户口在外地的有 148 人，在云梯畲族乡居住不满半年且离开户口登记地半年以上的有 3 人；户口登记地在宁国市其他乡镇（街道）的共 85 人，在宣城市其他乡镇（街道）的共 2 人，在安徽省其他县（市、区）的共 27 人，省外的 37 人（其中，浙江省共 25 人、湖北省共 2 人、广东省共 2 人）。2010 年第六次全国人口普查，流动人口有 215 人，其中户口登记地在宁国市其他乡镇（街道）的共 117 人，在安徽省其他县（市、区）的共 29 人，省外共 69 人（其中，浙江省共 25 人、贵州省共 15 人、江苏省共 7 人、云南省共 5 人）。

人口受教育程度　解放后，政府重视教育，人口受教育程度显著提升。全乡初中以上文化人口由 1964 年的 118 人，增加到 2010 年的 2140 人，其中大学文化人口由 1964 年的 1 人增加到 2010 年的 71 人。

1982—2015 年部分年份云梯畲族乡人口受教育程度一览表

表 1　　　　单位：人

普查年份	6 周岁及以上人口	文盲、半文盲	小学	初中	高中（含中专）	大学专科	大学本科
1982	5303	1950	2378	825	146	大学毕业 2 人、肄业 2 人	
1990	5437	1083	2886	1272	186	10	—
2000	5796	843	2431	2172	299	47	4
2010	4470	464	1866	1869	200	61	10

人口年龄结构　1990—2015 年，人口老龄化程度显著提升。经济和科技发展促进医疗卫生事业进步，人口预期寿命显著增加。全乡 80 周岁以上的老人，由 1990 年的 41 人，增加到 2010 年的 120 人。

1990—2015 年部分年份云梯畲族乡人口年龄结构一览表

表 2　　　　单位：人

年龄段	1990 年	2000 年	2010 年	年龄段	1990 年	2000 年	2010 年
0 ～ 4 周岁	598	281	220	50 ～ 54 周岁	254	373	386
5 ～ 9 周岁	436	290	188	55 ～ 59 周岁	245	270	470
10 ～ 14 周岁	460	597	225	60 ～ 64 周岁	205	222	332
15 ～ 19 周岁	532	353	132	65 ～ 69 周岁	161	215	222
20 ～ 24 周岁	732	429	226	70 ～ 74 周岁	106	153	175
25 ～ 29 周岁	660	537	196	75 ～ 79 周岁	54	92	128
30 ～ 34 周岁	416	676	230	80 ～ 84 周岁	29	43	83
35 ～ 39 周岁	550	658	355	85 ～ 89 周岁	10	11	27
40 ～ 44 周岁	386	409	538	90 ～ 94 周岁	2	2	9
45 ～ 49 周岁	273	531	586	95 ～ 99 周岁	0	0	1

民族构成　云梯畲族乡民族构成是以汉族为主，少数民族以畲族为主，有少量的苗族、回族、壮族、彝族、藏族、侗族、布依族、傣族、土家族居民在该乡长期或短期住

居。2010 年第六次全国人口普查，云梯畲族乡常住总人口有 4729 人，其中汉族有 4012 人（男 2061 人、女 1951 人）、畲族 697 人（男 384 人、女 313 人）、苗族 11 人（男 4 人、女 7 人）、回族 2 人（男 1 人、女 1 人）、布依族 5 人（女 5 人）、傣族 1 人（男 1 人）、土家族 1 人（女 1 人）。

畲族人口迁徙 2012 年，云梯畲族乡退休干部钟有根对畲族人口的迁徙进行调查。清光绪年间（1875—1908），白鹿村 13 村民组的蓝氏家族从浙江兰溪迁入安徽宁国的云梯乡境内，这一支系已繁衍到第六代，共约百人。白鹿村西坑的蓝氏家族是在光绪十九年（1893）从浙江兰溪油铺西方坞迁至西坑，这一支系已繁衍到第七代，共有 70 余人。白鹿村落花坞的雷氏家族是在光绪年间从福建浦城迁至白鹿村龙王庙居住，后迁至落花坞，这一支系已繁衍到第六代，有 60 余人。千秋畲族村千秋关的钟氏家族先由浙江景宁迁到淳安，约光绪五年（1879）至光绪六年（1880）迁至宁国杨山的青草湖，后又迁至千秋关，这一支系已繁衍到第六代，有 60 余人。光绪十三年（1887），千秋畲族村铜岭关的雷氏家族从浙江桐庐迁至铜岭关。这一支系已繁衍到第六代，有 50 余人。千秋畲族村铜岭关的蓝氏家族是从浙江景宁迁至铜岭关的，这一支系已繁衍到第六代，有 100 余人。

畲族人口分布 1982 年，畲族研究专家施联朱对宁国县内的畲族进行调查。宁国县狮桥区有畲族人口 1064 人，其中云梯人民公社最多，有 868 人。1998 年，派出所户籍资料显示，云梯畲族乡有畲族人口 862 人，其中蓝姓 402 人、雷姓 276 人、钟姓 184 人；千秋畲族村共 283 人、云梯村共 285 人、白鹿村共 273 人、毛坦村共 1 人、乡直共 20 人。2012 年云梯畲族乡统计资料显示：2011 年年末，全乡人口共 6110 人，其中畲族人口共 1823 人，占全乡总人口的 29.8%。千秋畲族村人口共 1173 人，其中畲族人口 814 人，占全村人口的 69.4 %。

基础设施建设

中华人民共和国成立后，云梯畲族乡不断推进公共基础设施建设。二十世纪五六十年代，建设翻越千秋关的河千公路；六七十年代，建设红旗、太子坑2座小（2）型水库及其小水电站；八九十年代，建设村村通机耕路、桥梁涵洞及农村电网。进入21世纪，北移新建石千公路（原河千公路石牌至千秋关段）云梯集镇段，相继建成千秋关隧道、宁千高速公路。为了改变农村基础设施落后的状况，国家大力实施农村电网改造工程、村村通水泥路工程、有线电视村村通工程、农村饮用水工程、农村环境卫生综合整治工程等，乡村面貌焕然一新。其中，千秋畲族村建设成绩显著，2014年，被国家民族事务委员会命名为首批“中国少数民族特色村寨”；2015年，被住房和城乡建设部、国家旅游局联合公布为第三批“全国特色景观旅游名村”。

公路设施

云梯畲族乡自古处于皖浙两省的交通要道。解放后，政府重视公路建设，并不断地对公路设施进行改造升级，高速公路通至千秋关。

河千公路　1957年4月，河千公路建成通车，云梯是终点站，河沥溪至云梯共51千米。云梯至千秋关5千米的盘山公路，因岭高坡陡，工程艰巨，难度大，技术力量不足，延至1961年建成。由于这段盘山公路弯道和陡坡未达到公路客运技术标准，于1963年进行整修，整修后仍不符合标准，于1967年再次进行改线降坡，于1968年竣工全线通车。千秋关盘山公路路基宽7.5米，弯道处达10米，路面宽5米，为泥结碎石路路面，改线2.49千米，填挖土方5.3万立方米，新建涵洞33处，总投资24.4万元。1972年，路面加宽至6米。河千公路越千秋关进入浙江省，经临安县直达杭州市，成为皖浙两省的重要通道。

1991年，河千公路完成渣油路面改造，全线实现“黑色化”。

千秋关隧道　2004年2月，石千公路改建，云梯段从半月塘到千秋关重新选线建设，同时开始建设千秋关隧道。2009年10月，千秋关隧道建成通车，成为宁国市县道石千公路与浙江16省道的重要连接线，隧道全长830米，其中浙江段410米、安徽段420米，接线道路长1320米。全线按二级公路标准设计，设计车速为60千米/时，路基宽10.5米，路面宽9米，隧道净宽10.5米，净高5米。千秋关隧道的建成通车结束了盘山公路过千秋关的历史，通往浙江的时间缩短30分钟，路程减少6千米，成为皖浙两省的快速通道。

宁千高速公路　2012年10月，宁千高速公路开始建设；2015年12月，全线通车。宁千高速公路是安徽省“四纵八横”高速公路网中“纵一”（徐州至杭州高速公路）及

千秋关隧道建成通车典礼（2009 年摄）

宁千高速千秋关收费站（2015 年摄）

长江三角洲都市圈高速公路网中“纵七”（南京至金华高速）的重要组成部分。宁千高速起点为宁国市平兴村，接宣宁高速与宁绩高速，在宁国枢纽互通交叉，自北向南经梅林镇、中溪镇、仙霞镇、云梯畲族乡，终点是皖浙交界的千秋关，顺接规划中的南京至金华高速公路浙江段。宁千高速全长 40.2 千米，采用双向四车道高速公路标准建设，设计时速 100 千米 / 时。

宁千高速云梯段由 3 个隧道和 1 个高架桥组成。其中，仙霞隧道为双向隧道，长度分别为 1635 米和 1627 米；中间坞隧道也为双向隧道，长度分别为 125 米和 123 米；千秋关双向隧道（安徽段）的长度分别为 827 米和 836 米。千秋高架桥长 1200 米，共有特大桥墩 42 个，最高的桥墩高达 45 米。同时建有千秋关收费站和千秋出入口临时匝道。

水利设施

云梯畲族乡自古多梯田，灌溉水源对农业影响很大。解放后，在国家相关部门的支持下，兴建 2 座小（2）水库。为开发山区水能资源，共建设 3 座小水电站。

红旗水库　水库坐落在白鹿村境内，为小（2）型水库，属东津河水系。1966 年 10 月水库开工，1967 年 4 月竣工，国家共投资经费 6.2 万元。水库集水面积达 2.3 平方千米，水库大坝坝顶高程达 86.5 米，最大坝高 24.5 米，坝长 70.0 米。水库溢洪道底

红旗水库全景（2017 年摄）

部高程达83.5米，底宽16米，防洪标准为368立方米/秒，设计流量为62.5立方米/秒。水库设计灌溉面积为765亩，有效灌溉面积为765亩，保证灌溉面积为765亩。水库年供水量为28万立方米。

太子坑水库 水库坐落在千秋畲族村境内汤公山脚下，为小（2）型水库，属东津河水系。1959年9月水库开工，1973年3月竣工，国家共投资经费1.18万元。水库集水面积达0.8平方千米。水库大坝坝顶高程达63.7米，最大坝高20.0米，坝长76.5米。水库溢洪道底部高程达60.8米，底宽10.8米，防洪标准为576立方米/秒，设计流量为32.1立方米/秒。水库设计灌溉面积为1300亩，有效灌溉面积为1300亩，保证灌溉面积为1300亩。水库年供水量为12万立方米。

千秋水电站 该水电站坐落在千秋畲族村境内，为小型水电站，属东津河水系。水电站于1972年11月开工，1973年11月竣工，建设共投入10.482万元，其中国家投资为6.082万元，自筹资金为4.40万元。水电站集水面积为10.0平方千米，发电水头为62.0米，引用流量为0.12立方米/秒。水电站安装型号为双喷针的水轮机1台、55千瓦的发电机1台，输电线路为18千米，其中10千伏线路为8千米、0.4千伏线路为10千米。水电站用电负荷为动力50千瓦、照明35千瓦，有4台加工机械，用电量为50千瓦时，有用电农户500户。随着高压电网进入云梯，千秋水电站于1984年停止运营。

白鹿一级水电站 该水电站坐落在白鹿村境内，为小型水电站，属东津河水系。1974年12月水电站开工，1976年6月竣工，建设共投入5.61万元，其中国家投资为1.61万元、自筹资金为4.0万元。水电站集水面积为3.5平方千米，发电水头为61.0米，引

太子坑水库全景（2017年摄）

白鹿水电站厂房及其盘山引水渠和山坡上的压力管道（2017年摄）

用流量为0.12立方米/秒。水电站安装型号为大戽斗的水轮机1台、40千瓦的发电机1台，输电线路为28.0千米，其中10千伏线路12.0千米、0.4千伏线路16.0千米。水电站用电负荷为动力44.5千瓦、照明25千瓦，有4台加工机械，用电量为44.5千瓦时，有用电农户530户。随着高压电网进入云梯，白鹿水电站于1986年年初停止运营。2003年11月，有民间投资对白鹿水电站进行技术改造，把原来40千瓦的发电机改成75千瓦的发电机；2005年5月，正式并网发电。

毛坦水电站厂房和山坡上的压力管道（2017年摄）

毛坦水电站　该水电站坐落在毛坦村境内，为小型水电站，属富春江水系。水电站于1999年开工，2000年7月竣工并网发电。水电站建设共投资130万元，由宁国市供电局、安吉县供电局、云梯畲族乡毛坦村三方按4:3:3的比例共同筹资，委托宁国市供电局康力公司管理。水电站集水面积为8.0平方千米，设计发电水头为86.8米，引用流量为0.8立方米/秒。水电站安装320千瓦和160千瓦发电机各1台。2011年，水电站被安徽省康源电力集团有限责任公司收购。至2015年，毛坦水电站多年平均发电量达138万千瓦时。

农村电网改造工程 1999年，云梯畲族乡共有变压器14台（其中，专用变压器共2台），变压器总容量为520千伏安，农村无三相电，电线均为裸铝线，普遍存在电压不稳定、只能满足简单的生活照明用电的情况，农村居民人均年用电量约为50千瓦时。通过多次农村电网改造，至2015年，全乡有变压器41台（其中，专用变压器共6台），标准化配电台区覆盖全乡各个村落，农村三相电覆盖85%的用户，农村电压合格率达99.6%，农村绝缘电线已占总线路的60%，全乡变压器总容量达4100千伏安，全乡低压线路共135.6千米。2015年，年供电量达320万千瓦时，农村居民人均用电量达330千瓦时。 2013年，国家共投资约500万元，建设2条标准化10千伏专用主干线，提高云梯畲族乡的供电质量和供电能力。

村村通水泥路工程 2005年，云梯畲族乡开始实施村村通水泥路工程，至2015年，全乡共修建31条57.9千米的水泥路。2005—2008年，全乡共修建4条路，达17.97千米，市财政对村村通水泥路工程补助为30万元/千米，共539.1万元。2012—2015年，全乡共修建27条水泥路，共39.93千米，财政补助为35万元/千米（其中，市财政为28万元/千米、乡财政配套为7万元/千米），共补助1397.55万元 。

村村通水泥路（2010年摄）

2005—2015云梯畲族乡村村通水泥路情况一览表

表3

所在建制村	线路名称	起点	终点	路宽（米）	路长（千米）	修建年份
云梯村	少黄路	少先桥	黄莺山	3.5	2.77	2005
云梯村	老街路	检查站	中学	4.0	2.00	2012
云梯村	管王路	管前	王家前	4.0	3.09	2012
云梯村	敬老院路	乡政府	八亩	4.0	0.90	2014
云梯村	木桥头路	管王路	木桥头	4.0	0.60	2015
千秋畲族村	云铜路	云梯	铜岭关	3.5	3.00	2007
千秋畲族村	西太路	西山脚	太子坑	4.0	1.73	2012
千秋畲族村	千秋关路	云梯	千秋关	4.0	4.00	2012
千秋畲族村	桃树坞路	桃树坞	千秋关	4.0	1.70	2012
千秋畲族村	铜岭路	西太路	铜岭关	4.0	1.20	2013
千秋畲族村	西仰路	西太路	仰天湖	4.0	1.50	2013
千秋畲族村	大四路	大树佬	四方尖	4.0	0.90	2014
千秋畲族村	铜百路	铜岭路	白鹤老仙	4.0	0.60	2014
千秋畲族村	太仰路	太子坑	仰天湖	4.0	0.90	2014
千秋畲族村	环库路	西太路	太仰路	4.0	0.70	2014
千秋畲族村	铜岭关路	铜岭路	铜岭关	4.0	1.90	2015
白鹿村	管坞路	管前	落花坞	3.5	4.40	2008
白鹿村	白沙路	朱家村	白沙坞	4.0	1.54	2012
白鹿村	花土路	落花坞	土地岭	4.0	2.50	2014
白鹿村	桥大路	八组桥	大庙	4.0	1.12	2014
白鹿村	阳坞路	小阳山	大坞	4.0	1.10	2014
白鹿村	方家塘路	大坪	坝头	4.0	1.40	2015
白鹿村	西坑路	黄莺山	西坑	4.0	1.60	2015
白鹿村	上脚坞路	白沙路	上脚坞	4.0	0.70	2015
白鹿村	牌坊路	白沙路	牌坊坞	4.0	0.50	2015
白鹿村	管前路	管前	小阳山	4.0	0.50	2015
毛坦村	太毛路	太阳	毛坦	3.5	7.80	2006
毛坦村	毛章路	五贵蹲	郎村	4.0	4.25	2012
毛坦村	黄紫路	黄花坞	紫花坞	4.0	1.70	2013
毛坦村	大塘坞路	五贵蹲	大塘坞	4.0	0.50	2014
毛坦村	花树坑路	东毛路	花树坑	4.0	0.80	2015

有线电视村村通工程　2007年，建成通往白鹿、云梯、千秋、毛坦村的光缆或电缆共50千米，光节点共12个。该乡较大的自然村都开通了有线数字电视，用户达586户。2015年，全乡共有1609户安装有线电视，覆盖率达91%。

云梯畲乡水厂（2017 年摄）

农村环境卫生（2017 年摄）

农村饮用水工程 2007 年 12 月，建成白鹿工程，供水能力为 118 立方米 / 日，受益人口达 986 人，共投资 32.55 万元。2008 年 12 月，建成云梯街道工程和毛坦工程，其中云梯街道工程供水能力为 109 立方米 / 日，受益人口为 910 人，共投资 29.77 万元；毛坦工程供水能力为 31 立方米 / 日，受益人口为 258 人，共投资 11.43 万元。2009 年 12 月，建成千秋关工程，供水能力为 48 立方米 / 日，受益人口为 400 人，共投资 21.84 万元。2012 年 8 月，建成云梯畲乡水厂工程，供水能力为 900 立方米 / 日，受益人口为 2860 人，共投资 130.27 万元。2012 年 10 月，建成云梯管网延伸工程，供水能力为 234 立方米 / 日，受益人口为 1950 人，共投资 100.5 万元。

农村环境卫生综合整治工程 2012 年 9 月，云梯畲族乡开始实施农村环境卫生综合整治工程，对全乡道路、河流的环境卫生进行综合整治，建设垃圾池，添置垃圾箱、运垃圾的车辆及垃圾处理设施，并聘请保洁员对各村民组道路进行日常保洁，聘请垃圾清运员对垃圾进行日常清运。垃圾处理实行从焚烧到填埋“村收集、乡转运、市集中处理”，保洁员和清运员工资纳入财政预算，农村环境卫生保洁有了长效机制。

2012—2015 年云梯畲族乡农村环境保洁情况一览表

表 4

年份	财政投入（万元）	保洁员（人）	清运员（人）	垃圾清运车（辆）
2012	10.0	15	5	5
2013	35.0	18	5	5
2014	45.0	21	5	5
2015	50.0	22	5	5

千秋畲族村建设

千秋畲族村是少数民族村。2010 年，该村被列入“十二五”时期全国少数民族特色村寨保护与发展项目建设试点。2012 年，实施国家农村环境连片整治项目。2013 年，该村被列入安徽省美好乡村中心村建设、森林村庄建设、农民文化乐园建设试点，在国家项目资金支持下，通过乡、村的共同努力，村庄的基础设施有了很大改善，村庄面貌有了很大改观。

道路建设 村组通道路建设，2007 年完成 3 千米云铜路道路的硬化，2012 年完成西太路、千秋关路、桃树坞路共 7.43 千米道路的硬化，2013 年完成铜岭路、西仰路共 2.7 千米道路的硬化，2014 年完成大四路、铜百路、太仰路、环库路共 3.1 千米道路的硬化，2015 年完成铜岭关路 1.9 千米道路的硬化。至 2015 年，村组道路硬化率达 100%。

户户通道路建设，2008 年千秋畲族村出台以奖代补政策，水泥路每平方米补助 10 元，花坛每平方米补助 20 ~ 50 元。2008 年有 34 户获得 19104 元补助；2009 有 21 户获得 19537 元补助；2012 年有 32 户获得 42062 元补助。至 2013 年，9 个村民组、80% 的农户完成户户通道路硬化。

电力设施建设 在推进新农村电网建设中，2008 年，宁国市开展新农村电气化建设试点工作，千秋畲族村成为全市首批 15 个获“新农村电气化村”称号的试点村之一。2013 年，该村共有用电农户 350 户，供电设施有变压器 6 台，其中在 2011 年、2012 年共改造了 3 台，总供电能力达 600 余千瓦时，其中村民用电量达 450 千瓦时、畲族风情园用电量达 110 千瓦时，完全满足日常用电量。

通信设施建设 千秋畲族村设有电信代办点、电话代办点、邮箱。至 2013 年，该

道路硬化（2011 年摄）

村庄亮化（2014 年摄）

村的有线电视（含卫星电视）覆盖率达100%；网络开通率达100%，全村的电脑拥有量达200余台。全村通信顺畅，共有固定电话110部、手机1080部，村民主要使用电信、移动通信网络，电话普及率达98%。

村庄亮化建设 至2013年，全村已在云铜路、千秋关老路、铜岭路、西太路安装仿古路灯108盏、普通节能路灯35盏，在畲族风情园安装仿古路灯10盏、草坪灯20盏、激光灯6盏，公共场所及村主要建筑共安装灯带900米，70%的村组道路和户户通道路以及公共场所都实现了亮化。为了确保全村范围内的路灯正常照明，千秋畲族村建立长效维护机制，千秋畲族村村委会（甲方）与承包人（乙方）于2013年1月签订《千秋畲族村路灯维修、维护工程协议书》。

特色村寨改造与保护 为了突出畲族文化底蕴，增添畲族建筑元素，在村入口处建造特色村寨门楼，对环村道路沿线的65户农民住房，统一按照“灰色墙面砖、特色木格子窗、安装畲族图腾标识”的民族风格要求进行改造。对有历史价值的民居进行修缮和保护，充分展现畲乡民居的历史变迁。

在中心村建设畲族文化墙，再现畲族群众早期农业生产和农耕生活场景。在村庄道路旁安装带有“畲”字的箱形路灯。发掘、整理、展示畲族文化，组织排练畲族民歌、畲族舞蹈、畲族婚嫁等表演节目。云梯畲族民歌、畲族婚嫁习俗已申报并被列入省非物质文化遗产名录，确定蓝开友、雷金花（女）为安徽省非物质文化遗产项目传承人。每年举办“三月三”歌舞文艺会演及民俗展示活动，村民着畲族传统服饰参加活动，营造出浓厚的畲族文化氛围。

2011年，在乡党委、乡人民政府及村“两委”的大力支持下，千秋畲族村村民朱马根回乡创业，村企共建千秋畲族风情园。2012年，畲族风情广场、接待中心、宾馆、酒店等一期工程项目相继竣工开业。为进一步加强民族文化传承，2014年，千秋畲族村在中心村开始建造千秋畲族文化礼堂。

公共服务设施建设 为方便村民办事和解决问题，2012年，千秋畲族村结合民族特色和公共服务职能，对千秋畲族小学原校舍进行改扩建，建成集为民服务全程代理、科技信息及就业服务、群众议事等便民服务功能为一体的村级公共服务中心。建成后，便民服务大厅面积有35平方米。

为方便村民生产和生活，在中心村公共服务设施建成后，坚持因地制宜、功能整合的原则，先后建设法治文化广场、人口文化广场、村卫生室、农家书屋、留守儿童活动

千秋畲族村村口（2011 年摄）

村级公共服务中心（2012 年摄）

村污水处理系统（2012 年摄）

千秋畲族村卫生室（2012 年摄）

室、室外体育健身广场，及畲酒红超市、小龙便民超市、桥头便民超市等5家便民超市。

环境连片整治　2012 年 6 月，千秋畲族村实施农村环境连片整治项目，总投资达 272.5 万元，其中省专项资金 160 万元、乡村自筹 112.5 万元。

根据山区村庄布局特点，生活污水处理采用分散处理与集中处理相结合的方式进行。居住较为分散的农户采取分散式污水处理设施，2012 年，千秋畲族村共完成 60 个沼气池的建设任务。在村民居住集中、人口比较密集的中心村，采用“A/O 生物接触氧化 + 人工湿地”的集中式污水处理系统进行处理，处理生活污水能力为 120 吨 / 日。中心村居民共 850 人，受益人口达 800 人，按照山区农户生活习惯，以居民每天生活污水排放量 100 升 / 人计算，每天产生生活污水 80 吨，通过同步建设的 3.6 千米污水管网排入污水处理系统。

生活垃圾治理项目涉及5个自然村，总人口达1173人，受益人口达1173人。按人均产生垃圾1.5千克/日的标准，项目区每日产生垃圾约1.7吨。治理工程完成后，共新建垃圾房16座、垃圾转运站9座，新增垃圾转运车1辆、垃圾清运车4辆、垃圾渗沥液收集车（吸粪车）1辆、垃圾桶100个、清扫保洁人员5人，日处理垃圾能力达2吨。按照“户保洁、组收集、村转运、市处理”的方式，千秋畲族村实现项目区生活垃圾定点投放、清运率达100%，无害化处理率达99%以上的目标。

千秋畲族村开展饮用水水源治理，对太子坑水库坝上及铜岭关居民区进行环境综合整治，新建集中式饮用水水源保护截污坝2处，新建固定的永久宣传标牌10个，饮用水水源保护地水质达标率为100%。

为了让农村环境连片整治工作走进群众，让群众更多地了解和参与该项工作，并接受群众的监督，在项目区公路沿线设置宣传标语牌；制作农村环境连片整治宣传片和宣传图片展；印发《致农民朋友的一封信》，农村环境连片整治宣传单、宣传册；在村务公开栏点对相关物资和资金的使用情况进行公示。通过系列宣传教育工作，群众知晓率达99%以上，该村村民逐步养成良好的生活方式和卫生习惯。为建立长效机制，2012年8月，云梯畲族乡制定农村环境连片整治工程长效运行资金测算及保障措施，每年从乡财政专项资金中列支7.32万元，用于千秋畲族村环境连片整治工程长效运行、管理和维护。

村庄绿化（2011年摄）

森林村庄建设　2013 年 4 月，千秋畲族村中心村绿化工程开始施工，5 月下旬基本完工。由于 8 月出现严重的干旱，绿化苗木成活率不高，经过补植抚育于 10 月底通过验收，新增绿化面积 31 亩，建成后绿化覆盖率达 52%，道路、河渠绿化率达 92%，人均公共绿地为 18 平方米。

该村进行道路绿化，在云铜路道路两侧栽植紫叶李、石楠、红花檵木球等共 520 株，麦冬草坪共 1100 平方米，丛植色块共 980 平方米，建成后绿化面积达 10.2 亩；在西太路道路两侧栽植紫叶李、红花檵木球、红叶石楠球等共 346 株，麦冬草坪共 700 平方米，丛植色块共 95 平方米，建成后绿化面积共 3.6 亩；在千秋关老公路两侧栽植广玉兰、紫薇、红叶石楠球共 1550 株，建成后绿化面积共 7 亩。

该村对水库、河流进行绿化，在环太子坑水库栽植红梅、桂花、罗汉松、柳树等共 1593 株，果岭草共 6500 平方米，麦冬草坪共 2800 平方米；在千秋关激浪漂流段两侧栽植柳树、女贞、红花檵木球等共 604 株，果岭草共 520 平方米，马尼拉草坪共 550 平方米。

开展公共休闲绿地建设。在村委会广场栽植香樟、桂花、广玉兰、茶梅等共 107 株，丛植色块共 550 平方米；在千秋畲族风情园栽植精品高大乔木银杏、香樟、罗汉松等共 265 株，果岭草共 6000 平方米。

对居民庭院进行绿化。根据条件，在全村农户庭院修建花池，共栽植多秆杜鹃 193 株、丛植色块 1200 平方米。

在绿化管护上，2013 年 1 月，千秋畲族村村委会与本村绿化养护员签订《绿化养护协议书》，工作要求：养护员每月进行 1 次村庄绿化修剪；做好宣传教育工作，制止破坏花草树木的行为；及时预防花草树木的季节性灾害；及时更换干枯苗木。养护员的待遇是每月管护费 1000 元。

农民文化乐园建设　2013 年，千秋畲族村被省文化厅列为省级农民文化乐园建设试点村，开展乡村农民文化乐园建设工程。按照“一场（台）、一堂（室）、一墙（廊）、一站”［文化广场或表演舞（戏）台，学堂或文化活动室，文化墙或文化廊，志愿者服务站］的基本要求开展建设，并使用全省统一的“文化乐园”标识。

中心村建设面积为 10000 平方米的畲族风情广场，用于举办每年“三月三”文艺演出、民俗表演等群众性文化活动，广场内建有 140 平方米具有地方文化特色的千秋关舞台。中心村的堂（室）建有畲族文化礼堂、党员活动室、农家书屋、留守儿童活动室，配置电视机、VCD、投影仪等设备，可在该处开展农民科技培训和党员教育活动。中心村

云梯“三月三”歌会在千秋畲族村畲族风情广场举行（2012 年摄）

农民文化乐园凤凰雕塑（2016 年摄）

文化墙（廊）建设是在村道两旁、村委会、旅游景点等墙面绘制 2000 余平方米的畲族文化墙；在广场周边建设 40 平方米的文化长廊，图文并茂地展示千秋畲族村的村史、风情、风物、风采、风光。建设志愿者服务站，开设便民服务大厅，开展形式多样的志愿服务。

经济发展

概况　历史上，云梯畲族乡一直是以种植水稻、玉米粮食作物为主的自给自足自然经济。改革开放以后，立足当地资源优势，面向市场，进行农业综合开发，形成以种植笋干竹、山核桃为主的大规模商品经济。1994 年，云梯畲族乡农民人均纯收入为 1553.59 元，第二产业、第三产业收入占纯收入的 27.33%，砖混结构、砖木结构住房比重为 53.4%，食品支出占消费支出的比重达 44.50%，劳动力平均受

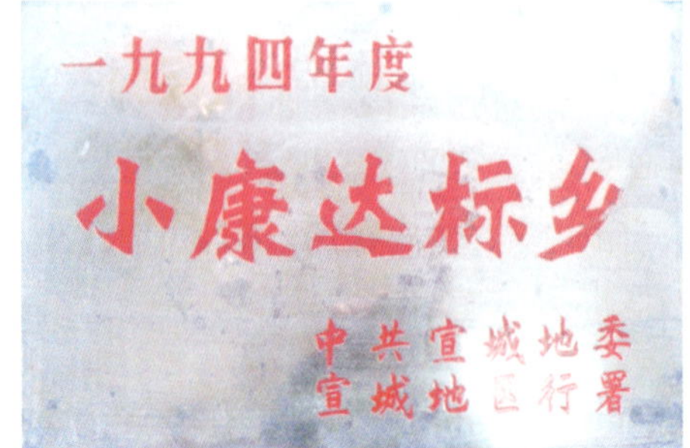

小康达标乡荣誉牌匾

教育程度为 6.6 年，人均居住面积为 30.64 平方米。对照《安徽省县级农村小康标准》，云梯畲族乡基本实现农村小康，成为宁国县首批达到小康目标的乡镇。

1998 年，云梯畲族乡农民人均纯收入为 2636.44 元，第二产业、第三产业收入占纯收入的 37.67%，人均纯收入 600 元以下农户的比例为 0，食品支出占消费支出的比重为 48.37%，砖混结构、砖木结构住房比重为 90.04%，电视机普及率达 110.00%。全乡基本普及九年义务教育，基本扫除青壮年文盲，通公路的建制村比重为 100%，通电话的建制村比重为 100%，用电户比重为 100%，安全卫生水普及率为 100%，“五保”户集体供养率为 100%，计划生育率为 100%，万人刑事案件立案数为 0。

2015 年，全乡农民人均可支配收入达 1.75 万元，农民合作医疗参保率达 98% 以上，全乡适龄人员基本养老保险参保续保率在 94% 以上。

农业　云梯畲族乡农业一直以种植业为主。改革开放以后，种植业、养殖业都有较大发展，种植业也由单一的粮油生产走向多样化，蔬菜、瓜类、中药材种植都发展很快。

水稻秧田，农民正在施肥（2018 年摄）

1954 年，境内有云梯、白鹿 2 个乡。2 个乡合计户数为 965 户，共有农业人口 3477 人。水田共 5676.6 亩，旱地共 251.9 亩。常年水田产量为 758.8 吨，旱地产量为 12.6 吨。经济作物中，玉米产量为 59.1 吨，豆类为 953 千克，芝麻为 13 千克，山芋为 550 千克，花生为 1302.5 千克，笋干为 3015 千克。茶园共 680 亩，产茶 1006 千克。

2015 年，云梯畲族乡的乡村户数为 1768 户，乡村人口共有 6141 人。全乡乡村劳动力资源数为 4416 人，农业从业人员为 3949 人，其中从事农业生产的人员为 2102 人。耕地有 2488.5 亩，其中水田 2307 亩。全乡生产粮食达 1285 吨（其中，稻谷 1025 吨、大豆 72 吨、薯类 188 吨），生产油料达 215 吨。茶园面积达 35 亩，共产茶叶 10 吨。生猪出栏 5302 头。生产蔬菜 1167 吨，西瓜 246 吨，药材 84 吨。

1970—2015 年部分年份云梯畲族乡农业生产情况一览表

表 5

统计年份	1970	1980	1990	2000	2010	2015
乡村户数（户）	1071	1310	1640	1761	1768	1768
乡村人口（人）	5174	5761	6204	6059	6054	6141
农业从业人员（人）	1426	2148	3151	3035	2122	3949
耕地（亩）	4998	4951	5598	5459	2520	2488.5
其中：水田（亩）	4951	4928	4898	4836	2340	2307
耕牛（头）	542	409	384	—	—	—
粮食（吨）	1509	1760.2	2404	2289	1525	1285
油料（吨）	9.3	14.65	77.3	216	231	215
茶叶（吨）	0.95	7.6	11.5	—	7	10
蚕茧（吨）	0.25	3.35	2.94	—	—	—
生猪饲养量（头）	2070	4085	3933	—	—	—
生猪出栏（头）	—	—	—	4050	9988	5302
蔬菜（吨）	—	—	—	805	519	1167

林业 历史上，云梯畲族乡的林业一直以毛竹、杉、松等用材林为主。改革开放以后，特别是 2000 年后实行了退耕还林政策，当地面向市场形成了大面积的山核桃、笋干竹经济林。1954 年，云梯和白鹿两个乡共产桐籽 32.5 千克，白果 65 千克，山核桃 615 千克。2013 年，云梯畲族乡有经济林 46971 亩，其中元竹（笋干竹）24462 亩、山核桃 13726.5 亩、毛竹 8782.5 亩。2015 年，产笋干 450 吨，产值达 1350 万元；产山核桃干籽 70 吨，产值达 448 万元；毛竹采运共 22 万根，产值达 264 万元；杂竹共 1 万吨，产值达 500 万元；森林旅游收益达 580 万元。

毛竹林森林生态游（2016 年摄）

1985—2013 年部分年份云梯畲族乡森林资源一览表

表 6

调查年份	1985	1991	2003	2013
林业用地（亩）	56899.00	60487.00	67605.00	70834.50
有林地（亩）	31988.00	46786.00	67476.00	70834.50
经济林（亩）	10859.00	28371.00	45370.50	46971.00
笋干竹（亩）	7557.00	22051.00	33585.00	24462.00
山核桃（亩）	78.00	1194.00	5880.00	13726.50
毛竹（亩）	1887.00	3554.00	5700.00	8782.50
森林覆盖率（%）	49.70	75.76	87.30	93.01

乡镇企业 改革开放初期，云梯乡创办了农具修理及皮鞋、尼龙袜、车木加工等企业，但都因人才、技术、资金等原因而停止经营。

1990 年，云梯乡有乡镇企业 157 家（其中，乡村办企业共 12 家），企业人数为 312 人（其中，乡村办企业的人数为 133 人），企业总收入为 201 万元，企业总产值为 204 万元（其中，工业 56 万元）。乡办企业总产值为 87 万元（其中，工业 29 万元）；村办企业总产值 18 万元（其中，工业 9 万元）；个体办企业总产值为 99 万元（其中，工业 18 万元），企业利润 21 万元，企业税金 8 万元。

1990 年创办的宁国市云梯早竹市场是宁国市最早的元竹市场，购销元竹、毛竹竹

生产竹篱笆用的元竹竹材（2017 年摄）

宁国市云梯旱竹市场（2017 年摄）

材。2000 年，被评为“宁国市农业产业化龙头企业”；2001 年，销售收入达 3000 万元，被宁国市委、市人民政府授予“宁国市农产品销售大户”称号；2015 年，企业销售收入达 500 万元。

1995 年创办的宁国市畲乡石材工艺装饰厂，利用当地石材加工生产石桥、石亭等建筑装饰构件。为了保护环境，该厂于 2010 年起从外地购进石材进行加工生产。2015 年，企业销售收入达 100 多万元。

2004 年创办的宁国市云梯畲族荣华竹木加工厂，与浙江省安吉县外贸企业合作，充分利用当地丰富的元竹竹材资源，加工成内外装潢用竹篱笆，出口欧美地区及日本、韩国等发达国家。同时，该厂也为当地中老年劳力及残疾人就业提供便利条件。2011 年，企业被评为“宁国市农业产业化龙头企业”。2015 年，该厂共有职工 30 余人，销售收入达 300 万元。

2010 年，云梯畲族乡规模以上工业企业有 2 家，规模以上工业增加值为 2535 万元。其中，宁国市畲乡美波铝业有限责任公司工业产值为 8292 万元，工业销售产值为 8170 万元，主营业务收入为 8169 万元，资产总计 1655 万元，利润总额为 800 万元，利税总额为 1128 万元，企业从业人员年平均人数为 60 人；宁国市畲族缫丝厂工业产值为 3181 万元，工业销售产值为 3181 万元，主营业务收入为 3181 万元，资产总计 220 万元，利润总额为 60 万元，利税总额为 97 万元，企业从业人员年平均人数为 15 人。

2015年，云梯畲族乡规模以上工业企业有安徽宁国新兴纺织原料制造厂（前身是宁国市畲族缫丝厂）1家，规模以上工业增加值为1893万元。安徽宁国新兴纺织原料制造厂2015年工业总产值为8011万元，工业销售产值为8011万元，全年营业收入为8011万元，资产总计150万元，利润总额为271万元，企业从业人员年平均人数为13人。

畲族居民生活

衣 中华人民共和国成立前，每到冬天，云梯畲民由于生活贫困、衣服单薄，只好靠钻草窝、烧火堆来取暖过冬。中华人民共和国成立后，云梯畲民分到了田地，收入有所增加。冬天，大部分畲民有了棉袄、棉被。20世纪70年代，冬季有毛线衣穿。80年代中期后，服装的色彩多样，一季多衣，干农活时以解放鞋、牛筋靴替代草鞋、山袜，休闲时多穿皮鞋。90年代后，追求高档、名牌服装。

食 中华人民共和国成立前，畲族人靠打工、租种地主田地或开荒种旱粮维持生计，大多数畲民一天吃两餐，以山薯干为主要食物，多数人吃不饱。中华人民共和国成立后，畲民分到了田地，能吃上大米饭，过年也能吃上猪肉。20世纪70年代，解决了温饱问题。八九十年代，饮食逐渐多样化，肉、鱼、蛋消费明显增加。进入21世纪，畲民在饮食方面偏好绿色、有机、无公害食品。

住 清光绪年间（1875—1908），畲族人从浙江、福建迁居到云梯山区，他们大部分住在半山腰的草棚子里。二十世纪五六十年代，畲民分到了田地、山场，收入有所增加，均建造了土木结构的草房作为住房。70年代，草房都换成了瓦房。80年代，有少数畲民建起了砖混结构的住房。90年代，20%左右的云梯畲民新建2～3层的砖混结构楼房。进入21世纪，全乡95%左右的畲族居民新建了砖混结构的楼房，人均居住面积约有80平方米，30%左右的畲族居民在宁国城内购置了商品房。

畲民新居（2012 年摄）

行　20 世纪 50 年代以前，畲民出行靠步行，运输货物靠人挑肩扛，云梯有少数手推车。五六十年代修通公路后，可乘公共汽车外出。七八十年代，云梯逐渐普及自行车。90 年代，60% 的云梯畲族居民购置了摩托车。至 2015 年，全乡实现村村通、户户通水泥路，摩托车在全乡已经得到普及，35% 左右的畲族居民家中购置了家用小轿车。

耐用品　20 世纪 70 年代，云梯的家庭照明用电达 100%，部分畲族居民购置了手表。80 年代，全乡基本普及手表，约 60% 的畲民购置了电视机。90 年代末，云梯畲民家庭普及了电视机；80% 的家庭使用上了液化气灶；95% 的畲族居民家中安装了自来水装置；10% 的家庭购买了洗衣机；40% 多的畲族居民家中安装了电话。进入 21 世纪，云梯畲民家庭的户均家用电器数达 5 件左右，并越来越高档化、现代化；30% 左右的畲族居民家中安装宽带互联网；全乡成年人拥有手机普及率达 95% 以上。

社会事业

在安徽省、宣城市、宁国市党委、政府及相关部门的重视下，解放后，特别是改革开放后，云梯畲族乡教育、卫生等社会事业有了长足进步。进入 21 世纪，学校畲族文化教育特色鲜明，乡畲族中心小学受到国家相关部门的表彰；全乡医疗卫生条件显著改善，乡卫生院进一步推进医疗设施标准化，公共卫生和妇幼保健门诊逐步向规范化迈进。

学校教育 1924 年，在云梯汤王庙创办公办云梯初级小学（四年制），首任校长为洪锦山。1925 年，该校扩大为完全小学（六年制）；1927 年，改为初级小学，学校迁至云梯中街朱家礼堂。1931 年，改为完全小学，有学生 49 人，教职员 4 人。1945 年，学校有高级、初级复式班各 1 个，学生共 70 余人。1947 年，学校停办高级班。

1949 年秋，云梯小学改为私立，设初级班，有教师 2 人。1950 年，恢复高级班，增加教师 1 人。1952 年，云梯小学转为公办，新建 6 个教室，学校很快形成 6 个年级、6 个班的办学规模，共有学生 200 余人、教师 7 人。此后相继设立千秋、白鹿、毛坦教学点，形成云梯中心学区。1956 年，云梯小学拆除朱家礼堂，新建 2 个教室，学生数量有所增加；停办千秋教学点，白鹿、毛坦教学点发展为完全小学。

1963 年，安徽省民族事务委员会（以下简称省民委）拨款 5000 元，创办千秋畲族学校。在千秋畲族村新建一幢 14 间土木结构的 2 层楼房，于 1964 年投入使用。是年，招收 1 年级至 4 年级学生共 50 余人，设 2 个复式班。1969 年，千秋畲族学校发展成为完全小学，设 5 个教学班，共有学生 150 余人（其中畲族学生 50 余人）、教师 6 人。

1969 年秋，云梯小学附设初中班，初一年级招生 40 余人。1971 年，发展到初中 3 个年级，每个年级各 1 个班，共有 110 余名学生。1972 年，云梯人民公社筹建初中学校；1974 年，基本建成；1975 年春，初中与小学分设，初中共有 4 个班，学生近 200 人，

云梯畲族中心小学（2013 年摄）

教师 14 人。1977 年，云梯初中发展到 7 个班，共有学生 300 余人、教师 18 人。1980 年，云梯初中实现考取中专零的突破，该校学生李自兵考入宁国师范学校。1980—1995 年，云梯初中共考取中专 72 人，升入普通高中的人数达 300 余人。

20 世纪 70 年代，云梯人民公社先后增设中间村、小阳山、落花、西坑、毛民 5 个教学点，多为一二年级复式教学，学生共 20 人左右，教师均为临时聘请。改革开放后，为提高教学质量，对学校布局进行调整，先后撤并小阳山、西坑、毛民教学点。20 世纪 90 年代，学校生源减少。1994 年、1997 年，分别撤并落花、中间村教学点。2000 年，云梯畲族乡完全小学五年级学生集中到云梯中心小学就学；2001 年，四年级及以上学生也集中到云梯中心小学就学。2002 年秋，云梯畲族乡设九年一贯制“云梯畲族学校”，中心校设在云梯初中，有小学部 3 年级至 5 年级、初中部 1 年级至 3 年级，保留云梯、白鹿、千秋、毛坦 4 个教学点。

2003 年，云梯畲族学校有小学生 387 人、初中生 275 人、教师 43 人。随着初中生源的减少，为提高教学质量，2005 年，云梯畲族学校初中部并入仙霞镇初级中学，云梯畲族学校更名为云梯畲族中心小学，保留六年制小学建制，下设云梯、白鹿、千秋、毛坦 4 个教学点，共有小学生 250 余人，教师 23 人。

2006 年 3 月至 2007 年 8 月，为扶持云梯畲族中心小学发展，市教育主管部门安排仙霞中心小学校长刘传平兼任云梯畲族中心小学校长，调仙霞中心小学教导处主任谢红旗担任畲族中心小学常务副校长。2007 年 8 月至 2010 年 7 月，谢红旗担任学校校长。在各相关部门的关心支持和仙霞中心小学的大力帮助下，云梯畲族中心小学的校园面貌有了较大改观，师资教科研水平有了较大提升，学校民族特色得到彰显。通过多年努力，云梯畲族中心小学逐步发展成为一所特色鲜明、教育教学成果显著的民族特色示范小学。2014 年 9 月，学校被教育部、人力资源和社会保障部联合授予“全国教育系统先进集体”称号。

2015 年，云梯畲族中心小学设中心校和白鹿、千秋、毛坦 3 个教学点，共有小学生 135 人、教师 20 人。

畲族文化教育

艺术及体育教育　1998 年，云梯初中成立毽球队，并参加安徽省少数民族运动会。此后，学校不时因比赛需要开展毽球教学，也有部分畲族教师把畲族文化元素融合教学、教研中，并取得较好的成绩。2003 年，云梯畲族乡教师蓝玉芳研究毽球教学的论文获安徽省中小学论文评比二等奖。2004 年，教师蓝红英指导畲乡学生参加电脑作品比赛，把畲族文化元素融入电脑作品之中，获得宁国市中小学电脑作品评比一等奖。

2006 年，云梯畲族中心小学教师陈肖进指导学校畲族学生排练舞蹈《伐竹乐》，参加安徽省少数民族运动会开幕式表演，并获三等奖。此后，该校每年都编排一些畲族歌舞节目参加各级各类比赛，并频获佳绩。畲族歌舞因此成为该校艺体方面的一大特色。

2007 年开始，云梯畲族中心小学普及毽球，做到一人一毽。2010 年，该校被授予安徽省及宣城市“少数民族传统体育项目训练基地”称号。2008 年，该校外出学习竹竿舞，把竹竿舞作为学校大课间活动开展，并对竹竿舞进行加工，使之成为一种表演形式。每年“六一”儿童节的相关活动上，竹竿舞都亮相舞台，得到各级领导的好评。

校本教材　2007 年，云梯畲族中心小学开始编写校本教材《走进云梯畲族乡》，该教材于 2008 年完稿、印刷，应用于该校的畲族文化教学。从 2008 年开始，该校开展

竹竿舞（2013 年摄）

教说畲语（2015 年摄）

教唱畲歌（2012 年摄）

“走进云梯畲族乡”教学，让学生了解畲族文化、畲乡概况等。

2008 年，云梯畲族中心小学开始进行畲语教学。畲语课是每月一节，开课范围仅限于畲族学生，由教师蓝红英承担教学任务。起初，由于没有教材和相关畲语教学经验，教师需花费大量时间备课。从 2010 年秋季开始，该校在全校所有年级开设畲语课，并实现每周一节的常态化教学，畲语课授课老师由学校在畲族教师中遴选。畲语教学使云梯畲族中心小学的学生掌握了一些简单的畲族日常用语，不让畲族语言在云梯畲族乡年轻一代中消失。2014 年，该校启动畲语教材编写工作，因畲族有语言无文字，教材编写难度很大。2015 年年底,《说畲语》教材基本定稿。

畲族民歌是安徽省非物质文化遗产传承项目。为了让这一“非遗”项目在学校得以有效传承，2014 年秋季，云梯畲族中心小学开始在社团课中开设畲族民歌学唱班。2015 年，该校开始编写畲歌教材；是年年底,《唱畲歌》教材基本编写完成。

医疗卫生 解放前，云梯仅有一家个体中药店，中医师兼中药师是云梯村祖传中医李宏奎；解放后，个体中药店实行公私合营。为解决畲民治病经费困难，1965 年前后，畲民生病治疗的费用可凭发票到县民政局报销一半。1966 年 4 月，成立云梯乡卫生院，卫生院位于云梯老街，朱木发为第一任院长。从 1973 年起，畲民生病由县委统战部和县政府民族宗教事务科，根据困难情况酌情给予补助。1993 年，省、县两级拨专款 12 余万元，于 1995—1996 年在乡老卫生院办公楼旁新建一幢 780 平方米的卫生大楼，配备相应的医疗器械和技术力量。2009 年，拆除老卫生院办公楼，新建门诊用房。2013 年，在云梯村石千公路旁新建一幢面积达 1500 平方米的卫生院大楼，设内科、

乡卫生院大楼（2017 年摄）

外科、妇科、儿科、公共卫生科及预防接种规范化门诊和妇幼保健规范化门诊，配备输液大厅、住院病房等标准化设施，有床位 6 张，人员编制共 9 人，乡卫生院下设 4 个一体化管理的村卫生室。至 2015 年，乡卫生院的服务能力有了新的提升，基本做到群众就医小病不出乡。

民族团结

解放前，地主们曾企图把畲民赶出云梯。1941 年左右，云梯发生一场畲民集体反抗地主的斗争，使地主不敢再轻易刁难畲族人。解放后，实行民族平等政策，建立畲民事务自我管理和畲族乡自治管理制度，畲族、汉族一家，融合发展，成为“全国民族团结进步模范集体”。

民族平等政策 解放后，在中国共产党的领导下，实行民族平等政策，地方各级中国共产党的代表大会、人民代表大会、政治协商会议都有了畲民代表和委员，乡历届人代会和党代会，畲族代表占比均超过全乡畲族人口所占比例。

各级党委和政府贯彻执行中国共产党的民族政策，选拔和培养了一批畲族干部担任各级领导职务，培养了一批少数民族知识分子；发展民族教育事业，培养了一批畲族人才。自 1992 年成立云梯畲族乡后，一直由地方畲族干部担任乡长。根据 1998 年的统计，宁国市有 2 名副县级畲族干部；在云梯畲族乡任职干部中，有 8 名畲族干部，占干部总数的 28%，乡长、书记均为畲族人；在云梯畲族乡任教的畲族教师有 18 人，占教师总数的 20%。全乡畲民中，由云梯小学毕业的博士有 2 人、硕士 1 人、本科 5 人、大专 10 人、中专 30 人。

民族事务小组 1986 年、1987 年，宁国县第三届政协委员蓝海根、雷旺友等人连续两年联名写出提案，要求成立云梯乡民族事务小组。经中共宁国县委研究同意，于 1987 年年底正式成立云梯乡民族事务小组，该小组的成员由德高望重的畲民组成。云梯乡民族事务小组成立后，负责少数民族群众困难补助金的安排与发放；每年春节前，代表人民政府慰问少数民族贫困户和80周岁以上的畲族老人；接待外地到云梯开展畲族文化研究的科研人员；承担云梯畲族文化资料的搜集和整理任务，多年来编纂资料或撰写论文共20余篇；每年协助人民政府筹办“三月三”歌会；举办畲族文化专题讲座等。

民族自治管理 为进一步落实中国共产党的民族政策，加强少数民族自治管理，1991年4月，云梯乡人民政府专文向县民政局报告，要求成立畲族自治乡。1992年9月，经省人民政府批准，云梯乡改为云梯畲族乡。1992年，县人民政府结合云梯畲族乡的实际情况，专门制定七条优惠政策，对推动云梯畲族乡的经济、社会各项事业的发展起到积极作用。为落实少数民族乡民族政策，历届云梯畲族乡乡长均由畲族干部担任。

全国民族团结进步模范集体荣誉牌匾

民族团结模范 通过多年对民族政策的宣传和落实，云梯畲族乡畲族、汉族一家融合发展。解放后60多年，在云梯及周边乡镇的畲族、汉族之间从未发生过民族纠纷，畲族、汉族人民和睦相处。1994年，云梯畲族乡人民政府被评为“全国民族团结进步先进单位”，受到国务院表彰，乡党委书记钟汤荣出席在北京召开的表彰大会。2005年、2009年、2013年，云梯畲族乡人民政府被国务院授予“全国民族团结进步模范集体”称号。

建制村概况

在云梯畲族乡范围内，自古有云梯、白鹿2个村级组织。1961年，云梯大队分设云梯、千秋2个大队，白鹿大队分设白鹿、毛坦2个大队。2015年，云梯畲族乡辖云梯村、白鹿村、千秋畲族村、毛坦村。

2015 年云梯畲族乡建制村基本情况一览表

表 7

建制村	云梯村	白鹿村	千秋畲族村	毛坦村
面积（平方千米）	7.8	11	9.7	22.97
下设村民小组（个）	17	19	12	6
乡村户数（户）	682	565	333	188
乡村人口（人）	2360	1981	1196	604
耕地（亩）	988.5	906.0	579.0	15.0
经济林（亩）	9612.0	13506.0	7005.0	16848.0
其中：笋干竹（亩）	6124.5	6628.5	2418.0	9291.0
山核桃（亩）	3417.0	3909.0	3813.0	2587.5
毛竹（亩）	70.5	2968.5	774.0	4969.5

说明：经济林为 2013 年统计数据

云梯村 云梯村位于云梯畲族乡中西部，村委会因驻地云梯自然村而得名。云梯村辖区范围东起黄莺山，西至天灵洞；南起石鼓山，北至独山头。云梯自然村是历史悠久的村落，自古处于皖浙交通要道的千秋关下，是南宋丞相吴潜的祖籍地。历史上，云梯村建有“三贤祠”（祭祀吴柔胜、吴渊、吴潜的祠堂），至 20 世纪“文化大革命”期间才彻底被毁。

云梯村是云梯畲族乡人民政府驻地，商贸服务业初具规模。原河千公路穿村而过，2006 年过境公路北迁新建，拉开了乡集镇建设框架。全村有云梯、王家前、庠里、半月塘、中间、黄莺山、独山头、桃树坞 8 个自然村，村庄人口规模较大，主要地形为丘陵、谷地，耕地较多，人口比较稠密，传统农业比较发达。2000 年后，实行退耕还林政策后，耕地面

鸟瞰云梯村（2017 年摄）

积减少，经济林面积扩大，经济林成为农民收入的主要来源。

白鹿村　白鹿村位于云梯畲族乡中部。村委会的名称有两种说法，一种说法是源于村域是由白沙坞和落花坞组成，取两山坞名首字合称“白落”村，后因音似字异称“白鹿”村；另一种说法是白鹿村委会驻地朱家村，朱家村朱氏家族为朱熹后裔，朱熹因重修白鹿洞书院倡导办学而扬名天下，后人为纪念朱熹改“白落”为“白鹿”。

白鹿村辖区范围东起落花尖，西至东津河；南起双尖山，北至鹁鸪塘。白鹿村有小阳山、管前、新桥头、落马桥、横山、朱家、白沙坞、上脚坞、大庙、西坑、落花坞、落花尖、黄龙出洞、鹁鸪塘、方家塘、湖里 16 个自然村。宁国通往杭州的公路从白鹿村西部穿境而过，村内各自然村都修通了水泥路。全村的地形主要为丘陵、谷地，耕地比较多，是传统的农业村。2000 年后，实行退耕还林政策，至 2015 年，耕地面积减少一半，经济林面积扩大了 3 倍，农民收入主要来源于笋干竹、山核桃等经济林。

千秋畲族村　千秋畲族村位于云梯畲族乡西南部。村委会驻地三十六间。三十六间自然村的村名源于该村曾有一处标志性的房屋，共有 36 间，久而久之，三十六间成为当地村庄的名称。由于千秋畲族村畲族人口比较多，占全村总人口的比重较大，所以在 1992 年成立云梯畲族乡时，成为该乡唯一的畲族村，千秋村又称为千秋畲族村。千秋畲族村对外交通便捷，既设有河千高速公路出入口，也有宁国通往浙江杭州的过境公路。

千秋畲族村辖区范围东起千秋关，西至汤公山；南起铜岭关，北至炉吉地。全村有三十六间、中间坞、西山脚、炉吉地、千秋关、桃树坞、铜岭关、大树、汤公山脚、太子坑 10 个自然村。全村地形以低山、丘陵为主。历史上，该村的梯田很多，2000 年实行退耕还林政策后，梯田里都栽种了山核桃、笋干竹。随着畲族村历史文化的传承和保护以及基础设施的显著改善，乡村旅游蓬勃发展。2015 年，千秋畲族村有农家乐 27 家，民宿客房共 291 间，床位共 596 张。

鸟瞰朱家村（2017 年摄）

鸟瞰千秋畲族村（2017 年摄）

毛坦村 毛坦村位于云梯畲族乡东部，以村委会驻地毛坦自然村而得名。毛坦自然村的村名源于村内有一处平坦之地，生长着茅草，故名茅坦，后采用了笔画简单的谐音字而得名“毛坦”。二十世纪六七十年代，大队名称使用“毛坦”；1983 年地名普查时，把地名标准化为“茅坦村”；90 年代后，又复称“毛坦”。

毛坦村辖区东起大野洼国有山场，西至落花尖；南起龙王庙，北至五贵蹲。全村有五贵蹲、上水坞、黄家坞、直坞里、杨树桥、榉树坑、核桃湾、畚箕湾、顶山坞、太子坑、毛坦、紫花坞、大塘坞口、龙王庙 14 个自然村，与浙江安吉县、临安市及宁国仙霞镇的毗邻乡村都有水泥路相通。由于毛坦村地处深山，地形以中低山为主，大多数自然村居住分散，住户少。毛坦村山高谷深，耕地很少，是传统的林业村。随着村庄交通、电力等基础设施的改善，毛坦村生态优良的优势得以展现，逐步兴起乡村旅游。2015 年，毛坦村有农家乐 4 家，民宿客房共 79 间，床位共 156 张。

毛坦村山坞人家（2012 年摄）

特色农业

云梯畲族乡立足当地资源优势，在农业综合开发中发展笋干竹、雷竹、毛竹、山核桃、中药材等名优农产品种植，使笋干竹、雷竹、毛竹、山核桃、中药材成为当地农民重要的收入来源。随着农村环境改善，休闲农业与乡村旅游兴起，云梯畲族乡农家乐蓬勃发展，农家乐也成为当地农民重要的收入来源之一。

笋干竹栽培

宁国笋干是中国地理标志保护产品。云梯畲族乡是宁国笋干的主要产区之一，1985年产笋干 115 吨，占全县产量的 60.5%，其中，毛坦村的石笋干更是远近闻名。2015 年，云梯畲族乡竹笋干产量达 450 吨，产值达 1350 万元；元竹采运达 1 万吨，产值达 500万元。

笋干竹种类

笋干竹为禾本科植物，是由笋期相近、形体差别不大的一个品种群组成，大多为刚竹属的中型竹种。笋干竹性喜温暖湿润，因云梯畲族乡春季、夏季雨水多，土壤疏松肥沃，笋干竹生长好，发笋多，笋体大。笋干竹加工后制成笋干。

宁国笋干竹竹种资源丰富，初步调查竹种近 20 个。主要竹种有石竹、淡竹、早竹、红壳竹、水竹、刚竹、雅竹、石绿竹、毛金竹、桂竹等。

石竹 别名灰竹。竹子秆高 8 米，箨舌先端平，两侧不下延。笋期为 4 月中下旬。石竹对立地条件要求不严，坡度较缓、土层深厚、背风向阳、水湿条件好的地方出笋多、笋体大、产量高。集约经营的石竹林，鲜笋亩产量可达 1500 千克以上。石竹笋脆嫩鲜美，壳薄肉厚，清香可口，是加工宁国笋干的主要竹种，其加工产量占笋干总产量的 75%以上。

宁国笋干（2017 年摄）

早竹 别名雷竹、菜竹。以出笋最早，秆箨黑绿色，箨鞘光滑无毛，竹秆节间粗短而较均匀，上部秆箨之箨舌强烈下延等特点而容易识别。3 月上中旬，即开始出笋，有的在春节期间就可以从地下掘笋。早竹的笋期较长，到 5 月底还出笋。其笋鲜、嫩、香、脆俱全，可鲜食，也可制笋干、制作罐头。早竹的产量高、上市早，是一个优良的笋用竹种。

刚竹　别名胖竹、光竹、台竹等。分黄皮刚竹和槽里黄刚竹两个变种。由于箨环不明显，竹秆节间表面在放大镜下可见猪皮状的晶状小点，出笋晚且持续时间长，较易于识别。初笋于 5 月中旬，末笋于 8 月。笋味略苦，鲜食须经煮沸后再烹调，方可除尽苦味，食味也较鲜美，加工笋干无须经过任何处理。刚竹抗逆性强，在平地、河滩及山坡上多有分布。

红壳竹　箨舌紫黑色，先端截平，箨鞘紫红色或褐红色。笋期在 4 月中旬。笋味甘甜鲜美，体态秀丽，为优良的食用笋，栽培和分布比较广泛。

桂竹　别名五月季竹、麦黄竹、小麦竹、五月扳等。秆高达 16 米，径宽 14 厘米，秆箨有箨耳和肩毛，箨耳共 1 枚至 2 枚，肩毛长而弯曲。笋期在 5 月中旬。笋粗壮、味鲜美，可鲜食，也可制笋干、罐头。桂竹抗性较强，适生范围大，多生长在山坡下部和平地土层深厚肥沃的地方，在黏重土壤上生长情况较差。

水竹　秆高 5 ~ 6 米，径粗 3 ~ 4 厘米。秆箨或笋箨绝无斑点，新秆箨及箨环皆无毛。笋期在 4 月下旬，笋体较小，壳肉也较薄，但笋味尤鲜美。

笋干竹栽培　笋干竹具有生长周期短、见效快、收益高、易栽培等特点。在立地条件适宜的情况下，三年即可满园，四年便有收获，因此深受农民喜爱。

笋干竹系刚竹属中的一些中型散生竹种，对地形、土壤的要求不甚严格，只要坡度缓斜、土层较厚的地方，都可以造林，但以疏松、肥沃、湿润的酸性至中性土壤生长为宜。造林前的秋冬季节，根据地形、土壤等情况，实施全垦或带垦整地，施足基肥。下年 1—3 月，选择阴雨天或雨后晴天进行栽竹，母竹选择 1 年至 2 年生、分枝低、生长健壮的竹株。挖母竹时要注意保护鞭根，一般留来鞭、去鞭各长 20 ~ 30 厘米，带土 10 ~ 15 千克，留枝 4 盘 ~ 5 盘，削去梢部，并尽量做到随起随栽。按每亩 120 株的密度，挖好长、宽各 50 ~ 60 厘米，深 30 ~ 40 厘米的穴。根据母竹蔸的形状大小，适当地修整穴壁、垫土，然后放入母竹，保持鞭根自然舒展。再用表土塞紧四周，分层踏实，使鞭根与土壤紧密连接。浇足定根水，盖上一层土。造林后 3 年，视竹林生长情况进行间种或套种绿肥，并及时除草松土，以利多发新笋，提早满园。

遵循“砍Ⅳ、留Ⅲ、不留Ⅵ”的砍伐标准，砍去林地内所有杂灌和Ⅴ龄以上老竹，适当地留笋养竹。经过五年的调整，使立竹度保持在 1000 株 / 亩左右，Ⅰ龄竹占 25%，Ⅱ龄竹、Ⅲ龄竹、Ⅳ龄竹、Ⅴ龄竹共占 75%。每年 5—8 月，从山下到山上逐步抽槽深翻，槽宽 1 米左右，挖深 50 厘米，槽与槽之间相隔 8 ~ 10 米，挖槽结合施肥，做到施得深、施量足。出笋期的前二分之一时间全部挖笋，后二分之一时间要选留笋养竹，土层薄的多养竹，土层厚的多产笋。因为早期挖笋，能促进潜伏芽发笋，有利于提高竹笋产量；后期留竹，成竹率高，质量好。竹鞭有趋松性，通过埋青和培土，改良土壤，使竹鞭朝疏松深厚的地方发展，不但能提高竹笋的产量，而且能提高笋的质量。逐年抽槽深挖，进行埋青，分区培土，每年培肥一个区，培土厚度以 5 厘米为宜。

笋干竹（2017 年摄）

笋干加工

笋干加工的主要工序包括采笋、去壳、蒸煮、烘烤、成形、分级、包装等。

采笋　在出笋季节，采掘长 30 厘米左右的鲜笋。如遇天气多雨、气温较高，每天采一次，反之，可间隔 2 ~ 4 天采一次。

笋干加工——去壳（2013 年摄）

去壳　用削笋刀沿笋体从上到下削出一条笋壳带（以不伤笋米为度），然后剥剩余笋壳。该种方法比手工硬剥壳快而省力。

蒸煮　把笋米置入锅内，一层笋米一层食盐（一般每锅放入 250 千克笋米，加入 25 ~ 38 千克食盐和 13 千克水），用大火煮 4 个小时至 6 个小时，中间翻一次锅，保证笋米熟度均匀，待笋米变黄时即可起锅。

笋干加工——蒸煮（2013 年摄）

烘烤　把捞出的熟笋均匀铺在烤帘上，用文火在帘下烘烤，并不断翻动。烘干后，即得笋干。

笋干加工——烘烤（2013 年摄）

分选烘干后的笋干（2013 年摄）

雷竹栽培

概况 雷竹是笋干竹中以出产鲜笋供应市场为主的笋用竹种，因早春打雷时即可出笋，故名雷竹，又因出笋早而得名早竹，其鲜笋称为早笋。雷竹是人工长期培育的竹种，竹农把竹当作蔬菜种植，市场上的新鲜竹笋如同新鲜蔬菜，深受人们喜爱，故而雷竹又被称为菜竹。

雷竹的地域分布范围比较窄，在中国主要分布在浙江省西北部与安徽省东南部的天目山脉延伸的丘陵及河谷平畈地带。云梯畲族乡是雷竹地理分布的中心地带。在计划经济时代，为解决温饱，农村可开垦的耕地都用于种粮食作物，雷竹栽培虽历史悠久，但仅作为农户的“自给菜园”。20 世纪 80 年代中后期，随着长江三角洲城市鲜笋市场需求量的不断增加和价格的不断上升，云梯畲族乡人民政府因势利导，在农业综合开发中对雷竹进行推广，从而使当地雷竹栽培得到发展，很快成为农民增收的重要来源。1998 年，云梯畲族乡雷竹由 1985 年的 357 亩扩大到 11323 亩，一般亩收入达 800 ~ 1000 元。一些农户采用竹园早出高产培育，收益更高，一般每亩增加产值 5 ~ 10 倍，最高的亩产值达 2.5 万元。1998 年，全乡鲜笋产量达 2684 吨，比 1985 年增长 9.7 倍，成为远近

挖旱笋（2010年摄）

闻名的旱笋之乡。

雷竹造林　云梯畲族乡雷竹造林多以栽培为主，因山区的垂直分布特征具有一定局限性，雷竹一般分布在海拔500米以下的丘陵缓坡和河谷平畈地带。2000年，国家实行退耕还林政策，云梯畲族乡地处长江下游一级支流水阳江上游的水源地，不少梯田退耕还林栽培了雷竹。云梯畲族乡推广雷竹栽培获得成功，与当地的地质、地形、气候、土壤条件有很大关系。云梯畲族乡地质基础是广泛分布的花岗岩，花岗岩风化形成的土壤土层深厚，土质疏松。该乡年平均气温为15.2℃，≥20℃的有效积温为3110℃，年降雨量为1388.2毫米，无霜期为200～210天，比较适宜雷竹生长。

雷竹笋用林的整地方法分为全垦、带状和块状整地，通常采用全垦整地。雷竹的全垦整地完成后，最后是挖穴，一般雷竹的造林密度为每亩40穴～60穴。有坡度的林地，其穴的长边应与等高线平行。竹子的造林一般都选择在春季进行。春季种竹是当地的传统习惯，也是人们长期种竹实践的经验总结。从立春开始，气温逐步上升，天气转暖，降水增多，万物复苏。春季正是雷竹的孕笋期，母竹和地下鞭积累贮存了丰富的营养，笋芽从休眠半休眠状态开始萌动，竹子的生理活动日趋活跃。因此，在春季种竹，温暖多雨的气候条件能满足竹子出笋、抽枝发叶的生长需要，种竹成活率高。

幼林抚育　由于当地人把雷竹园当作菜园耕耘，所以竹林抚育投入人工成本比较多。一般新造林地每年至少除草松土2次。施肥结合深翻松土进行，每年安排3次。在雷竹幼林阶段，留养的新竹离母竹越远，越可促进地下鞭迅速密布全林地，使新造林快速均匀地郁闭成林。从第二年开始，采用疏笋的方式挖笋，留远的，挖近的；留强的，挖弱的；留稀的，挖密的。通过疏笋，既可提高母竹留养的质量，又可促进地下鞭的生长，还能增加竹笋收入，一举多得。第三年、第四年，仍应进行疏笋，但留养的新竹数量也应逐年增加。

新造竹林的前两年，可以套种黄豆、四季豆、西瓜、土豆、地瓜等农作物，以耕代抚，这样既可充分利用地力和光能，又对土地起到覆盖作用，减少水土流失，防止杂草滋生，还可增加竹林的经济收入，以短养长，而且可以促进新竹生长，使新造林地及早投产。

成林培育 雷竹的成林阶段是指 5 ~ 20 年的竹林。成林阶段的竹林培育技术要求：一是留笋养竹，保持适度的立竹量。高产竹林每亩立竹量为 800 ~ 1000 株，每年留养新竹 150 ~ 200 株，留养的新竹要健壮，立竹分布要均匀，竹龄结构要合理。一般初期出土的笋应及时挖完，盛期以来的笋应分批疏采，选留一定的养竹量后，其余及末期笋应全部挖掉。8—9 月，应砍伐竹龄在 5 年以上的老竹，砍伐量与当年留养新竹量大致相等，使竹林的年龄结构为 1 年、2 年、3 年生竹各占 25%，4 年生竹占 20%，5 年生竹仅占 5%。二是林地松土除草、施肥。松土除草，挖掉竹蔸、老鞭、死鞭，促进地下鞭和竹笋生长。每年应松土两次，6 月、11 月各 1 次，并结合松土进行施肥。6 月应深翻松土，11 月宜浅翻或浅铲。疏松土壤，有利于提早出笋。

雷竹竹秆壁薄而脆，冬季容易被大雪压断，应适当钩梢，钩梢可在 9 月进行，留枝为 12 ~ 15 盘。另外，钩梢可增加竹林冬季的透光度，提高白天的地表温度，有利于出笋。雷竹会零星开花，大都发生在新竹，可达 20%。由于开花消耗大量营养，对竹林生长极为不利。一旦开花应立即挖除，以减少养分消耗，并加强管理，施重肥，尤其是要多施氮肥，改善竹林的营养条件和碳氮比，延缓竹子开花，促进竹子的自我复壮。

早出高产培育 雷竹是春季最早出笋的优良食用竹笋，通过早出高产培育技术，可以使雷竹出笋期提前两个月。这样，人们在春节前也能品尝到美味的早笋。随着人们生活水平的提高，对早期雷笋的需求量越来越大，雷笋的价格也非常高，如 1992 年杭州市场上雷笋的售价达 30 元 / 千克。雷竹早出高产培育技术，不仅为人们提供了冬天里的春笋，丰富了市场品种，而且极大地提高了雷竹栽培的经济效益。

冬季低温少雨是雷竹延迟出笋的主要原因。早出高产培育技术是指在冬季对竹园地面进行覆盖，覆盖物有麦壳、麦秆、杂草、锯木屑、锯竹屑（末）、竹刨花、有机肥等，也可以与乙烯薄膜覆盖结合使用。通过覆盖，提高竹园土壤的温度，满足雷笋的生长温度需要。与此同时，还要对竹林进行浇水灌溉、施肥，以满足雷笋的生长水分、养分需要。满足了雷笋生长的温度、水分、养分这三个条件，就可以提早出笋。一般竹园

竹园除草（2013 年摄）

雷笋覆盖（2012 年摄）

在 12 月进行施肥、浇水，覆盖后 40 天左右开始出笋。由于覆盖物较厚，外界气温又很低，竹笋大都在覆盖物中。人在覆盖物上走过，如脚下有硬的感觉，就可拨开覆盖物挖出竹笋，然后把土盖回原处，再把覆盖物盖好，使土层继续保持一定的温度。初期是隔几天挖一次，之后逐渐缩短间隔时间。挖笋过半时就可以减少覆盖物的厚度或全部除去覆盖物，以迅速降低土层的温度和湿度，延迟竹笋出土，保留部分笋芽，在气温回升时留竹。

山核桃栽培

概况　山核桃栽培在宁国历史悠久，是当地的土特产。宁国现存最早的明嘉靖《宁国县志》记载，山核桃是因为“宁国山多，初生未去皮似桃故名”。在中国，山核桃栽培受地理位置和自然条件限制，主要集中在天目山脉南北两侧及其延伸的山区，对自然条件要求苛刻，地域性特征明显。宁国市是“中国山核桃之乡”，宁国山核桃已经是中国地理标志保护产品。

云梯畲族乡地处天目山腹地，是宁国山核桃主产区之一。历史上，山区林农为了温饱问题，千方百计地发展粮食生产，山核桃栽培不受重视。1985 年，云梯乡山核桃

宁国山核桃（2018 年摄）

栽种面积仅有 78 亩。随着城市山核桃市场的逐步扩大，山核桃特产的价格不断攀升，山核桃成为山区林农增收的重要来源，栽培面积不断扩大。1991 年，云梯畲族乡有山核桃 1194 亩；2003 年，达 5880 亩；2013 年，达 13726.5 亩，其中白鹿村有 3909 亩、千秋畲族村有 3813 亩、云梯村有 3417 亩、毛坦村有 2587.5 亩。自 2000 年实行退耕还林后，云梯畲族乡历史上漫山遍野的梯田逐步被山核桃树林等经济林所覆盖。

山核桃栽培

云梯畲族乡属天目山中低山区，山岭纵横，谷深交错，日照率较低，雨量充沛，独特的气候环境适宜栽培山核桃。随着林业科研成果的应用，山核桃栽培形成了一套比较完整的栽培技术。

选留种子　选择发育健壮、树冠宽阔端正、无病虫害、结果期大小年差异不大、果枝多、产量高、种粒大、果壳薄的 25 年至 30 年生的壮龄母树。白露后 8 天至 12 天，果实成熟，摇动树枝，果实自行落下，或用竹竿击落果实进行采收。采收果实时，最好用手剥除外果皮，把去壳的山核桃倒入盛有清水的木桶，捞取空壳，除去杂物，拣去小

山核桃苗地锄草（2017 年摄）

曾经的梯田变为山核桃林（2017 年摄）

果、虫蛀果，选留饱满种子，摊放在室内，经常翻动，使之阴干。种子处理后，不立即播种，需采取干藏和室外坑藏方法贮藏。贮藏的种子要保持低温（以 5℃ ~ 8℃为宜），沙土不可过干过湿，需经常检查，每隔 5 ~ 10 天翻动一次。

培育壮苗 选择肥沃、深厚、排水良好又较湿润的沙质土作为育苗地。播种前一个月，在室外用湿润细沙与种子层积，待种子露芽后取出播种。冬播时间为每年 12 月，春播不过清明。冬播盖深土，春播复浅土。苗地管理以除草为主，出苗后及时拔草，在阴雨天或雨后锄草、松土，每年进行 5 次至 6 次，结合追施肥料，清沟排水，遇旱浇水保苗。

栽种造林 在 25° 以下的山坡带状开垦，除去柴草根；在 25° 以上的山坡块状整地，在植树点上开垦，有利保持水土。云梯畲族乡的传统习惯是采用野生苗造林，优点是苗木根扎得深，生长得快，不怕水冲，不怕土淤，栽后 8 ~ 10 年就能结果。移栽期一般在每年二三月树液流动时（群众根据树枝发出铁锈色嫩芽判断时间），造林成活率最高。野生苗用 3 ~ 4 年生，苗圃地苗用 2 年生、达到 6 厘米高的粗壮苗栽种。选择阴天，边起苗、边运、边栽，行株距 5 米 ×6 米。

林地经营管理 在幼林地间种玉米、黄豆等农作物，以耕代抚，每年抚育 3 次，适时中耕除草。成林地抚育，为便于采收和平衡大小年，在山核桃果实成熟前，割除杂草、荆棘等，堆积一起，并在采收后撒铺林地。每年四五月或七八月，在树根上方穴施肥料，能促进多结果、增加果实的饱满度。

山核桃病虫害防治 山核桃病虫害是影响山核桃产量的重要因素，防治病虫害可以起到保护树林、促进生长、增加产量等作用。山核桃常见病害有山核桃枝枯病、山核桃溃疡病。常见虫害有山核桃蝗虫、天社蛾、山核桃蚜虫、胡桃豹夜蛾、天牛类（桑天牛、皱绿天牛等）。

在山核桃林下用机器割草（2010 年摄）

打核桃（2017 年摄）

手剥可食用的山核桃（2018 年摄）

山核桃采摘　白露时节，山核桃生长期满，种仁饱满，收获正当时。云梯畲族乡有农谚道："白露到，竹竿摇，小小核桃满地跑。"此时是山核桃种植户收获山核桃的季节，民间俗称"打核桃"。

"打核桃"是一项艰苦而危险的劳动，需要人爬到树上去操作。山核桃树多长在陡峭的山上，打核桃的人不仅要有力气和胆量，还要有经验和技巧。没有经验的人，打核桃时一阵乱打，果子虽打下来了，但会损伤结果枝，影响第二年的收成。所以有经验的林农在打核桃时尽可能地不打枝干，只对准山核桃果实打。

山核桃从树上打下来，其果实外有一层厚厚的蒲壳。人们从地上捡拾山核桃并集中堆放，就地脱蒲运籽下山。在此过程中，蒲壳汁会把人的手染成褐色，颜色很难在短时间内被洗掉，亦成为山核桃采摘季节林农辛勤劳作的特有标记。运下山的山核桃，由农户自己进行水选、晾晒成干籽后出售给加工企业。山核桃加工企业给山核桃加配料进行水蒸、烘烤，然后进入市场。

毛竹栽培

宁国是全国毛竹重点生产县之一，云梯畲族乡与竹乡浙江安吉山水相连，是宁国毛竹重点产区之一。随着竹材市场的扩大，毛竹价格不断升高，畲乡林农积极扩大毛竹栽培面积。1985年，云梯乡毛竹面积为1887亩；2013年，毛竹林面积达8782.5亩。2015年，全乡毛竹采运达22万根，产值达264万元。

毛竹造林 云梯畲族乡的低山丘陵区的中下坡及山坳部位，土层深厚，土壤肥沃，是栽培毛竹的好地方。退耕还林后，过去的一些梯田也被畲乡林农栽上毛竹。最适宜栽毛竹的时间为每年2—3月。移栽母竹要讲究方法：一是要选好母竹，母竹年龄最好是

毛竹林垦复施肥（2006年摄）

1 ~ 3 年生，只要枝叶浓绿、分枝较低、无病虫害、胸径在 2 ~ 5 厘米都可作为母竹。二是要挖好母竹。大部分毛竹最下一盘枝的方向与鞭的走向大致平行。挖母竹时，先在离竹秆 50 厘米左右的地方用锄挖开土层，找到竹鞭，按来鞭留 33 厘米、去鞭留 50 厘米的长度截断。切鞭时，人面对母竹，锄口向外，切口要平滑。挖竹要保护鞭芽，不伤根，不要猛摇竹干，以免扭伤、折断“螺丝钉”（竹篼基部与竹鞭的连接部位）。母竹挖起后，用快刀削去竹梢，留枝丫四五盘。母竹搬运时要保护鞭和芽，长途运输要采取包扎根盘、遮盖等措施。三是要栽好母竹。根据母竹根盘的形状、大小，挖一个比根盘稍大的穴，穴底先填肥土，把母竹放下扶正，缓坡去鞭向上，竹鞭要自然舒展，用细土把竹鞭围紧填实，根部要紧，竹鞭两头要松，去鞭覆土要浅，土厚要高于原秆基 6 ~ 7 厘米。一般每亩栽植 30 株母竹。

竹林抚育　新造竹林 1 ~ 3 年内，进行林中间种，以耕代抚。在间种操作中，应注意不要损伤鞭根、竹蔸和笋芽。出笋前后，禁止人畜进入林地。每年除草松土 1 ~ 2 次，并合理施肥，促进新竹生长，提早满园。成林抚育主要抓住以下五个环节：一是护笋养竹。竹鞭每个节上有一个芽，通过分化，有的成为鞭芽，长成新鞭，有的成为笋芽，笋芽发育膨大成笋，秋季叫秋笋，冬季叫冬笋，春季叫春笋。因此，冬笋是春笋的前身，春笋是冬笋的发展和继续，挖冬笋就直接影响来年的春笋和新竹的产量。竹林中不能成竹的退笋要及时进行挖掘。二是合理砍伐。毛竹是竹养鞭、鞭孕笋、笋成竹，循环繁殖，相互影响。因此，砍伐年龄、季节和密度都直接影响新竹的产量和质量。一

毛竹钩梢（2012 年摄）

般用材林应该是“留三度（1 ~ 5 年生），砍四度（6 ~ 7 年生），四度、五度见空留”。从上年的立冬到下年立春的这段时期是砍竹最好季节。一般毛竹用材林砍伐后每亩应留 150 ~ 250 株，根据留养密度，确定砍竹数量。三是拔山抚育。又被称作洗竹棵。就是把林内杂草灌丛砍掉，拔山时间最好在 6—7 月。四是垦复施肥。挖除砍竹后留下的竹蔸子、浮鞭、树蔸子。小年应在 5—7 月进行；大年在白露以后进行为宜。垦挖深度一般为 10 ~ 16 厘米，结合施肥增产显著。垦挖时，扩大四周林缘，促进竹林向四周伸展。五是钩梢。合理钩梢，可以防止毛竹被大风雪压倒，保持竹秆通直，又可得到竹枝、竹梢等副产品，增加收益。钩梢应在白露至小雪时节进行。每株毛竹留枝应不少于 15 盘。在林稀、风雪危害很少的地方，一般的竹林最好不要进行钩梢。

中药材种植

宁国是宁国贝母的产地，是“中国前胡之乡”，也是中国白术的重要产地，云梯畲族乡是宁国贝母、“宁前胡”、鸡腿术的主产区之一。2010 年，全乡共生产中药材 35 吨；2015 年，生产中药材达 84 吨。

宁国贝母

1968 年，药农在云梯畲族乡汤公山发现并采挖了野生贝母，后经中国科学院植物研究所教授陈心启审核，定名为“宁国贝母”，商品名为“皖坪贝”。安徽省食品药品检验所主管药师殷淑芬和全国贝母专家、教授陈心启研究宁国贝母的成果——《药用贝母新资源》，发表于《云南植物研究》1985 年第 3 期。

安徽省医学科学研究所助理研究员李清华等通过理化性质和光谱数据对比检验，发现宁国贝母有效成分：总生物碱含量在 0.3% 左右，高于浙贝，与安徽贝母（新种，1983 年定名）差不多，从该品种总碱中分得碱Ⅰ、碱Ⅱ、碱Ⅲ、碱Ⅳ四种生物碱。前三种碱为贝母类所共有，分别定名为贝母甲素、贝母乙素和贝母辛；而碱Ⅳ为无色细针状

宁国贝母标本（1984年方铭满采集于汤公山）（1984年摄）

结晶，熔点为284℃～286℃，为宁贝所独有的一种新生物碱，其分子式为$C_{23}H_{47}NO_2$，命名为宁贝甲素（ningpeininea）。经药理试验，宁国贝母醇浸膏及总生物碱有明显的镇咳作用，疗效很好。

宁国贝母是冬种夏收作物。寒露下种，立冬萌芽，2月中旬齐苗，3月下旬为盛花期，立夏前后茎叶枯死，立夏后收获。宁国贝母原种分布在汤公山1000米处，具有可塑性大、抗涝性强的特点。它对土壤、气候不同的生态环境适应力较强。野生种已成功地引种到低山，甚至栽培于平地、菜园或房前屋后的空闲地，且生长茂盛。云梯年平均降水量达1400毫米左右，雨量充沛，凡具有地下鳞茎的植物，雨水多时鳞茎易烂，但宁国贝母生长良好。

栽培特点 宁国贝母有性繁殖、无性繁殖皆可，因而繁殖速度快。同时，两种繁殖方法交替使用，又能防止品种退化。初栽挖破的贝母仍能成活生长，故可采用鳞茎种植和切片种植，有利于扩大生产、节约种子、提高商品质量。宁国贝母利用鳞茎进行无性繁殖，以向阳、湿凉稍干燥、土层深厚疏松、排水通畅、富含腐殖质的沙质壤土为宜。种植前，土地必须深耕细耙，做成鱼背形的高畦。寒露前后，种子起土，进行选种。种子贝母要随挖随选，当天下种。下种时，开沟平直，贝芽向上平排，覆土厚度要平于或略高于堬面。覆土后应铺上厩肥。冬至前后，鳞芽未露土面时重施基肥，主要施入人粪尿、饼肥、家畜肥。立春后施苗肥，苗高13厘米时补施一次人粪尿或化肥。立春后，除草需与追肥结合，此后见草需用手拔。

加工程序 立夏前后，地上禾苗枯萎时，选择晴天把挖出的贝母装入竹箩内，放置在河水中洗净附着的泥沙，再把贝母置入倾倒的水缸或竹箩内，用竹扫帚搅动贝母，使其互相摩擦，直至表皮脱净、液浆渗出为止。然后把贝母与石灰粉以 4 ： 1 的比例混合、拌匀、晒干。如果遇到阴雨天，可把贝母摊开过一夜，使其阴干，或用小火烘干。

“宁前胡”

前胡为伞形科植物，分为白花前胡和紫花前胡，其干燥根可药用。宁国所产前胡主要为白花前胡，以个大、皮黑、条长、内黄、香味浓等优点畅销国内外，素有“宁前胡”的美誉。

“宁前胡”主要分布在海拔 200 ～ 1500 米的向阳山坡上，以及路旁、林缘、灌丛中。性喜温和，耐寒、耐旱、怕涝。山越高，“宁前胡”的生长年限越长，质量就越好。云梯畲族乡的前胡，以毛坦村出产的“宁前胡”质量最佳，出口率最高。

栽培技术 “宁前胡”对土壤的要求不严，一般土壤都可种植。宜选择排水良好、土层深厚、透气性好、有一定荫蔽的缓坡地，如高塝田、幼林地等。空闲地可在头年每亩施入土杂肥、猪栏粪等 1000 千克腐熟有机肥作为基肥，冬季翻耕封冻。整地前可施 50 千克过磷酸钙加 10 千克复合肥，做成 1.2 ～ 1.5 米宽的平整畦面待播。12 月上旬，开始播种育苗，称作冬播；或在第二年 3 月上旬至清明节期间播种，称作春播。每亩用种量为 0.75 ～ 1 千克（出芽率在 85% 以上），以撒播为主，也可采用条播。播后覆土，最好盖一层薄草木灰或用扫帚轻扫即可，覆土不可过深，否则影响发芽率。“宁前胡”

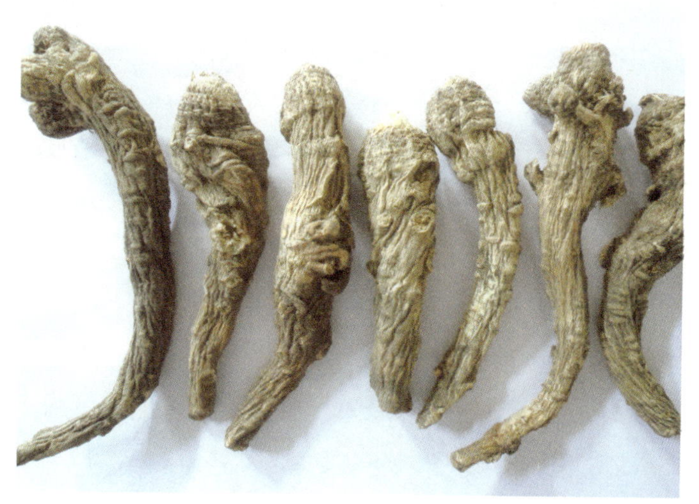

“宁前胡”（2014 年摄）

也可在经济林幼林地套种，农历正月底撒入种子即可。

“宁前胡”迟播遇干旱天气要注意保墒，可用稻草覆盖，必要时可浇水。苗高 5 厘米时要除草间苗。为了遮阴，可在地沟套种玉米之类的高秆作物，减少“宁前胡”抽薹率。4—6 月，重点除草。7 月底、8 月初追肥，二年生的前胡此时不可施肥。为了促进“宁前胡”根部的生长，提高产量，对一年生和二年生“宁前胡”不留种的植株在抽薹早期进行折茎打顶，打顶应选在 4 月上旬茎秆未木质化时进行。

采收与加工　“宁前胡”一般在 11 月底开始采挖，挖取不抽薹的植株根部，齐芦头去掉茎叶，除尽泥土，晒干或低温烘干，搓去细须根即可分级出售。

白术

宁国市东南部的白术产区，位于天目山北麓，与著名浙江於潜於术的产地相连接、自然环境相似，以云梯畲族乡毛坦村所产的白术质量最好。因其皮光滑、秆细、肉多、气味香浓，形似鸡腿，故又名“鸡腿术”，是白术中的上品。

白术喜凉爽、怕高温，种子萌发适温为 25℃，根茎生长最适温度为 26℃ ~ 28℃，日平均气温超过 30℃时抑制生长，能耐 -10℃的低温。对土壤要求不严，一般土壤均可栽培。白术与禾本科轮作为好，不宜重茬。

选地整地　栽种白术，选择排水良好、土质疏松、肥力中等的砂质壤土。前茬作物收获后进行冬耕，经冰冻熟化，第二年春季播种前，每亩施厩肥、堆肥、草皮灰等 2500 千克混合肥，40 千克过磷酸钙，耙细整平，做宽 120 厘米、高 20 厘米的畦。

繁殖方法　第一年用种子育苗培育术栽种白术，第二年春季进行栽植或移栽。首先是种子育苗。选择颗粒饱满、色泽新鲜、无病虫害的种子，3—4 月播种。播种前，把种子放入 25℃ ~ 30℃温水浸泡 24 小时，捞出保湿催芽，待种子萌动露白点后播种。在畦面按行距 15 厘米左右开浅沟，播幅宽 10 厘米左右，把种子均匀撒入沟内，盖草木灰，覆土后扫平，每亩用种量为 4 ~ 5 千克。保持畦面湿润，15 ~ 20 天可出苗。幼苗出土后，勤除草，适当间苗，及时摘除花薹。

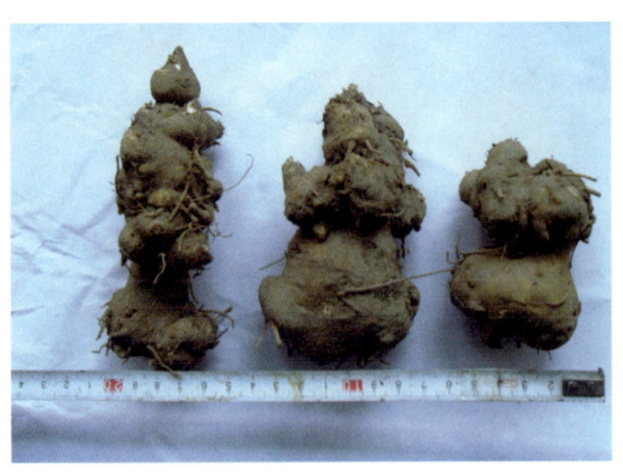

鸡腿术（2010 年摄）

术栽贮藏　10 月下旬，采挖根茎，抖掉泥土后，剪去茎叶和须根，即为术栽。术栽修剪时，宜保留长 0.5 厘米的茎基和 1 厘米左右的须根，使株形良好。把术栽摊于室内晾 1 ～ 2 天，待表皮稍干后，在阴凉处用湿沙与术栽分层堆积，总厚度在 30 厘米以下为宜，并在中间插几束稻草以利通气。

术栽栽植　选择大小均匀、表皮光滑、芽头饱满、顶端细长、尾部圆大、须根细密、无病虫害的术栽，在 12 月下旬至下年 3 月下旬（冬至到下年春分）栽植或移栽。因土层浅薄的地区保温差，栽植或移栽可推迟到每年农历二三月间下种。栽植时，每穴放术栽 2 个，并覆盖薄土。

田间管理　苗期要勤除草松土。植株封行后宜拔草不松土，以免伤其根部。注意雨后及露水未干时不能除草，否则容易感染铁叶病。一般需追肥 3 次：第一次在苗出齐后；第二次在 5 月下旬，每次每亩施 1000 千克稀薄人畜粪尿，促进植株生长；第三次在摘除花薹后 5 ～ 7 天进行，每亩施 20 千克复合肥、1000 ～ 1500 千克人粪尿。术栽栽植后，要及时摘除茎基部长出的新苗，只留主苗。待 7 月植株陆续长出花蕾后，除留种田外，要及时剪去花蕾，使养分集中，促进根茎生长。

采收加工　当年 10 月下旬至 11 月中旬为采收期。当白术茎秆变为黄褐色、叶片枯黄时要及时采挖。若采挖时间过早，根茎会较嫩，药材会质量差、产量低；若采挖时间过迟，已萌生侧芽，白术干后表皮会皱缩，导致品质降低。收挖时，应选晴天，挖出全根，抖净泥土，剪除茎秆，晒干或低温烘干后即可出售。

乡村农家乐

新农村建设使云梯畲族乡的乡村基础设施条件有了很大改善。村村通水泥路工程使人们进出乡村变得方便快捷；农村环境卫生综合整治工程使村容村貌变得干净整洁；农村饮用水工程使乡村都用上了干净卫生的自来水；农村电网改造工程使乡村农户实现电气化；有线电视村村通、移动通信信号全覆盖、宽带网村村通等工程使乡村走进现代化。新型城镇化使乡村出现了闲置住房。与此同时，城市环境问题又使乡村清溪流泉、山峦叠翠的生态价值凸显，人们开始向往大山深处溪流做伴、幽谷为家的生活。到农村休闲度假逐步成为城里人的时尚。云梯畲族乡的农村居民抓住机遇，开办农家乐，发展乡村民宿，逐步成为该乡农村的新兴产业。

2007 年 6 月，有 26 位上海人到龙王山脚下的毛坦村度假，在当地的民宿一住就是 15 天。云梯畲族乡由此拉开了发展乡村民宿的序幕。2015 年，云梯畲族乡有农家乐 34 家，其中三星级以上农家乐共 5 家。

2014 年，全乡从事乡村旅游工作的劳动力有 324 人。根据对全乡千秋畲族风情园、毛坦村将军关漂流、农家乐及旅游经营户、30 户农村住户的抽样调查测算，全乡农民人均纯收入为 16437 元，其中旅游业人均纯收入 4966.2 元，占 30.2%。2015 年，云梯畲族乡被评为“安徽省优秀旅游乡镇”。是年，全乡累计接待游客达 12 万余人次，实现旅游收入达 5000 余万元。

畲酒红乡村度假酒店 2012 年，千秋畲族村的畲酒红乡村度假酒店被评为“安徽省五星级农家乐”。该农家乐以畲族风情广场为中心，占地 80 亩，是集会议、客房、餐饮、娱乐、歌舞表演为一体的畲族文化主题酒店。

畲酒红乡村度假酒店（2015 年摄）

太子塘度假村（2013年摄）

太子塘度假村　2014 年，云梯村的太子塘度假村被评为“安徽省五星级农家乐”。该农家乐位于石千公路边，是集游泳、餐饮、会议、商务休闲、文艺活动和农事体验为一体的度假村。

天龙山庄　毛坦村的天龙山庄于 2012 年兴建。2014 年，被评为“安徽省三星级农家乐”。该农家乐具有三星级标准的厨房，游客可在该山庄体验养猪、养鸡、除草、施肥、采茶、挖笋等劳动。2015 年，天龙山庄创建成为“安徽省四星级农家乐”。

天龙山庄（2017 年摄）

千秋畲族村中的瀑布（2016 年摄）

畲族文化

畲族人擅长唱歌，他们口口相授，以民歌的形式传承着本民族的历史、神话传说、民间故事、地名掌故、生产活动、生活内容等。解放前，畲族舞蹈多蕴藏在祭祀活动中；解放后，逐步走上展演的舞台。畲族人有自己的语言，但没有文字。云梯畲族中心小学在开展畲语教学时，借助汉语拼音对畲语进行注音。云梯畲族乡民间保存了一些畲族宗谱、民歌、医药等古籍，一些具有民族特色的编织工艺也在恢复和传承之中。特别是每年如期举办的“三月三”畲族歌会、不断丰富馆内藏品的畲族文化宫都在彰显着畲族文化魅力。

畲族民歌

民歌特色　云梯畲族民歌题材十分广泛，几乎涉及社会生活的各个方面。如生产类民歌涉及畲族各类农活；生活类民歌包括对人生重要阶段，如出生、成年、婚姻、死亡的敬畏和礼赞，对本民族历史起源的记录，对畲族人未来幸福生活的向往等。

云梯畲族民歌体裁多样，有劳动号子、山歌、婚俗礼仪、哀歌、哭歌、长篇史诗、故事歌等。云梯畲族民歌语言独特，多七字一句、两句一段。运用畲语，有些歌词所表达的意思只有通晓本民族文化内涵的长者才能正确解释。云梯畲族民歌的旋律、发声方法独特，旋律起伏较大，一般为六度、五度大跳，这一特点明显区别于其他民族的民歌风格。畲族原生态民歌的发声方法多用“假音”，也与其他民族歌曲的唱法有明显区别。

竹林对歌（2011 年摄）

云梯畲族民歌的节奏变化、演唱形式多样。民歌的节奏根据歌词内容和所处的演唱氛围而定，如劳动、节日、婚嫁等欢喜场面，歌唱速度、节奏就相应欢快些；如丧葬俗事，节奏明显缓慢滞重，以表达对亡者的哀思。演唱形式有独唱、对唱、二重唱、齐唱、一唱众合唱等。歌词多衬词和虚字。一般为清唱无伴奏，20 世纪 90 年代以后新改编的民歌配以二胡、竹笛、唢呐等乐器，以烘托演唱气氛。

云梯畲族民歌是畲民口头创作、口头流传的诗歌，分别从不同的角度忠实地记录畲族发展史、农事活动、婚丧嫁娶等该民族的一些重要事件。如长篇史诗《高皇歌》《盘瓠王歌》等，详细地叙述了畲族的起源、迁徙、发展的历史;《采茶歌》《种田歌》等记录了畲族人民劳动的场景;《拦路情歌》等记录了畲族青年男女相互表达爱慕之情;《猜谜歌》《儿歌》等记录了畲族人民丰富的文化活动等。通过各类劳动歌，如《种田歌》《采茶歌》《打夯歌》，可了解畲民劳动的艰辛。《畲乡好来畲乡美》等歌曲记录了畲乡日新月异的变化，表达了畲族人民在中国共产党的领导下幸福生活如“芝麻开花节节高”的喜悦情感。

畲族是个善歌的民族。这些口口相传的畲族民歌形成了强大的民族凝聚力，演唱者通过特有的畲族语言、独特的唱法，表达对本民族的热爱。同时，各种劳动歌曲在劳作时可直接起到协调动作、凝聚力量的作用。

民歌传承与保护

中华人民共和国成立后，云梯畲族人民和各民族人民一样享受到了民族平等和当家做主的权利，畲民不禁唱起：“共产党像太阳，光芒四射照畲乡，饥饿冻馁全过去，畲民翻身永不忘。”1960 年，这首畲族新民歌经当时宁国县文化馆工作人员整理推荐，先后参加了区、县业余文艺会演，得到广泛传唱。1970 年，由当时狮桥区文化站叶桐椿作词、畲族教师蓝开友作曲的畲族新歌《唱不完畲乡好风光》参加了全县农村文艺会演。1973—1974 年，根据畲族民歌的音调，宁国县花鼓戏剧团在创作中融入皖南花鼓戏，编排了现代新戏《畲汉一家》，参加徽州地区专业剧团调演。1979—1980 年，编排现代小戏《金竹岭》，分别参加徽州地区、安徽省专业剧团文艺调演，获得演出二等奖等多项奖项。

改革开放以来，畲乡经济突飞猛进，文化教育卫生事业发展迅速，畲族文化得到党和政府的大力扶持，畲民生活如“芝麻开花节节高”。乡人民政府组建畲族民歌队，丰富全乡人民的精神生活。每年一届的“三月三”畲族歌会，更是把云梯畲族文化活动推向高潮，畲民情不自禁地唱道：“层层梯田稻谷黄，茂盛绿林像海洋，座座瓦房新崭崭，畲乡处处好风光。”云梯畲族民歌，不仅在当地得到广泛传唱，还以各种演唱形式参加了省、地（市）、市（县）艺术展演活动。

1975—2015 年云梯畲族民歌参加展演活动一览表

表 8

时间	展演活动名称	展演节目名称	获奖（演出）情况
1975 年 10 月	徽州地区农民会演	歌曲《唱不完畲乡好风光》	表演奖
1986 年 5 月	第二届“宣州之声”	歌曲《畲乡小街》	创作一等奖 演唱一等奖
1987 年 10 月	第三届“宣州之声”	歌曲《挑担山歌进城来》	创作一等奖 演唱一等奖
1992 年 11 月	云梯畲族乡成立大会	歌曲《畲乡好畲乡美》	成立大会主题曲
1999 年 10 月	第九届“宣州之声”	歌舞《畲乡盘歌会》	创作一等奖 演唱一等奖
2006 年 10 月	第三届“宣城艺术节”	歌曲《畲山好》	创作一等奖 演唱一等奖
2008 年 4 月	浙江“中国首届畲族民歌节”	歌曲《畲山好》	首届中国畲族民歌节“十大歌王”称号
		原生态歌曲《吃茶歌》	首届中国畲族民歌节“优秀民歌手”称号
2008 年 8 月	安徽省首届农民歌会暨第四届民歌会	歌曲《畲山好》	演出一等奖
2009 年 3 月	第二届“中国畲族民歌艺术节”	歌曲《挑担山歌进城来》	演唱铜奖
		原生态歌曲《敬茶歌》	演唱铜奖
2010 年 4 月	第三届“中国畲族民歌艺术节”	原生态歌曲《畲乡盘歌会》	演出银奖
2011 年 6 月	浙江宁波“首届华东六省一市新红歌大赛”	歌舞《畲乡三月三》	演出银奖、创作银奖、辅导银奖
2011 年 7 月	安徽省民族歌曲文艺会演	歌舞《畲乡三月三》	演出一等奖

畲族民歌靠世代口口相传，由于没有本民族的文字，为民歌的流传、记录带来一定困难。云梯畲族人口数量较少，畲族的文化工作者少，主动创作民歌的人员更少，畲族民歌创作后继乏人。现代社会经济发展直接导致传统畲族民歌赖以生存和发展的环境发生根本变化，畲族人的审美观念亦发生重大变化，这些变化导致畲民对畲族民歌的兴趣下降。特别是畲族民歌的“假音”唱法，青年一代的畲民不愿意学也不愿意听。

由于语言障碍，汉族听众难以听懂畲族民歌，加之本民族的人口数又少，导致听众相对缺乏，演唱者和创作者的激情有所下降。为了保护和传承畲族民歌文化遗产，市、乡两级采取了相应的保护措施：宁国市文化工作者对云梯畲族民歌进行歌谱的收集和整理，并录音、录像；乡人民政府每年举办畲族传统节日“三月三”歌会，传唱畲族传统民歌；乡畲族中心小学开设畲族民歌课，聘请畲族老人为学生传授畲族民歌唱法，使传统畲族民歌能代代相传。

2010 年 7 月，云梯畲族民歌被列入第三批安徽省非物质文化遗产项目名录。

畲族民歌传承人 蓝开友是安徽省非物质文化遗产畲族民歌的传承人，多次参加省、地、市文化展演活动，并荣获多个奖项。每年指导云梯畲族乡“三月三”歌会的节目排练，有时自己也登台演出。经常开展畲族民歌、畲族文化讲座。1974 年 10 月，创作畲族歌曲《红太阳照畲乡》词与曲，刊登在安徽《工农兵演唱》上。1975 年 11 月，编写《唱不完畲乡好春光》曲，刊登在《黄山新歌》上。2006 年 6 月至 2008 年 8 月，

畲族文化传承人蓝开友（右）、雷金花（左）（2012 年摄）

与钟有根等完成畲族古籍编纂工作。2009 年 3 月，参加第二届“中国畲族民歌艺术节”，荣获演唱铜奖 。2010 年 3 月，为了丰富畲族“三月三”歌会的节目内容，创作《竹海林声》《敬酒歌》词与曲。2011 年，参与由宁国市文化馆组织牵头的《歌漫畲山》畲族民歌选编一书的编写工作。2012 年，参与由宁国市政协文史资料委员会牵头的《安徽畲乡文化集锦》一书的编写工作。

民歌选介

盘瓠王歌

1=G 2/4

历史流传 词

蓝开友 记载

(3565 31 | 3565 31 | 5313 5 | 565 3565 | 31 3565 | 3 1 56531 | 3—) |

3 65 3 3 3 | 653 3 | 5 565 | 3 3 653 | 3 6 65 |

盘古开天（哩）苦 哀 哀（哩），没 日 没 夜 造（哩）

盘古开天（哩）到 如 今（哩），世 上 人 何 几（哩）

盘古开天（哩）到 如 今（哩），一 朝 天（呀）子一（哩）

3 5 5 6 5 | 3 — | 1 1 3 3 | 6 5 3 3 | 5 565 | 3 6 5 3 |

出（哩） 来， 造 出 水火 土 三 室 （哩）， 人 着 树（呀）

样（哩） 心， 几 人 心好 讲 实 话 （哩）， 几 人 心（呀）

朝（哩） 臣， 一 潮 江水 一 潮 鱼 （哩）， 一 重 山（呀）

3 665 | 3 5 565 | 3— : || 1 3 3 5·6 | 65 3 3 | 3 — ||

结束句

叶 青 苔 苔（哩）。 哩啰啰 哩 哩 啰 哩

歹 会 骗 人（哩）。

背 一 重 人（哩）。

歌曲《盘瓠王歌》

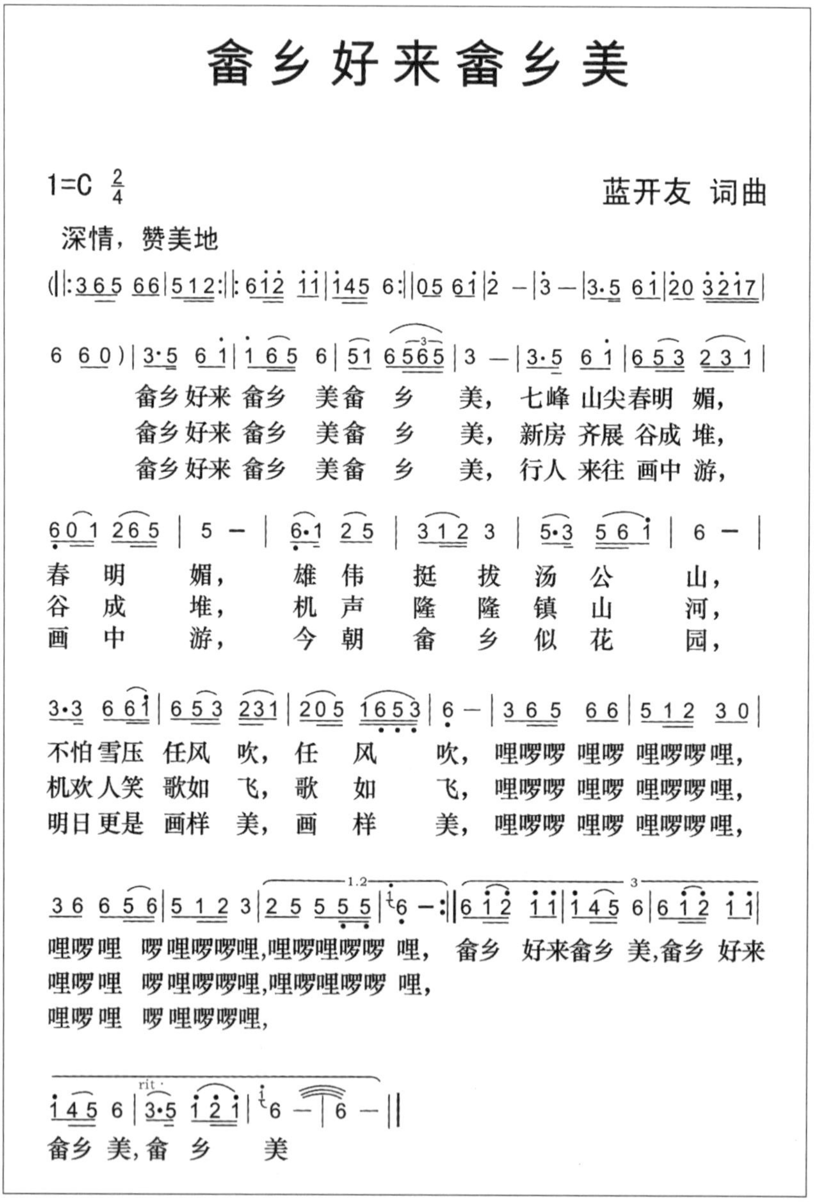

畲乡好来畲乡美

1=C $\frac{2}{4}$

蓝开友 词曲

深情，赞美地

(‖:3 6 5 6 6|5 1 2:‖:6 1 2 1 1|1 4 5 6:‖0 5 6 1|2 —|3 —|3·5 6 1|2 0 3 2 1 7|

6 6 0)|3·5 6 1|1 6 5 6|5 1 6 5 6 5|3 —|3·5 6 1|6 5 3 2 3 1|

畲乡好来 畲乡 美畲 乡 美，七峰 山尖春明 媚，
畲乡好来 畲乡 美畲 乡 美，新房 齐展 谷成 堆，
畲乡好来 畲乡 美畲 乡 美，行人 来往 画中 游，

6 0 1 2 6 5|5 —|6·1 2 5|3 1 2 3|5·3 5 6 1|6 —|

春 明 媚， 雄 伟 挺 拔 汤 公 山，
谷 成 堆， 机 声 隆 隆 镇 山 河，
画 中 游， 今 朝 畲 乡 似 花 园，

3·3 6 6 1|6 5 3 2 3 1|2 0 5 1 6 5 3|6 —|3 6 5 6 6|5 1 2 3 0|

不怕雪压 任风 吹，任 风 吹，哩啰啰 哩啰 哩啰啰哩，
机欢人笑 歌如 飞，歌 如 飞，哩啰啰 哩啰 哩啰啰哩，
明日更是 画样 美，画 样 美，哩啰啰 哩啰 哩啰啰哩，

3 6 6 5 6|5 1 2 3|2 5 5 5 5|1 6 —:‖6 1 2 1 1|1 4 5 6|6 1 2 1 1|

哩啰哩 啰哩啰啰哩，哩啰哩啰啰 哩， 畲乡 好来畲乡 美，畲乡 好来
哩啰哩 啰哩啰啰哩，哩啰哩啰啰 哩，
哩啰哩 啰哩啰啰哩，

rit.

1 4 5 6|3·5 1 2 1|1 6 —|6 —‖

畲乡 美，畲 乡 美

歌曲《畲乡好来畲乡美》

畲族舞蹈

舞蹈特点　解放前，畲族舞蹈主要在祭祀活动中进行展示。祭祀中的舞蹈也是民间舞蹈。《学师传师》是畲族民间流传了700多年的大型歌舞。解放后，在汉族文艺工作者的帮助下，云梯畲族乡的畲族群众整理出了一批民歌与舞蹈的曲子，并创作了一批有新内容的可登台表演的歌舞。

畲族舞蹈多见于“做功德”、“拔伤”、“打癀”、“传师学师”、祭祖等活动。表演时，由师公口吹龙角、手摇灵刀，在锣鼓敲打声中，边唱（或念）边舞。有独舞、两人舞、四人舞或集体舞。《功德舞》和《学师舞》已被编入《中国民族民间舞蹈集成》。

做功德中的“打饼儿”舞，已发展成现代集体舞。原是六人围着棺材跳圈圈舞，第一人手持木刀，第二人拿一只箬帽代盾，两人对舞，后四个人各拿两块木块合拍敲打，每两人面对面敲一下，又背对背敲一下，然后舞步前进三步，边唱边舞，从“一月”唱

畲族舞蹈《功德舞》（2012年摄）

畲族舞蹈《畲酒红》（2016年摄）

到“十二月”。“一月”的唱词是“正有勒正月哩正月正，正月做米果等亲晴（亲友），亲晴相会在一堂，大家吃酒笑哈哈”。因其舞曲是重复的，故众人按曲和舞步两两对舞旋转即成了集体舞。为祭祀而舞，表演者多为男性。动作大多是坐蹲步、悠荡步、软步、两步半，左右对称、双膝微曲，与山地农耕附加狩猎的生产生活有关。

舞蹈展演 改革开放以来，宁国的文化工作者不断发掘和研究畲族文化，创作了一批可登上舞台表演的民族舞蹈，并参加了全国、省、地（市）艺术展演活动。

1987—2015 年云梯畲族舞蹈参加展演活动一览表

表 9

时间	展演活动名称	展演节目名称	获奖情况
1987 年 10 月	第三届“宣州之声”	舞曲《桃花坞的传说》	创作二等奖 演出二等奖
1991 年 10 月	第五届“宣州之声”	舞蹈《伐竹乐》	创作一等奖 演出一等奖
		舞蹈《畲山月夜》	演出二等奖
1993 年 10 月	第六届“宣州之声”	舞蹈《车队过畲乡》	创作一等奖 演出一等奖
1999 年 10 月	全国少数民族传统体育运动会开幕式	舞蹈《伐竹乐》	表演项目三等奖
2000 年 11 月	第六届安徽省艺术节	舞蹈《畲乡盘歌会》	作曲二等奖 演出三等奖
2003 年 10 月	安徽省第六届花鼓灯艺术节	舞蹈《盘瓠古畲舞》	演出一等奖
2004 年 10 月	第二届“宣城艺术节”	舞蹈《盘瓠古畲舞》	创作一等奖 演出一等奖
2006 年 10 月	第三届“宣城艺术节”	舞蹈《畲酒红》	演出一等奖
2007 年 11 月	安徽省第七届花鼓灯艺术节	舞蹈《畲酒红》	演出一等奖

畲族语言

畲族有本民族的语言，属于汉藏语系苗瑶语族，语支未定。畲族通行双语制。与汉族交往时，使用畲族居住地的汉语方言或普通话；畲族内部交流时，则使用本族内部通行的语言。畲族没有本民族的文字，历来通用汉字。

畲语注音 畲族有本民族语言但没有文字，为了开展畲语教学，云梯畲族中心小学在编写《说畲语》教材时对畲语进行注音，注音的声母采用汉语拼音中的b、p、m、f、d、t、n、l、g、k、h、j、q、x、z、c、s、y、w共19个声母，舍弃r、zh、ch、sh共4个声母，新增gi、ki、hi、ni、xi、ŋə、ŋ共7个声母。畲语中带新增声母的词，如［gi-（g-i）］：几、麂、局、锯、箕、记、计、他、级、桔、脚、鸡、久、救、球、冠、惊、景、宫、弓、紧、哭、急、极、斤、姜、间、镜等；［ki-（k-i）］：气、汽、站（站着）、旧、舅、求、茄、桥、扛、轿、撬、穷、轻、籼、柿子等；［hi-（h-i）］：后、黑等；［ni-（n-i）］：你、义、人、认、韧、银、忍、耳、艾（艾草）、眼、妈、猫、绕、软、愿、娘、看、女等；［xi-（x-i）］：喜、香、戏、晓、兴、凶等；［ŋə-（ŋ-ə）］：牛、瓦、呆、饿、我、硬等；［ŋ］：五、午、误、嗯、不等。

畲语注音的韵母，在采用汉语拼音中的a、o、e、i、u、ü、ai、ei、ui、ao、ou、iu、ie、üe、er、an、en、in、un、ün、ang、eng、ing、ong、ia、ian、iang、iao、iong、ua、uai、uan、uang、uo、üan共35个韵母的基础上，又新增oi、eo、eu、ea、io、oai共6个韵母。畲语中带新增韵母的词有［oi-（o-i）］：子、崽、爱、哀、才、材、菜、摧、对、戴、碓、推、腿、来、雷、擂、赔、陪、杯、妹、粥、罪、开、嘴、说、吹、炊等；［eo-（e-o）］：丫、砂、沙、纱、痧、茶、搽、查、叉、家、瓜、挂、加、把、下、虾、牙、花、巴、疤、耙、话、画、骂、麻等；［eu-（e-un）］：恩、本、尊、损、扳、近、圈、管、官、论、乱、贪、碗等；［ea-（e-uan）］：安、按、饭、兰、蓝、烂、算、酸、伞、栏、干、汗、罕、晚、断、甘、犯、懒、散、淡、炭、弯、（糍粑）、反、满、短、毯、暖、（稻草）、蛋、卵等；［io-（i-on）］：郎、翁、羊、洋、垟、场、长、厂、抢、杖、涨、奖、桨、酱、浆、将、唱、昌、当、党、量、梁、帮、邦、养、忙、仓、霜、汤、丧、讲、（玩）、想、凉、方、堂、糖、塘、唐、床、藏、黄、王、娘、囊、爽、忙等；［oai-（o-ai）］：我、个、带、簸箕等。

在声调上：一声（阴平）［ˉ］。如：你、我、算、酸、懒、干、妹、爱、花等。发音偏短。二声（阳平）［ˊ］。如：蚁、蛋、老、耳、娃、崽、碗、管等。三声（上声）［ˇ］（畲语中只读前半部分，略去后半部分）。如：在、亮、论、罪、擂、沙、浪、饭、轿等。四声（去声）［ˋ］（畲语中发音较短）。如：吓、客、黑、动、劈、格、法、铁、日、失、杀、脱、雪等。扬声（轻声）在畲语中发音短而上扬［ˆ］。如：好好的、长长的、高高的、亮亮的、快快的等。中平声（介于一声与二声之间，音较长）［˜］。如：犁田、麻烦、龙泉、锄头、番薯、牛栏、煤油、葡萄、皮球、棉、泥、蛇、门、盆、床、蓝、牙、晴、鞋等。

畲语拼写与拼读 畲语的拼写、拼读方法与原汉语拼音的拼写、拼读法相同，可用汉语中声母与韵母的拼写、拼读法对畲语进行拼写、拼读。

畲语新增声母与汉语韵母拼写拼读法一览表

表 10

畲语声母	汉语	畲语注音	例字
1.gi	蛙	giái	鸡
	锯	gi ǖ	饥、箕
	记	gi ī	计、几、他、麂
	件	giiǎn	—
	局	gii ǒ	脚
	救	gii ū	久、球
	惊	gi ī n	景、紧
	冠	gii ě	—
	哭	giiōu	缴、擦
	京	giiāng	镜
2.ki	气	ki	站、柿子、陡、汽
	茄	ki ó	蜘蛛
	桥	kiou	轿、橇
	旧	kiiù	舅、求
	扛	kia	—
	轻	kiiāng	—
	釉	kiǜ	—
3.hi	后	hiiǒu	候
	黑	hiiè	—
4.ni	你	ni ī	—
	女	niǘ	鱼
	认	niǐn	韧
	猫	niiāo	绕
	看	niiāng	—
	软	niu ān	原、愿
	眼	nii á n	—
	艾	ni āi	—
5.xi	喜	xi í	—
	香	xii āng	—
	戏	xii ē	—
	晓	xii áo	翘
	兴	xiīn	—
	凶	xi ǚn	—
	丘	xii ū	坵

续表 10

畲语声母	汉语	畲语注音	例字
6.ŋə	饿	ŋə ǒ	—
	呆	ŋə ói	—
	我	ŋə oai	—
	牛	ŋə	歪
	瓦	ŋə eó	牙、芽
	硬	ŋə ǎng	—
7.ŋ	五	ŋ	不、嗯

汉语声母与畲语新增韵母拼写拼读法一览表

表 11

畲语韵母	汉语	畲语注音	例字
1. ō i	爱	ō i	哀
	子	z ó i	崽、苗、罪
	菜	c ō i	才、材
	对	d ō i	碓、堆
	腿	t ǒ i	退、梯、推、褪、代、袋
	雷	l ō i	来、擂
	盖	g ō i	—
	开	k ō i	—
	会	f ǒ i	—
	赔	p ō i	—
	杯	b ō i	背、陪
	灰	f ō i	—
	吹	q ō i	炊
	妹	m ō i	粥、媒、煤
	嘴	j ō i	—
	税	x ō i	—
	岁	s ō i	衰
	呆	ŋə õi	—
2.eo	丫	e ǒ	鸦
	巴	be ō	疤、把
	爬	peõ	耙
	马	me ō	骂、麻、嘛
	花	fe ō	化
	按	ne ǒ	物
	家	ge ō	嫁、加、瓜、挂
	下	he ǒ	虾
	喝（呵斥）	jie ò	—

续表 11

畲语韵母	汉语	畲语注音	例字
2.eo	查	zeo	揸
	茶	ceo	搽、叉
	纱	seō	砂、痧、沙、砂
	牙	ŋə eo	芽
3.eu	恩	ēu	—
	本	b éu	—
	乱	l ěu	论
	管	g éu	管
	碗	w éu	碗
	尊	z ēu	—
	忖	ceu	—
	圈	ki ēu	近
4.ea	安	eá	按、晚、案
	年糕	b eá	—
	饭	peǎ	—
	短	d eá	—
	反	feá	犯
	赶	geá	稻、草、甘、干
	汗	heǎ	罕
	暖	neā	—
	断	teā	淡、炭、毯、滩、团
	蛋	l eá	卵、栏、兰、蓝、烂、懒
	款	k eá	—
	算	seā	酸、散
	弯	weā	—
5.io	翁	io	—
	帮	biō	邦
	防	fio	方
	当	diō	担、党、堂
	糖	tio	塘
	囊	nio	—
	狼	lio	郎
	讲	gió	广
	藏	kió	矿
	长	qio	厂、抢、丈、杖、唱
	想	xió	箱、相
	养	yiō	羊、垟、洋

续表 11

畲语韵母	汉语	畲语注音	例字
5.io	王	wio	黄
	装	ziō	葬
	床	cio	床、藏
	爽	siǒ	桑、表
	梁	liio	良、量、亮
	将	jiiō	桨、浆、酱
	姜	giiō	—
6.oai	我	ŋə oāi	—
	带	doāi	—
	个	goāi	—
	簸（箕）	boāi	—

云梯畲族乡畲族辈分称呼语读音一览表

表 12

序号	汉语	畲语注音	汉语近似音	
			拼音	汉字
1	太祖父	gēng pǎ	gēng pǎ	根耙
2	太祖母	āi pǎ	āi pǎ	哎耙
3	爷爷	ōng	ong	—
4	奶奶	āi jià	āi jià	哎架
5	爸爸	āi diā	āi diā	哎嗲
6	妈妈	āi niâ	āi niāng	哎娘
7	伯父	ā i bâ	āi ba	哎吧
8	伯母	t ěo ni á	tǎi niáng	太娘
9	叔叔	āi xū	āi xū	哎蓿
10	婶婶	āi mó	āi mó	哎么
11	姑姑	āi gǔ	āi gǔ	哎谷
12	姑父	gǔ qió	gǔ qióng	谷琼
13	舅舅	ni ā kiiǔ	niāng kiǔ	娘 kii ǔ
14	舅妈	niā kiiǔ mó	niāng kiǔ mó	娘 kii ǔ 么
15	哥哥	gō	gō	—
16	嫂子	sâo	āi sāo	嫂
17	弟弟	tái	tái	台
18	表兄弟	biôu xiāng tái	biāo xiāng tái	表乡台
19	表姐妹	biôu jī mōi	biāo jī mōi	表继玫
20	儿子	zói	—	崽
21	媳妇	xīn piū	xīn piū	新 piu
22	女儿	niǘ	nǘ	女
23	女婿	nǖ sāi	nǖ sāi	女塞
24	孙子	sūn zôi	sūn zái	孙崽

续表 12

序号	汉语	畲语注音	汉语近似音	
			拼音	汉字
25	孙女	nǖ sūn	nǖ sūn	女孙
26	女孩子	bù niǖ zói	bù nǘ zái	布女崽
27	男孩子	fǔ sǎng zói	fǔ sǎng zái	府赏崽
28	同学	tẽng hǒ	tēng hǒ	腾吼

说明:“拼音”栏有部分音节下加点，表示汉语中是没有这个音节的;“汉字”一栏有部分汉字下加点，表示声调要变

云梯畲族乡畲族部分相互咨询日常用语读音一览表

表 13

序号	汉语	畲语注音	汉语近似音	
			拼音	汉字
1	你做什么	ni ī zōu xī nèo	nī zōu xī nā	妮邹希呐
2	你好	ni ī h á o	nī háo	妮豪
3	你姓什么	ni ī sāng xī nèo	nī sāng xī nā	妮桑希呐
4	我姓李	ŋə oāi sāng lí	ŋə oāi sāng lí	ŋə oāi 桑梨
5	你吃了吗	ni ī xǐ tāo miǎn	nī xǐ tāo miǎn	妮喜涛免
6	吃了	xǐ tāo ā	xǐ tāo ā	喜涛啊
7	你去哪里	ni ī lǒu lāo zāo hi ǖ	nī lǒu nā zǎo xū	妮搂那遭须
8	我去杭州	ŋə oāi lǒu hōng jiū	ŋə oāi lǒu hōng jiū	搂轰究
9	你做好 了吗	ni ī zōu háo ā miǎn	ni ī zōu háo ā miǎn	妮邹豪 啊免
10	吃饭啦	xǐ peǎ ō	xǐ pǎn ō	喜盼噢
11	喝酒	xǐ jiǔ	xǐ jiǔ	喜酒

说明:“拼音”栏有部分音节下加点，表示汉语中是没有这个音节的;“汉字”一栏有部分汉字下加点，表示声调要变

编织工艺

概述 畲族妇女是编织刺绣的能工巧匠。畲族的手工艺品种类丰富，色彩斑斓，风格独特。如编织的彩带，又称合手巾带，即花腰带，图案花纹多样，配色美观大方。

畲族彩带（2017 年摄）

编织的斗笠，花纹细巧，工艺精致，配以水红绸带、白带及各色珠子，更富有民族特色，是畲族妇女最喜爱的装饰品。畲族姑娘精心织绣的绣帕或彩带，送给心爱的人，是最好的定情物。解放后，这种工艺技术得到了发扬光大，成为畲族抢手的旅游产品和出口产品。

彩带　彩带既是装饰品，又是擦汗掸尘的生活用品。织彩带也是畲族妇女的传统编织工艺。过去，织彩带是畲族姑娘必学的手艺。五六岁时，畲族小姑娘就跟在妈妈身边学织带。彩带精致的程度，是衡量畲族姑娘心灵手巧的重要标准。畲族姑娘订婚时，在送给男方的回礼中，必须有亲手织的彩带。畲族女子送给朋友、情人的礼物也多为彩带。畲族情歌中，有专门的《带子歌》，其中一首的歌词是“一条带子斑又斑，丝线拦边自己织，送给你郎缚身上，看到带子看到娘（女子自称）”。

彩带的两边不织花纹，经线以绿、红、黄、紫等色线与白线相间，根数不定，宽窄随便。中间要织花纹的部分，以白、黑两种经线织出文字、图案。纬线是白线。彩带一般长 1.3 米，宽 0.2 米。图案主要分两种，一种是柳条纹组成的两方连图案；另一种是印染的蓝底白花图案。从图案内容上来看，有“十三行”“十二生肖”“水击花”“铜钱帮”“五字带”等。在畲乡，更流行直接在彩带上绣吉祥祝福等内容。

竹编　畲乡盛产石竹、斑竹、金竹、雷公竹等竹子，为竹编工艺品生产提供了丰富的原材料。竹编中堪称畲族一绝的是斗笠。斗笠的竹篾细若发丝，一顶斗笠上的篾就有 220 条至 240 条之多。从斗笠的外缘看，有两条边和三条边两种。从斗笠的上面看，有斗笠燕、顶、四格、三屋檐、云头、燕嘴、虎牙、斗笠星等多种不同的花纹。斗笠以五

彩九重篾编织而成，既精致轻巧又能滴水不漏，配上水红绸带及各色珠子，更加耀眼夺目。畲族妇女在外出赶集或走亲访友时，都要戴上花斗笠。

畲族古籍

仰天湖《蓝氏宗谱》 云梯畲族乡千秋畲族村仰天湖有《蓝氏宗谱》1 册，为清光绪八年（1882）重修抄录本。该谱有序 2 篇：第一篇记载盘王祠图与墓图各一幅。盘、蓝、雷始祖墓图各一幅，每幅图均注明朝向，前后四至界名。图后以文字记载畲族族源、迁徙、历代畲人受敕封、盘瓠王之故与安葬简况；第二篇为《王氏家谱》，主要记载王氏迁徙与先祖简况。谱后是畲族的高王歌，以畲歌形式记述畲族的起源及历代子孙繁衍概况。该谱对后人了解畲族历史有参考价值。《蓝氏宗谱》为重修抄录本，草纸线装、楷体墨书。页面为 29 厘米 ×33.5 厘米，版框为 28 厘米 ×22.5 厘米，四周单栏，白口。该谱保存基本完好，只有局部破损，由千秋畲族村二组蓝汤宝家收藏，其复印件存于云梯畲族乡畲族文化宫。

落花坞《蓝氏宗谱》 云梯畲族乡白鹿村落花坞有《蓝氏宗谱》8 卷、8 册，共 874 页，为 1947 年蓝溪树德堂重修石印本。该谱记载的内容有《蓝氏宗谱》序，分为原序、重修序和新序（历代名人撰序共 26 篇）、祠规、源流世纪录、东粤阳宅图、畲族始祖遗像赞，墓图、外世原图录、蓝氏历代世系图、排行字母、行卷（自树德堂第一世至第四十二世和坤行卷）。《蓝氏宗谱》内容齐全，记载清楚而详细，对研究畲族渊源历史，畲族政治、经济和文化等方面均有参考价值。《蓝氏宗谱》树德堂重修石印本为白色绵纸、线装、宋体墨书，页面为 29 厘米 ×17 厘米、版框为 23 厘米 ×14 厘米，四周双框，共 8 行、23 字。花口，有黑色鱼尾、口题、卷序、页码，注有堂名。该谱保存完好，由白鹿村蓝德富家收藏，其复印件存于云梯畲族乡畲族文化宫。

西坑《蓝氏宗祠家谱》 云梯畲族乡白鹿村西坑有《蓝氏宗祠家谱》，不分卷，共 1

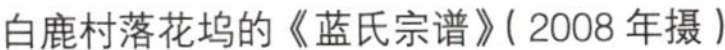
白鹿村落花坞的《蓝氏宗谱》(2008 年摄)

白鹿村西坑的《蓝氏宗谱》(2013 年摄)

册、49 页，为清光绪二十三年（1897）蓝益灵手抄本。《家谱》的记载分两大部分：第一部分是《蓝氏宗祠家谱》的总序，内容有太祖序、历代帝王纪、历朝目录，记载蓝、雷二姓序、重建盘瓠祠序。在历朝目录里，着重记载了盘瓠的来历和畲族始祖产生的概况；第二部分是《蓝氏家谱》，记载了太祖蓝小七十四郎住福建罗源县，万历三十八年（1610）移居浙江省景宁县开基兴家立业，之后的迁居也均有记载。因家谱破损，其他内容不可得知。该谱对研究畲族源流、古代畲民的政治地位和经济生活状况均有参考价值。西坑《蓝氏宗祠家谱》为草纸线装、楷体墨书，页面为 24 厘米 ×17.5 厘米，版框为 18 厘米 ×15 厘米，四周单栏，8 行、13 字，白口。该谱由白鹿村西坑蓝发祥家收藏，其复印件存于云梯畲族乡畲族文化宫。

畲族杂歌选抄　畲族杂歌选抄册子共收集 6 篇畲歌，大部分为情歌。歌曲以男女对唱的形式表达男女青年自由恋爱的情景以及对未来美好婚姻的追求，并教育人们要勤俭、和睦，对后人有着重要的教育意义。大量的杂歌能在畲民频繁迁徙的历史背景下广泛流传至今，足以证明畲族人民爱唱会唱，并说明畲族历来男女平等、婚姻自由。该册由畲族人蓝月德于 1930 年 11 月手抄，记录篇幅为 16 开草纸，共 48 页，每页共 8 行，每行共 14 字。由千秋畲族村二组雷春法家收藏，其复印件存于云梯畲族乡畲族文化宫。

畲族情歌选集　畲族情歌选集中的情歌均以男女对唱的形式，表达男女青年对对方的爱慕之情，只求情投意合，不图门当户对，歌曲寄托了人们对未来美好姻缘的追求和憧憬，并表达了畲族人勤劳俭朴、尊老爱幼、家庭和睦的高尚品德。该册前后部分缺失，无收集人和抄录时间。根据该册保管者——八十四岁高龄的畲族老人口述，该册属其祖父传承至今，应抄录于清末之前。该册为 16 开，共 42 页、2436 字，由千秋畲族

村二组蓝汤宝家收藏，其复印件存于云梯畲族乡畲族文化宫。

百草药房吉用　该册是由蓝文□[①] 于 1947 年收集的 41 个民间草药偏方。偏方中的药品均为常用中草药，采集方便，适用于药材资源丰富但缺少医生的畲族居住地区，在当时具有一定的实用价值。该册为 19 厘米 ×11 厘米、草纸行书手抄、墨色，每页 16 行 ×20 字不等、上下单栏，版墨框为 17 厘米 ×10 厘米，线装，封面部分残缺，缺少第五页、第六页两页，其他完好。该册由千秋畲族村二组雷春法家收藏，其复印件存于云梯畲族乡畲族文化宫。

中成药的配方与应用　该册由畲族人蓝陈有于清光绪十七年（1891）收集抄录，共收集民间 60 余种膏、丸、丹、散的配方制作。其中，“神仙换骨丹”与“强壮丸”由 70 余种中药制作而成。大部分膏、丸、丹、散用于骨伤科。该册虽内容不多，但配方均为常用中草药，畲乡当地的药源丰富。制作工艺简便，适用于过去畲族地区缺少医生的状况，在当时有一定的实用价值。该册为 16 厘米 ×10 厘米的草纸手抄，行书墨色。版墨框为 15 厘米 ×9 厘米，每页为 8 行 ×20 字不等，保存完好。该册由千秋畲族村二组雷春法家收藏，其复印件存于云梯畲族乡畲族文化宫。

除邪镇妖篇　除邪镇妖篇，共 7 册。为清咸丰年间至 1948 年抄录本，内容有借天兵、镇妖申科、清醮头科、做火醮申科、打神罗书、抚伤申科、扦伤申科、扦伤牒科，是道教专用书籍。道师以借天兵、镇妖术为民解救苦难，以做清醮的形式为地方乞求安康太平。除邪镇妖篇对了解畲族文化具有参考价值。该书为草纸线装，行书墨书，页面为 12 厘米 ×11.5 厘米不等，版框为 19 厘米 ×8.5 厘米不等，每页为 6 行 ×19 字不等，全篇基本保存完好，有少量破损。该书由千秋畲族村二组雷春法收藏，其复印件存于云梯畲族乡畲族文化宫。

功德清醮篇　功德清醮篇有 6 册，为清咸丰年间至 1948 年抄录本。该书内容有花叹亡食、三十六解，安慰清醮度谱，清醮本、祈雨表文、具疏一封专心神拜塔，均属道教专用书籍，以“做功德”为主要形式，设道场赞颂亡者生前的伟功贤德，教导后人要继承亡者的功德并理应孝顺自己的父母。该书对了解畲族道教历史文化有参考价值。该书为草纸线装，行书墨书，页面为 25 厘米 ×12 厘米不等，版框为 22 厘米 ×11 厘米不等，每页每行 20 字不等，保存基本完好，有少量破损。该书由千秋畲族村二组雷春法

① □表示字迹缺失或模糊不清。

收藏。复印件收藏于云梯畲族乡畲族文化宫。

落花坞蓝祖老之墓碑文　墓碑1通。1920年，由蓝汤福撰文，黄守益书刻。蓝祖老之墓碑主要书刻老人姓名、辈分、立碑时间、立碑人（阳上孝男孝孙）。墓碑左右荷花柱书刻两联对：“身坐申山龙虎卫，面朝寅向凤凰仪；横龙成吉穴，震向定完辰。”两侧坟手荷花柱书刻两联——“前山马丽峰，坐穴牛眠地；青龙叠叠，白虎眠眠”。碑体为80厘米×60厘米，单面有字，面刻汉字9行，每行4～12字不等。墓碑左右荷花柱为163厘米×20厘米×20厘米，左右两侧坟手荷花柱为125厘米×22厘米×25厘米。墓碑石刻楷书，坐落于白鹿村红旗水库左侧路上。

小阳山雷公春财墓碑　墓碑1通，于1948年农历冬月立。坐落在小阳山雷强屋后，为雷氏先祖墓碑。墓碑由雷汤法撰文，黄守益篆刻。碑文正方开头一横行篆刻着“乾山向”四个大字，碑的正文分为三竖行篆刻楷体字样，右边一竖行篆刻的是“故先考（妣）雷公春财（蓝氏）府君之墓”主题文字；左边竖一行刻着“阳上”二字，阳上孝男姓名未刻在碑款上。碑的上方是三角形碑额，刻有阴阳图案。碑的两边石柱联对字迹清晰，左右荷花柱之间各是副碑，右是“孝以”两个阳刻大字，左是“为先”两个阳刻大字。该墓碑碑面为82厘米×55厘米，面刻为79厘米×50厘米，材质麻石，字体楷书，墨边本色，三行每行为2～13字。该碑对研究畲族经济和亡人安葬风俗习惯有参考价值。

畲族香火榜文　畲族香火榜文共一件，属畲族祖先教档案之一，具体何时由何人而作不详。该榜文正中间一行文字为正文，写明本家某□某氏堂上一脉宗亲之位，正文左右两边配上“日招财童子，时进赛郎君”固定联对，榜文上方左右角写有“供、奉”或“焚香、祭祀”的合体字。榜文还配有“金炉不断千年火”“玉盏常明万岁灯”的联对，写上“祖德流芳”或“万年香火”的横批。以上榜文内容由先祖固定流传至今，年代久远，字迹不清时可换新。畲族的香火榜文是畲族祖先从事祖先教的形式之一，亦是对后人继承祖德的教育，对研究畲族祖先教有参考价值，其复制件存于云梯畲族乡畲族文化宫。

汝南堂上蓝氏门中三代宗亲列　该册以记事的形式，记载了清道光六年（1826）至1914年11月21日蓝明水之父及其后裔共三代之生逝日期，孝男、孝女之姓名及“做功德”（畲族人超度亡灵的一种形式）的主要内容。该册主要为该家族老人仙逝“做功德”所用，后附有合家男女之生庚。该册为草纸，行书手抄，页面为17厘米×13厘米，每页 4 行 ×15 字不等，保存完好，由千秋畲族村二组蓝汤宝家收藏，其复印件存于云梯畲族乡畲族文化宫。

畲族文化活动

“三月三”歌会 “三月三”歌会是畲族人民的盛大节日。畲族人民能歌善舞，他们喜欢在农历三月三这天以对歌和跳舞的形式表达他们对生活的热爱和对明天的祝福，“三月三”歌会至今已有 1200 余年的历史。“三月三”歌会具有深厚的历史文化底蕴，每年都吸引众多新闻媒体记者和摄影爱好者前去参加。他们纷纷把镜头对准云梯畲族乡、对准“三月三”歌会，从而使宁国云梯畲族乡“三月三”歌会声名远扬。

2001 年 3 月 27 日（农历三月初三）云梯畲族乡如期举办的“三月三”歌会，是进入 21 世纪的第一个歌会，也是多年来云梯畲族乡具有代表性的一次歌会。当日，云梯街头张灯结彩，披上了节日的盛装，乡人民政府大院内人头攒动、鼓乐喧闹，彩球高飞。上午 10 点，歌会开始，时任云梯畲族乡党委书记程雷锋致欢迎词，时任宁国市副市长蒋理钢发表讲话。一支畲族民歌舞《今日又逢三月三》拉开了歌会演出的序幕。舞

“三月三”歌会（2011 年摄）

乡文化站落成典礼（2009 年摄）

蹈《伐竹乐》艺术地再现了畲族少女在山上伐竹时的劳动场景和嬉戏场面，表现了畲族少女活泼、可爱的形象，该节目多次在省市获奖并进京演出。该歌会上，最具特色的节目是 10 名畲族男女表演的畲族对歌《三月三》。节目采用一问一答的形式，表现一千多年前畲族起义军打败唐军、捣毁绥安城后，在封金山召开庆祝大会、载歌载舞的情景，彰显了畲族人民的民族自豪感。此外，浙江桐庐县莪山畲族乡还为是年的“三月三”歌会选送两个独具畲族风情的节目——《请到畲乡来作客》《畲娃》。宁国市文化馆、宁国市职业高级中学等单位也为歌会送去精彩的文艺节目。

畲族文化展示 2009 年 3 月，云梯畲族乡的畲族文化宫建成并投入使用。畲族文化宫位于乡人民政府大院内，建筑面积达 500 平方米，其中陈列室面积有 200 余平方米，总投资共 60 余万元。陈列室以畲族的发展史为主线，通过展示实物和图片，反映畲族的历史文化、民俗风情、生产生活、环境聚居、饮食服饰及歌舞等。馆内藏有畲乡流传下来的陶瓷器、传统服饰、生产工具、文献、祭祀道场用具等共 50 余件，其中畲族家谱 3 部、歌本 6 册。

2015 年云梯畲族乡畲族文化宫陈列室藏品一览表

表 14

序号	藏品名称	数量	年代
1	陶罐	6 件	古代
2	陶碗	3 件	古代
3	家谱（蓝、雷、钟）	3 部	近代
4	歌本	6 册	近代
5	祖杖	1 个	现代仿制
6	祖位	1 个	古代
7	犁	1 把	现代
8	耙	1 把	现代
9	耖	1 把	现代
10	纺车	1 部	现代
11	蓑衣	1 件	现代
12	斗笠帽	1 顶	现代
13	草鞋	1 双	现代
14	打勺	1 把	现代

续表 14

序号	藏品名称	数量	年代
15	葫芦瓢	1 个	现代
16	龙角	1 个	现代
17	木饭筒	1 个	现代
18	竹饭篮	1 个	现代
19	拔火罐	1 个	现代
20	秧草耙	1 个	现代
21	火熜	1 个	现代
22	竹茶筒	1 个	现代
23	石秤砣	1 个	现代
24	竹油灯架	1 个	现代
25	腰木筒	2 个	现代
26	摇篮	1 个	现代
27	石磨	1 个	现代
28	箩筐	1 个	现代
29	竹围席	1 个	现代
30	脚盆	1 个	现代
31	踩碓	1 个	现代
32	蒸笼	1 个	现代
33	围席	1 个	现代
34	米筛	1 个	现代
35	站桶	1 个	现代
36	泥鳅笼	1 个	现代
37	黄鳝夹	1 个	现代
38	木槌	1 个	现代
39	猪血盆	1 个	现代
40	青布袋	1 个	现代
41	刷锅把	1 把	现代

畲乡风情

畲族有盘、蓝、雷、钟四大姓。关于畲族姓氏的由来，相传畲族始祖龙麒卫国有功，高辛帝赐配第三公主，生三男一女。长子出生后，驸马讨姓受封，用盘子装着去见高辛帝，帝即赐姓“盘”；次子出生后，用篮子装着去见高辛帝，帝就赐姓“蓝”；三子出生抱去见高辛帝时，正逢天上打雷，遂赐姓“雷”；女儿长大后，招钟志深为驸马，其后裔遂姓“钟”。从此，盘姓、蓝姓、雷姓、钟姓畲族子孙在各地繁衍生息。生活在云梯畲族乡的畲族有蓝、雷、钟三大姓氏，他们多有家族宗谱为证，与浙江、福建两个省畲族地区的畲民有血缘关系。他们迁居到安徽宁国云梯后，呈“大分散、小聚居”的状态，环境促使畲族人与汉族人交流互动，从而形成了畲汉融合的畲乡风情。

信仰习俗

盘瓠像

祖神信仰 畲族崇拜的始祖神是盘瓠。盘瓠的传说虽历经沧桑岁月，依然通过《高皇歌》、《畲族祖图》、家谱世代传承。在云梯畲族乡民间保存的家族宗谱中，就有该种祖神信仰体现。如千秋畲族村蓝汤宝家收藏的《蓝氏宗谱》，该谱谱序的第一篇记载了盘王祠图与墓图各一幅。盘、蓝、雷始祖墓图各一幅，每幅图均注明朝向，前后四至界名。图后以文字记载畲族族源、迁徙、历代畲人受赦封、盘瓠王之故与安葬简况。二十世纪六七十年代前，云梯畲族乡的畲族人保存有祭祀时用的《畲族祖图》，后在“文化大革命”中被烧毁。畲族人的祭祖活动从未中断，每年过年和清明节期间，仍有祭拜先祖的仪式活动，尤其以过年祭祖最为隆重，该种祭祀以一家一户的家祭和墓祭的形式为主。

汤氏娘娘信仰 在千秋畲族村畲族民众中有信仰民间俗神“汤氏娘娘”的风俗习惯。相传千秋畲族村的西面有一座汤公山，以前，汤公山脚下住着一位叫汤员外的汉族人。汤员外有很多田地，非常富有。他有两个女儿，大女儿平平常常，没有大的本事；二女儿非常聪明，本事也非常大。有一年，汤公山大旱，河里快没水了，田里的水稻也快枯死了，汤员外非常着急。这时候，他的小女儿回来了，对她父亲讲：“不要急，我去给田里灌水。”但见他的小女儿把在路上捡来的芭茅草一根根地从河里接到田里。她让水倒流，水就倒流了。汤员外一看，大喊：“我姑娘成仙了。”这时，他的小女儿已经站在云头上了。汤氏娘娘就这样有名了，她被人们当作菩萨供了起来，村民集资修建一座汤氏娘娘庙。村里一旦久旱不雨，人们就会把汤氏娘娘从庙里抬出来求雨，一求就下雨

了。解放前，汤氏娘娘庙很热闹，方圆数十里的村民都会去庙里祈求汤氏娘娘赐福。

灶神信仰 解放前，千秋畲族村家家户户都祭祀灶神。在家中灶台上制作一个壁龛，把灶神请到壁龛里，每到除夕，家中的当家人会给灶神上一支香，有些家庭还会给灶神供奉一些菜肴，说一些好听的话，让灶神在去天上“述职”的时候，能够多为自家“讲”些好话，祈求自家在新的一年能够顺顺利利、平平安安。改革开放后，村民们建起了楼房，传统灶台逐步消失，该种灶神祭祀也渐渐没有了。

婚嫁习俗

畲族早期的婚礼仪式比较简朴，男女自由结合。明清以后，受汉族影响，畲族的婚嫁礼仪才趋向复杂，婚礼现场场面热闹、别具情趣。有特色的婚礼流程有拦赤郎、捡田螺、借锅等，整个婚礼流程在戏耍和欢歌笑语中完成。2010 年 7 月，云梯畲族婚嫁习俗被列入第三批安徽省非物质文化遗产项目名录。

云梯畲族婚嫁习俗代表性传承人有雷春发、雷金花等。他们多年从事畲族民间民俗活动，多次参加省、市举办的各项文体活动。为了传承畲族婚嫁习俗，乡人民政府文化部门制作了畲族婚嫁的相关制品，如具有传统特色的大红花轿、畲族嫁衣、嫁妆、迎亲锣鼓等，并组织表演队经常在宁国市元宵节和乡办畲族传统节日“三月三”歌会上表演。2000 年 11 月，宁国市文化馆根据畲族婚嫁对歌形式创作的舞蹈《畲乡盘歌会》在安徽省第六届艺术节中获得三等奖。

拦赤郎（杉刺拦路） 婚期前日，男方由全权代表、主要对歌手“对门赤郎”（汉语称“请凤客”）一人，对歌手“赤郎”（汉语称“行郎”）若干人以及媒人等组成迎亲队伍（总人数要双数），挑着礼担去迎亲。迎亲队伍走到新娘家门前，会被一群女性用杉树刺拦住，赤郎赤娘对歌、把三碗酒，一番嬉闹后，媒人要放鞭炮，并递去红包，赤郎小心地把刺挑开，女方家的人接过礼担，方可进村。该过程俗称“拦赤郎”。迎亲过程

畲族婚嫁习俗表演——捡田螺（2016 年摄）

中若有拦路，则示意婚礼当晚要对歌。

捡田螺　中堂对揖，别称“捡田螺”。迎亲队伍到新娘家门前读对联后，走进新娘家门，女方送上绿茶并唱欢迎歌，男方一行要恭敬地站在厅堂小头（右边），女方主人走过去站在大头（左边）。然后主人和对门赤郎同时走到当中前沿，并排朝外对天地行作揖礼，转身朝里对香火行礼，两人再面对面行礼。无论是对天地、对香火或面对面，主人始终站在大头、赤郎站小头，两人的双手攀着对方的肩膀转来转去，礼让似的跳舞。之后，所有迎亲的人，与女方主人前去迎接的对等人都转来转去地行礼。礼毕，媒人请主人立于上方，逐一检查点验陈设在桌上的礼物，并递交给主人。

借锅　赤郎挑酒担到新娘家，女方当晚要吃男方送来的喜酒。赤郎烹饪菜肴用的炊具、餐具都得向女方借用，该流程称作“借镬”。午餐过后，赤郎手端桶盆，盆中点燃一对蜡烛，盛一包索面、一只腊鸡和一刀猪肉，还有一双脚绕（绑腿）布，恭敬地站在灶前，一伙女子立于灶后，灶间里挤满了人。桶盆里盛的索面，寓意婚事情意深长、世代友好，俗称“长长面，长长亲”。赤郎开始吟“借镬歌”。围观的人群有意推来推去，赤郎被推得脸红耳赤，歌词如果吟错或遗漏都不算数，要从头再吟，甚至会重复四五遍。接着，赤郎唱歌向女方借厨房用具，如锅、火钳、刀等。立在灶后的女子接应“礼数周全”，伸手接过桶盆。然后赤郎进行刷锅，待锅刷净后，把桶盆里的一刀猪肉放进锅里，并迅速盖上锅盖，意为借到了锅。灶边的众女子往往在赤郎刷锅时把纸屑或砻糠等撒进锅内，以此要赤郎，无论多少次数，赤郎都得把锅洗刷干净。此外，赤郎需在灶前生火，并把火烧旺。但是在借锅流程开始前，烧火的木柴就被姑娘们淋湿了，赤郎在生火时被烟熏得直流眼泪，引得众人哈哈大笑。更有趣的是赤郎杀鸡。该鸡是男方挑到女方家用于“请祖公”的。即，男方需在女方祖宗的灵位前告诉先人，新娘要到男方去“落户”了，请他们保佑新娘一生安康。在赤郎杀鸡流程中，赤郎要在一伙女性的团团包围下先抢起鸡笼，然后再杀鸡，要求鸡血不可滴在地面上。如果滴落地面，滴落一滴血需罚赤郎饮一碗酒。借锅过程，自成一格，充满欢乐。

撬蛙 晚宴中堂上首的第一桌供女方至亲坐，首位即照壁左边的一位请女方的舅公（女方妈妈的舅舅）坐。坐首席的至亲要赤郎请。赤郎把至亲叫到桌边，然后双手捧酒杯，杯上架一双筷子，逐一向亲人作揖后放到指定位子，该亲人就坐该位。如果女方的舅公、舅舅等较多，往往首席要摆双连桌。一般的客人则随意就座。酒过三巡后，开始“撬蛙”。赤娘（代表新娘的女歌手，新娘若是歌手的话也可自行去敬酒，不用请赤娘）端来桷盒，盒内点一双红烛、放两只酒杯，由一位姑嫂提着酒壶陪同。姑嫂先介绍一下新娘对所敬的客人的称呼，赤娘向该位客人作揖，然后唱敬酒歌——“一对酒盏红了红，端到桌上敬 ××（称呼），敬您 ×× 食双酒，酒筵完满结成双。”姑嫂向桶盆内的酒杯斟满酒，赤娘双手捧杯敬上，客人接过一饮而尽，然后往桶盆内放一个小红包。赤娘再敬第二杯。从首席的第一位敬起，然后每桌都一一敬。 敬酒时，客人要掏小红包，故称“撬蛙”。这些红包钱，新娘会分给赤娘一些作为报酬，也分给姑嫂一些，被称作“分姐妹钱”，主要留给新娘带到夫家，以后给孩子做帽子、打银牌用。

夜行嫁 出嫁当日，新娘在“子时过了丑时上，新娘梳妆更衣衫……”的“催亲歌”歌声中开始梳妆更衣。云梯当地的畲族人认为，凌晨拂晓，途中行人少、清爽吉利，是行嫁的黄金时刻，所以天未亮新娘就开始梳妆了。旧时，畲族女性从做新娘那日起，需把头发梳成螺式或筒式的发鬓盘在头上，并载头冠、着花边衣衫。当代，畲族新娘的发型和衣着打扮，与畲乡当地的汉人没有多大差异，但仍沿袭在三更半夜梳妆更衣，早出娘门以图吉利，卯时入夫家门的传统。 新娘由两位伴姑相随，走到厅堂向双亲告辞，与兄弟姐妹

畲族婚嫁习俗表演——夜行嫁（2017 年摄）

各含一口砂糖饭，寓意日后生活像糖一样甜蜜，谓“姐妹饭”，并用巾帕包好三口糖饭，藏在怀里带到夫家养千斤重的大猪，谓“千斤饭”。有的家庭还举行“留箸”仪式，意为新娘要去别人家了，父母就交给兄弟赡养。新娘面朝外站在中堂中间的小凳上，新娘的兄长或弟弟站其背后，左右手各拿一双筷子，从新娘腋下递给新娘，新娘接过从肩上把筷子还给递筷子的人，反复三次。然后由姨母把新娘搀到屋檐，撑开“行路伞”交给新娘沿途半撑半蒙地行路。相传高辛帝的三公主当年撑“皇伞”行嫁，于是世化沿袭畲族新娘撑“行路伞”行路。如今，有的畲族新娘在婚礼当天虽以轿车代步，依旧随身带着“行路伞”。

婚嫁习俗表演（2012 年摄）

畲乡新秀（2012 年摄）

牛牯兑牛娘 一群姑娘（也有妇女在内）依依不舍地抬起嫁妆，送到新娘娘家的大门外。有的抬着嫁妆向东走，有的往西行，弄得赤郎束手无策，紧紧地跟在后面好言求情。一番戏耍之后，赤郎掏出早分包好的红包递给姑娘，表示送行谢意。姑娘也以红包回敬，预祝赤郎一路平安。这样相互赠送红包，谓“牛牯兑牛娘”。可是，调皮的姑娘牵过“牛牯”，却不兑“牛娘”，她们或是拿走嫁妆背上的“点心饼”（赤郎在途中吃的一种点心），或是往赤郎脸上抹黑。一番逗趣后，赤郎才能接过嫁妆赶路。迎亲队伍唱起：“感谢酒、感谢茶，感高六亲和东家，感谢姐妹来送行，郎今度亲转回家……”畲族人认为，要赤郎往往会播下再到该村娶亲的种子。在畲族的传统习俗中，没有人要赤郎的村，会被人说这个村的姑娘无能。

千秋畲族文化园畲族婚嫁表演（2012 年摄）

农耕方式

刀耕火种 畲族长时期保留了人类早期的刀耕火种生产方式，有人考证“畲”字即“刀耕火种”之意。畲族在长期迁徙过程中，没有土地和农具，只有刀弩等简单工具，只得从事游耕和狩猎以及采集业。

“刀耕火种”的农业生产方式，一般是每年二三月，畲族人砍劈山上的杂木乱草，等干燥后，从山顶点火往下烧，该过程被畲族人称作“坐山火”，烧后一两天，等地面火温退去，撒上玉米、小米、荞麦或萝卜等种子，待苗长出后，拔草一两遍，即可等待收获。第二年，重新挖地、播种，种上三四年。因三四年后，土地肥力下降，收入不高，就不再种了，另换别的地方种植。这种“火田”多是缺水的旱地、贫瘠地，所种的作物多为耐旱作物，“辣椒当油炒，番薯食到老”是当年畲民生活的真实写照。

畲乡梯田 自古以来，在一些具备水源条件的地方，畲民总要利用一切可能种植水稻。由于畲村位于地形复杂的山区，为了种植水稻，只能依山就势造梯田。清朝晚期，畲民迁居宁国云梯时，人少势弱，居住在山岭之上。他们不畏艰难，开山劈岭，把仰赖天雨的山坡开作旱地，把能够引水灌溉的山坡筑为梯田。经过畲民的世代积累，形成了壮美的梯田景观。

解放后，云梯畲乡梯田成倍地扩张，形状多样。有的田块细长狭窄，长度可达百余米，而其宽度有时不足一米，素有“青蛙一跳三丘田”之说。最小的田块，大小如盆，仅能容下几棵秧苗，却也有土石垒筑的像模像样的田埂。层层田埂错综繁复，使人难以数得清一座山究竟有多少块梯田。

春耕时节，畲乡梯田灌满了水，波光粼粼。畲乡农民在梯田中劳作，一群群白鹭追逐着水牛在新翻的田泥中觅食。插秧后，稻苗茁壮成长，梯田又变成层层叠叠的碧绿

20 世纪 70 年代的畲乡梯田

色。夏秋稻谷成熟，梯田又是一片金黄。

2000 年开始，落实国家退耕还林政策，云梯畲族乡的梯田大多改种雷竹、山核桃等经济林，但梯田的基础结构仍依稀可辨。

生活习俗

服饰 畲族人在着装上推崇青蓝色，衣料多为自织的麻布。畲族传统服饰的主要特色体现在女性服饰上，以凤凰形态贯穿整体，故被称为“凤凰装”。“凤凰装”由服饰和头饰被组成，传统的头饰被称为“凤冠”，由银钳栏、头面、银金、国铮、奇喜牌、奇喜载、银链、古文钱等组成凤凰翘首的形态。服饰由上衣、裙子、彩带、围身裙、脚绑、鞋等组成。

畲族服饰（2008 年摄）

上衣保留古典交叉衣领，呈三角形。袷部自边沿向内侧，间以红色、白色、黄色、绿色、蓝色共五色条纹；领部在条纹中间刺绣花卉或凤凰图案；胸部左右两侧三角区各绣一朵花卉或凤凰图案；袖子短而小，袖尾同样自边沿向上侧间以五色条纹；臂部和襟部都绣有各式花纹，但便装不绣花。裙子由两片布料组成，开襟在左右两边，用同色布扎成纽扣连合；裙子的下方刺上有规则的、长短不一的竖条线；裙子的前方绣有几何图案，便装不绣。畲族不论男女，在劳动时都扎布短围裙，称为“围身裙”，畲语又称作“拦腰”。围身裙是边长为 30 ~ 35 厘米的正方形，上方左右分别缝裙带。脚绑，即绑腿，整体为三角形，被绑扎成倒“人”字花样，上方左右和下方角各缝一条红带子。普通装的上方为白色边沿；盛装间以五色条纹在所有边沿，并在小腿位置绣花。鞋，即绣花鞋，用黑色布做面料，鞋面先绣上花卉和几何图案，俗称“千层底”。

畲族少女喜用红色绒线与头发缠在一起，编成一条长辫子，盘在头上。已婚畲族妇女一般头戴凤冠，即用一根细小精制的竹管，外包红布帕，下悬一条一尺长、一寸宽的红绫。老、中、青不同年龄的畲族妇女，发间还分别环束黑色、蓝色或红色绒线。冠上饰有一块圆银牌，牌上悬着三块小银牌垂在额前，畲族人称作龙髻，表示是传说中高辛帝的三公主戴的凤冠。冠上插一根银簪，再佩戴上银项圈、银链、银手镯和耳环，显得格外艳丽夺目。

饮食　畲族人的饮食习惯和当地汉族人的饮食习惯基本相同，主食为大米和甘薯米，杂粮有麦、高粱、小米、玉米、南瓜、马铃薯等，副食有竹笋、蔬菜、野菇、野菜、鱼、肉、蛋等。食用最多的肉食是猪肉，一般多用来炒菜。

畲族人喜食热菜，一般家家都备有火锅，以便边煮边吃。畲族人招待客人最常见的佳肴是“豆腐娘”，即把黄豆泡胀后用石磨磨成浆，再用温火烧熟，配以辅料，味道十分鲜美。竹笋是畲族人家中四季不断的蔬菜。畲族有这样的说法——一年十二个月中只有八月无笋，用茭白替代。竹笋除鲜吃外，可把鲜笋煮熟、撕成两半，晒干或熏干成笋干以便长期保存。

卤姜咸菜是畲族风味菜，用辣椒、姜、萝卜等腌制而成。畲族的时令小吃有端午粽子、乌米饭、菅叶粽、糍粑等。乌米饭是“三月三”的节令食物，制作方法是用乌饭树的嫩叶捣汁浸糯米，糯米煮熟后即成乌黑发亮的乌米饭，传说吃了乌米饭不怕蚂蚁咬。

畲族饮食禁忌，包括忌吃狗肉、猫肉、蛇肉；小孩忌吃鳝、鳗；忌用筷子打猫；忌用单手端茶待客；做客时忌吃光点心；年初一忌喝菜汤，不然整年出门要打伞；忌用脚踩地上饭粒，否则会遭雷击等。

畲乡谚语“无酒难讲话”，说的是畲民热情好客，善饮酒，常以自家酿制的美酒待客。客人一到畲族人的家中，主人一般不先泡茶，而是恭恭敬敬地用双手捧上一大碗米酒请客人品尝，这被认为是畲族人家里最高的待客礼节。一年四季，畲族人家中家家均酿有米酒，建房时有“上梁酒”；生日时要吃“生日酒”；定亲时要喝“定亲酒”；嫁女

畲乡红曲酒（2017年摄）

时要吃“嫁女酒”；娶亲时要吃“讨亲酒”。

清代末期，畲民迁居宁国，在千秋岭北面一带依山而居。畲民常年开山种地，身体劳累，需饮酒解乏。畲民又热情好客，但凡来客，必请客人饮上一杯清香宜人、甘醇可口的美酒。畲民先民不断总结云梯当地酿红酒的经验，结合畲家传统工艺，酿造出风味独特的红曲酒。每年十月，气温适中，适于酿酒。畲民家家户户取上等糯米，用饭甑蒸熟，待晾凉后用手把饭团搓碎，呈松散状，加入红曲（一种畲家特制的酒药）拌匀倒入缸中，再加入云梯千秋岭山中特有的山泉水，每千克糯米加 1.5 ～ 2 千克山泉水，用手搅拌均匀，盖严缸口，任其发酵。半个月后，再经常搅拌，使其发酵均匀，搅拌时需上下轻轻翻动酒糟。过一个月左右，发酵透彻，酒糟沉到缸底，红曲酒初步酿成。再用篾篓滤去酒糟，即制成红曲酒，该酒呈鲜红色，不浑浊。

住宅 旧时，云梯畲民多住在简易的茅寮，又称“寮棚”或“草寮”。茅寮以毛竹混搭树木构成骨架，以茅草覆盖屋面而成。屋架用藤条绑缚连接，呈网格结构，室内的立柱较多，俗称“千柱落脚”。茅寮的面积难以做大，一般占地约在 20 平方米左右。屋面为两面坡形，脊高 3 米左右，檐高 2 米左右。茅寮的四墙以小竹或竹片编扎成紧密的篱笆，部分辅以草帘挡风，不开窗户，不设隔间。

结构较简单的茅寮，横剖面呈“人”字形，屋面触地，没有墙，俗称“窝棚”，或称“仙人合掌”。制作该种茅寮时，地面上竖一列等高的树杈，杈上架一根横梁，横梁两侧斜靠几根毛竹或杉树条，其顶端用藤条与横梁绑紧，再绑上竹片横条形成坡面框架，最后在外面覆盖茅草。

茅寮是畲族的传统建筑，其最大优点是结构简单，可因地制宜、就地取材，搭建和维护较为方便。但茅寮低矮、阴暗、拥挤，夏不挡蚊虫、冬不御严寒，仅是一种最原始的居住方式。畲族人居住茅寮的习惯，与其生存环境和频繁迁徙有关。畲民认为，既然不能长期定居，也就不必为住宅投入过多的物力，可避免在迁徙时的舍弃之痛。

清代之后，各地畲民逐渐转入定居生活，从而出现了瓦寮。云梯畲民大多是在解放后建造瓦寮的。特别是中华人民共和国成立后，中国共产党的民族政策让畲族人民安居乐业，云梯畲民才有了建造瓦寮的条件。

瓦寮为土木结构的瓦房，墙体大多以土石混砌而成，或以泥土夯筑。瓦寮大多为三开间，正中为厅堂，两边隔出厢房作为卧室。厨房、猪栏等建在后门或山墙一侧。有的家庭在大门前方建有廊庑，以方便农事劳动和杂物的放置。少数大户的瓦寮，房间多，

畲乡民居瓦寮（2013 年摄）

设有天井，也有的家庭的瓦寮为两层楼房。

畲族人在民居选址时，坚守与农耕生活相适应的原则，一是不占用可耕地，二是可就近山田劳作。不论昔日的茅寮、瓦寮，还是现代住房，畲族人都是以便利农事为核心。因此，畲族民居都是依山就势，畲族人因地制宜，分散而居，各取所需。

畲族民居注重房子的功能要求。其位置、造型、坐向、门位以及厨房、餐厅、磨坊、柴草房、畜圈等用房的布局，都首先考虑使用方便。畲民认为房子坚固实用就好，畲族居民既有简约朴实之风，又集粗犷、厚实、天然之美于一体。瓦寮最能全面体现畲族民居唯重简约朴实的特点。所用的石材，多恰到好处地利用天然形状，较少经过人工整形。所用木质构件，除大门、厅堂等特殊部位，一般不做细致加工。厅堂内的陈设也很简朴，面朝大门的一方墙设条案，案上供奉祖先牌位，并放有香炉，案前放置大方桌。

特色菜肴

畲族人民在长期的山地游耕生活中，创造了丰富的饮食文化。在宁国云梯一带，至今仍流传着一些传统的畲族菜肴，如山粉粿、洋芋饼、腌蒸鸡、苋菜秆等。这些富有畲族特色的菜肴，符合现代人追求绿色食品的要求，因而受到普遍欢迎。

山粉粿 制作材料为糯米，山芋淀粉，食盐，生姜，味精，猪肉油汤。制作方法：糯米经冷水浸泡发胀后，用笊篱捞起，放入饭甑蒸成熟饭。糯米饭倒出晾凉、捣散后，把山芋淀粉加水调成糊状与糯米饭混合，再加入适量的生姜、水和盐，充分拌匀。用手把混合均匀的原料搓成团，再捏成圆形或椭圆形的小饼（粑粑），其大小厚薄视各人喜好而定。把小饼放入蒸笼中蒸熟，即为山粉粿。吃时，把山粉粿装盘，用猪肉油汤（最好为红烧肉油汤）浇在山粉粿上。山粉粿别有风味，在酒席上既可当菜又可当点心食用。

洋芋饼 制作材料为马铃薯，姜末，小葱，食盐，菜籽油。制作方法：挑选偏小的马铃薯（小于乒乓球），晾放一个月左右，以脱去多余的水分。做菜时，洗净马铃薯，加清水煮熟，剥去皮，用菜刀拍成或压成饼状。然后将其放铁锅里用菜油煎至两面呈深黄色，再加入姜末、小葱末或韭菜末、食盐、味精，略翻炒，起锅装盘。洋芋饼入口绵软，香味浓郁，老少咸宜。

腌蒸鸡 制作材料为农家土鸡，姜末，食盐，白糖，畲乡红曲酒。制作方法：土鸡宰杀后摘除内脏并清洗干净，整鸡放入锅中用水煮，加适量盐，煮至熟透便起锅（以筷子戳得进为度）。待冷后剁成鸡块，装入盆中，加入少量白糖、姜末和味精，最后倒入少许畲家自酿的红曲酒，拌匀后，装入陶罐或陶盆中腌制一段时间。腌制时间无严格要求，数小时、数日都可。用餐时，取所需之量盛入碗或盘中，放饭锅里或蒸笼里蒸熟即可食用。腌蒸鸡香气浓郁，味道鲜美。畲民在腌制时，可以视需要一次腌制几只鸡，随用随取，非常方便。

苋菜秆 制作材料为苋菜秆，要求选取老嫩适度的苋菜秆，摘去枝叶。制作方法：先要让苋菜秆发霉。把苋菜秆剁成一寸左右的小段，洗净后用冷水浸泡两三天，每天换一次水，泡至见水面起泡沫时，把苋菜秆淘洗干净装入小缸内，不能加任何佐料，让其自然发酵霉烂。霉好的苋菜秆存放备用，随用随取。

霉苋菜秆最好煮食，煮时加盐，另根据不同的口味选择加入辣椒、葱、姜等调料。煮时不可再洗，否则会失去原来的味道。煮的方法有两种：一是煮沸后起锅食用，或作为冷盘菜；二是用火锅炖煮，汤汁别有风味。畲民一般认为苋菜秆以火锅煮食味道更佳。

豆酱肉 制作材料为豆酱或麦酱，猪肉，食盐，姜，料酒，味精。制作过程：猪肉洗净切成方块入锅加少量水烧煮，水煮干后翻炒肉块出油。若油过多，可取出。接着加入适量的豆酱或麦酱翻炒上色，接着放入适量的食盐、料酒翻炒后，加一定数量的水烧煮，烧煮到可食用为度，加入适量的味精或鸡精，翻动均匀后出锅即成，食之有独特风味。

红烧毛芋秆 制作材料为毛芋秆，姜，大蒜，食油，料酒，食盐，酱油，味精，辣椒。制作过程：把毛芋秆撕去外皮，切成段，超大的大块段头需切成较小的段块，并用清水洗净。锅中加入食油加热，油熟后把毛芋秆放入锅中翻炒至软。放入适量的食盐、姜末、辣椒末翻炒一两分钟后加入少量酱油再翻炒，然后放入适量料酒、味精、蒜末翻动均匀后加水烧煮。加水烧煮时，未沸腾之前不能翻动，否则菜的口味会不理想。烧煮沸腾之后，用炉火炖，食用前放入适当的猪油味道会更好。

古迹·名胜

云梯畲族乡历史悠久，人文荟萃，生态环境优美。宋代吴氏家族、明代朱氏家族人才辈出，在云梯留有众多古迹。这里自古是交通要道、战略要地，拥有众多关隘。其中，千秋关被列入《中国名胜词典》。随着休闲农业与乡村旅游的兴起，这里的畲族文化特色、生态环境优势得到彰显，千秋畲族文化园、将军关漂流旅游景区应运而生。

街边小巷（2016年摄）

古迹

云梯老街　至少在唐代之前，千秋岭下的云梯村就是一个热闹的大村镇，宋代在该村设仙都巡检司，中华民国时期在该处设云梯镇。

中华民国时期，云梯村有一条长约200米的老街，路面铺青石板，路的两旁是带有店面的二层楼房。街面很热闹，有各种店铺和手艺作坊。以街道为轴线，交叉连接着一些小巷，构成一个商业和文化的核心片区。

云梯村地处往来浙皖必经的古道上，云梯本地的特产山货和来自杭州等地的日用品大多由云梯老街集散。出入老街的商人以及运货的挑夫、骡马络绎不绝，老街的商贸活动颇为繁荣。该种景象一直保持到解放初期才逐渐消退。

解放前，老街的住户和房产大多属地主、乡绅之类的富裕人家。老街的房屋及周边人家的老屋占地面积都较大，多带有庭院和四水到堂的天井。个别大户的祖屋，门前设有精美的砖雕和石雕，室内雕梁画栋，陈设明代、清代的家具，非常豪华。大的宅院，几进天井，房间很多，厅堂很大，院内有花园。

四水到堂的天井（2016 年摄）

老街周边有许多连片村舍，都是古老的砖瓦房。旧时，该处的住户和人口较多。有很多老屋是清代末期的移居云梯村时“白捡”的无主房。起初残垣断壁、破旧凋敝，移民们对古民居稍作修缮、改造便定居下来。解放后，逐渐拆除旧房建造新房，古民居逐渐消失。

吴氏故居　吴氏故居为南宋状元、丞相吴潜的先辈居所，也是吴柔胜的故居。南宋云梯吴氏后代多获取功名，其中吴柔胜一支“一门四进士”，是云梯人引为骄傲的美谈。与吴柔胜显赫家族相匹配的吴氏故居，相传，吴氏故居为庄园式府邸，颇具规模，建筑豪华。历经数百年沧桑，吴氏故居早已成为废墟，遗址仅存小河上的塔桥（塔已毁）和部分石条、石礅等物。云梯民间称小河上的塔桥为“状元桥”。吴氏故居的遗址现为乡政府办公楼地段。

历史上，吴氏故居大门的楹联由吴柔胜所题——“宽著胸襟行好事；大开廷户纳春风。”吴氏故居厅堂的楹联由吴潜所题——“手持斑管扫千军，花生彩笔；足踏金鳌游九域，步上瀛洲。”横批——“薇垣耸秀”。

三贤祠　三贤祠是云梯吴氏家族建筑保留最长久的遗存，“文化大革命”期间才彻底被毁。三贤祠遗址在庠里村，今遗址尚存一株千年榔榆，相传是由吴潜亲手栽植，云梯民间称之为“吴潜树”。

陈为中画作《吴氏故居印象》

20 世纪 60 年代的云梯塔桥

陈为中画作《三贤祠印象》

三贤祠供奉三尊塑像：正肃公吴柔胜、庄敏公吴渊、许国公吴潜。据村中老人们回忆：三贤祠的外墙为朱红色，该祠坐北朝南，迎门北墙一方设供案和香炉。到该祠敬香祭拜者，多为祈祷子女读书上进和求取功名的。

三贤祠大门两侧的楹联为“南渡河山余夕照；东津桑梓满春阴”。

状元楼　南宋嘉定十年（1217），吴潜考取进士第一名。为旌表吴潜，在宁国县城儒学东建“状元坊”，在云梯吴潜的祖居地建“状元楼”。时有《次韵吊许公》“丞相祠前槐树绿，状元楼外杏花红”之诗句。清代宁国人周赟在撰写《“三吴”籍贯辩讹》一文中介绍：“宁云梯祠堂有‘三吴’塑像、诰敕及‘状元楼’故址，楼有记，壮（庄）敏公撰。”

朱氏宗祠　云梯畲族乡白鹿村村委会驻地朱家村，以前被称为“苦竹庄”，后因宋代理学家朱熹的后裔迁居该村，朱氏人丁兴旺发达、门庭显赫，苦竹庄随之改称“朱家村”。

云梯朱氏家族秉承朱熹家风，重耕读诗书，人才辈出。明嘉靖年间（1522—1566），朱氏兄弟二人——朱一松、朱一柏中进士和举人，朱一松累官刑部郎中，朱一柏累官广西庆

陈为中画作《朱氏宗祠印象》

远府知府。明嘉靖之前的百年内，云梯朱氏家族就有9位名人被记入明嘉靖《宁国县志》。

作为宁国的世家望族，朱氏家族建有宗祠。朱氏宗祠始建于明嘉靖之前，之后又经历代整修扩建。宗祠为五开间三小进一天井、四廊式砖木结构建筑，占地面积近300平方米。屋柱共有几十根，其中石柱6根。三进的第一进是“过厅”，较狭窄；第二进称作“享堂”，是进行祭祖活动和祭祀礼仪的地方；第三进为“寝”，是供奉祖先灵牌之地。祠堂以圈门为核心，粉墙黛瓦，朱漆鎏金，有两幅匾额楹联抱柱。内壁材质运用较精细考究，雕梁画栋、颇具匠心。解放后，朱氏宗祠一直被充作公房使用，因年久失修不断毁损，于20世纪80年代初被拆除。

落马桥 旧时，宁国府县衙内的各级文武官员对朱家很尊敬，逢年过节到朱家村朱府拜访。朱家村村口的河面上有一座石桥，前去朱府登门拜访的文武官员到该桥头，文官下轿、武官下马，均步行到朱府。石桥也因此被人们称为“落马桥”。现朱氏宗祠已被毁，但落马桥依旧横卧在朱家村的村口河面上。

三十六间 云梯畲族乡千秋畲族村有一个地名很特别的自然村，称作“三十六间”，该处是千秋畲族村村委会的驻地。该地位于千秋岭与汤公山之间的谷地。由谷地盘旋而

陈为中画作《三十六间房印象》

上可至汤公山上的千年古关——铜岭关。

清代末期，畲族人陆续从浙江、福建等地向云梯迁徙，一部分人选择了这个蛮荒无主的谷地落脚。初来时，移民们发现了一些无人居住的旧屋宅，正好可作为栖身之所。其中一座宅院特别大，经过清理、打扫、清点数量，共有房间三十六间，于是就把该处称作“三十六间”，该名沿用至今。

当初发现三十六间时，院内、院外长满了竹木、荆棘，屋内物品原样未动，地上、床上散落着累累人骨，蚊帐和被子看着是完整的，但手一抓即碎。后来才知道，是战争和瘟疫导致它废弃了多年。三十六间的规模、造型和室内陈设显示，宅院的主人可能是当地有显赫地位的大户人家。也有人猜测，宅院可能是镇守千秋关、铜岭关的官兵营房。20 世纪 60 年代之前，三十六间一直被作为村民的住房使用，最多时住过二三十户人家。后来三十六间因逐渐损毁难以居住，便被整体拆除，只留下了地名。

汤王庙 明嘉靖《宁国县志》记载：汤公山下有汤公庙，为宋时所建。该志记载汤公山时又云：山下有汤王庙。民国《宁国县志》云：汤公山下有汤王庙，为宋代奚士逊、奚士达建。

青岭庵 民国《宁国县志》记载：汤公山麓有青岭庵。《天目山志》云：杭州天目断崖了义禅师曾在此庵居留。

孔雀庵 孔雀庵遗址位于云梯畲族乡毛坦村。该遗址坐东朝西，呈不规则长方形，面积共3000余平方米。民国《宁国县志·舆地志》记载："县东百三十里，壕堑关左十三都，朱姓建，地名茅坦，旧名鹊巢庵，又名毛大庵。"明嘉靖《宁国县志》也记载：十三都有毛大庵。新中国成立后，僧出庙空，庙宇倒塌，仅存部分石构建和寺庙基础。

壕堑关 民国《宁国县志》记载：县东百三十里有壕堑关，通於潜县，已废。明嘉靖《宁国县志》记载：在治东南一百里十三都有壕堑关，宋南渡时建。现关废址存，村民们在关岭上修建了村村通水泥路，岭上路西侧的山坡上有藏兵洞遗存。

铜岭关 民国《宁国县志》记载：县东百三十里有铜岭关，有路通於潜石佛殿。铜铃关现已废。

铜岭关遗址（2012年摄）

庙后山墓　庙后山墓位于云梯畲族乡毛坦村庙后山的山脊上，该墓依山而葬，坐东朝西。墓冢呈龟背形，墓葬形制与结构保存完整，墓堂深 4.1 米，墓墙宽 11 米、高 1.2 米，祭台深 6.1 米（祭台为双层，外面祭台宽 1 米）。墓墙、墓堂、祭台均用块石砌筑而成，无墓碑。

庙后山脚墓　庙后山脚墓位于云梯畲族乡毛坦村庙后山的山脚，该墓依山而葬，坐东朝西。墓冢全部被破坏，但墓葬形制与结构保存基本完好。墓冢长 7.2 米，墓墙宽 20 米、高 1.8 米。顶层祭台长 24.6 米，宽 4.1 米，高 2 米，中间 20 米为直线砌筑，两边各 2.3 米外敞呈“八”字形砌筑。第二层祭台长 26 米，宽 3.1 米，高 2.5 米，中间 14 米为直线砌筑，两边呈三阶梯状外收，每级 2 米见方。第三层祭台长 50 米，宽 7.1 米，高 3 米，中间 19 米为直线砌筑，两边呈“八”字形外敞砌筑，分别长 8.6 米、6.9 米。底层为直线砌筑，长 50 米。墓墙、祭台均用天然块石砌筑而成，无墓碑。相传，该墓为孔雀寺清代 18 位僧人的合葬墓。

“望仙岩”摩崖石刻　“望仙岩”摩崖石刻位于云梯畲族乡云梯村 7 组，在元宝坞山腰处的一个天然块石上。石刻所处的块石位于山体基岩的夹缝中。块石高 2 米、宽 3 米，离地面高约 1.6 米，石刻位于块石的下部，刻有楷书所写“望仙岩”三个字。据当地年长者介绍，该处的土名为“香火台”，为供人烧香之处，块石的下半部有火烧的痕迹。

望仙庵岩画　望仙庵岩画位于云梯畲族乡云梯村 7 组，在元宝坞山腰的一个天然石壁上，石壁高 3 米、宽 3 米。石壁前有 2 米宽的平地，平地外沿以块石砌筑。石刻处在该石壁的中央，整体呈圆形，阴刻，佛像造型丰满圆润，在莲花台上呈打坐姿势。佛像周围均匀分布有四个人工凿刻的孔，应为搭建石佛像上方木结构所用。石佛像西面 2 米处有石刻文字，文字部分模糊，可辨文字为“康熙六年十二月初八日建造改成”。

望仙庵古井　望仙庵古井位于云梯畲族乡云梯村 7 组，在元宝坞的山腰上。该井在山体的基岩上开凿出一个长 1.7 米，宽 1.5 米，深 1.8 米的水池。水池内壁以打磨过的块石砌筑，表面光滑。古井水量充沛，水质清冽，但底部沉积了大量的沙土。古井距望仙庵遗址约 50 米，相传，该井为原望仙庵僧人饮用水的取水处。

“宋故吴公居士之墓”摩崖石刻　“宋故吴公居士之墓”摩崖石刻位于云梯畲族乡云梯村 7 组，在元宝坞山脚边的一个天然块石上。块石高 6 米，顶部宽 3 米，底部宽 4.5 米，呈梯形。石刻位于块石的中上部，坐东朝西，刻有“宋故吴公居士之墓”八个大字。每

望仙庵岩画（2010年摄）

“宋故吴公居士之墓”摩崖石刻（2010年摄）

字高0.3米，宽0.3米，字间距约0.06米，篆书，有阴刻，也有阳刻。

中岭洞 中岭洞地处云梯畲族乡云梯村与仙霞镇杨山村之间的大山上。山脚通往山冈处保存有部分石板路，石板路穿洞而过，洞为东西走向。洞南面的内壁嵌有石碑。碑文有“……山曰中岭□□十二三都之间，此□□来必经□历，……造于正德丁丑年八月……，经久无虞。殆见轮者蹄者安□斯，□□疲者憩于斯，□山牧野者晤于斯，览胜寻芳者咏□斯；……”等文字。中岭洞以条石砌筑而成，洞深5.8米，宽3.3米，拱卷高2.5米。该洞结构完整、保存完好，洞内的地面用块石铺成。

名胜

千秋关 千秋关，古称千秋岭，位于翻越天目山的交通要道上。该处幽谷深深，云漫雾绕，文人墨客途经该地多有吟咏。唐代诗人罗隐“想望千秋岭上云”的诗句使得千秋岭名扬天下。

鸟瞰千秋关（2017 年摄）

千秋关（2016 年摄）

千秋岭为天目山西麓山岭，海拔398米，是来往天目山的战略要冲，形势险要，有一夫当关、万夫莫开的气势。五代十国时期，后梁乾化三年（913），吴国吴王杨隆演派遣吴行营招讨使李涛率兵两万人进攻吴越国。吴越王钱镠命令其儿子湖州刺史钱元瓘利用千秋岭的特殊地形，以少胜多，大胜吴军。

宋绍兴八年（1138），南宋朝廷迁都临安府（今浙江杭州）。千秋岭为杭州西面门户，为守卫都城，南宋在该处置关。自此，千秋岭始名千秋关。千秋关存有关门和部分关墙，以及跑马槽等遗迹。

清末，畲族人迁居千秋关，他们凿石造田，田大者可卧，小者可坐，层层梯田螺旋而上。进入21世纪，畲民响应人民政府的号召退耕还林，层层梯田又掩映在翠竹和山核桃林之中。

1981年，千秋关被列入《中国名胜词典》，为更多的海内外游客所知晓。清咸丰年间（1851—1861），千秋关关墙重修，关口用大块方石迭砌，关墙残高为3.82米、长为25.25米、厚为7.17米、拱门高为2.24米、宽为2.05米，关门上嵌石质匾额，楷书阴文横镌繁体“千秋关”三个字（高0.55米、宽1.4米）。1989年，被宁国县人民政府公布为县级文物保护单位；2012年6月，被安徽省人民政府公布为第六批省级文物保护单位。

2010年，浙江省临安市对千秋关关墙进行维修，保留了原关门，在其旁新建关墙及门洞，门洞高7米、宽5米，并在关墙上修筑城垛。

千秋畲族文化园

2011年，在乡党委、乡人民政府及村“两委”的大力支持下，千秋畲族村村民朱马根回乡创业，投资建设千秋畲族风情谷项目，村企共建美丽家园。2012年一期工程畲族风情广场、接待中心、宾馆、酒店、购物商店、千秋关激浪漂流、畲族家庭民俗博物馆等项目相继竣工开业。2012年7月，宣城市在该村召开美好乡村建设工作现场会，获得与会来宾的好评。2013年，千秋畲族文化园被认定为全国休闲农业与乡村旅游示范点。2015年，千秋畲族文化园被评定为国家AAA级旅游景区。2015年，千秋畲族村被命名为“全国特色景观旅游名村”。

畲族风情广场 广场入口处有四根图腾柱，在图腾柱的顶端雕刻着畲族四大姓氏——“盘”“蓝”“雷”“钟”，图腾由凤凰和麒麟组成，象征着吉祥与美好，这是千秋畲族文化园的标志性建筑。广场有舞台，舞台背景是依山而建的千秋关关门和关墙。畲族小伙子们、姑娘们在舞台上为游客表演畲族特色的歌舞节目。当嘹亮的畲族民歌唱起

广场图腾柱（2017 年摄）

来，当欢快的竹竿舞、伐竹乐跳起来，古战场的气息似乎已经走远，金戈铁马的轰鸣也已经淹没，人们穿越时空，享受呈现在眼前的莺歌燕舞的幸福生活！

千秋关激浪漂流　总里程为 1.5 千米，全程可游玩 1 个小时。一路明滩暗礁、险滩数处，每个滩位落差高达 2 ~ 4 米。美丽的河谷，清澈的流水，有惊无险的冲浪令游客流连忘返。漂流上、下码头建筑具有民族特色，内部配套设施齐全，设有宽敞的男、女更衣室及沐浴区。

千秋关激浪漂流（2016 年摄）

畲乡民居变迁景观　一排相邻的三幢房屋依山而建，分别为 20 世纪 60 年代土木结构的瓦寮、80 年代砖木结构的两层小楼、21 世纪钢混结构的三层楼房，反映了畲民 60 年居住条件的变迁和时代印迹。瓦寮内部陈列着畲民劳作、耕种时的工具，如蓑衣、犁、斗笠、稻

畲乡民居变迁景观（2011年摄）

三十六间文化墙景观（2011年摄）

仓、竹筛等，体现畲乡人民的勤劳与智慧。

三十六间文化墙景观　三十六间是千秋畲族村的中心村，为清代晚期畲民先祖迁居云梯时所发现，因共有三十六间房屋，故名三十六间。三十六间村村中房屋的墙体有不少彩绘画面，展现历史上畲民的劳动和生活场景，供游客观赏。

太子坑水库景点　太子坑水库水面有3.2公顷，三面环山，重峦叠嶂，湖光山色，青翠欲滴，是一处天然氧吧，也是游客垂钓的好去处。

太子坑水库景点（2011年摄）

汤公山映山红景观（2014 年摄）

“三月三”歌会（2011 年摄）

畲族婚嫁习俗表演（2015 年摄）

汤公山映山红景观 汤公山海拔 1130 米，山上有万亩天然生长的映山红，漫山遍野，蔚为壮观。每年 4 月，是登山赏花的最好时期。

畲族“三月三”歌会 每年农历三月初三是畲族人民重要的节日，又被称作“乌饭节”，为庆祝这一节日，畲乡每年都会举行盛大歌舞晚会，展演畲族民歌、畲族舞蹈、畲族民俗等节目。

畲族婚嫁表演 畲族婚俗是畲家风情活动中最有特色、最富情趣的民族习俗活动，已被列为安徽省非物质文化遗产项目名录。每逢重大活动，云梯都举行畲族婚俗表演。

畲乡习俗体验活动 畲乡有打麻糍、磨豆腐、竹竿舞等民俗活动，供游人体验。

畲乡特色小吃 畲乡有清明粿、豆腐娘、菅粽、乌米饭、麻糍等风味小吃，供游人品尝。

畲乡习俗体验活动——打麻糍（2011 年摄）

畲乡习俗体验活动——推石磨（2011 年摄）

将军关探险漂流（2017年摄）

畲乡特色小吃——清明粿（2007年摄）

畲乡特色小吃——菅粽（2009年摄）

畲乡特色小吃——豆腐娘（2009年摄）

畲乡特色小吃——乌米饭（2009年摄）

将军关探险漂流　2012 年，浙江商人投资约 1000 万元修建将军关探险漂流。大部分漂流河道位于云梯畲族乡毛坦村境内，为西苕溪上源的沙湾河，河流落差大。沿河道依山势、落差建造漂流水道。漂流河段全程 2.2 千米，落差达 130 米，大小落差迭水有 46 处，2 米以上落差迭水 12 处，最大落差迭水达 4.2 米。该漂流以峡谷景观为依托，以绝壁、奇岩、流溪、飞瀑为特色，供游人避暑、休闲、度假。

云梯奇石（2015 年摄）

名人与名镇

云梯畲族乡是一个人杰地灵的地方。古代，云梯吴氏家族在南宋曾是“一门四进士”，其中状元、丞相吴潜是最杰出的代表；白鹿朱氏家族家风厚德仁善，明朝有多人入志立传，有在家广积善事者，有外出为官清廉有为者。现代云梯人物中，有行医积善者，有参加革命者，有见义勇为者，他们都为社会发展做出了突出贡献。

历史名人

吴仁寿（938—1002） 吴仁寿是云梯吴氏始祖，祖籍平江府（今苏州市），为苏州吴氏八十六世孙。宋太祖年间（960—976），吴仁寿任南容州（今广西北流市）水陆转运使，宦游至宣城、宁国等地，见云梯“山岳若城廓之状，风土有生化之机，遂卜居于此，世代繁衍”。吴仁寿有三个儿子：长子吴孟修，次子吴中俨，三子吴季侃。后来，吴孟修由宁国迁往宣城白马山（今宣州区水东镇稽亭村白马山，旧名吴村），次子吴中俨留居云梯，三子吴季侃复迁先祖住地平江府。吴孟修的第九世孙吴丕承入赘金陵（今南京市）高淳永宁乡茅城刘绛家，生有两个儿子：长子吴柔立，次子吴柔胜。

吴仁寿

朱洁庵（1138—1204） 朱洁庵是云梯朱氏始祖，生于宋绍兴八年（1138），卒于嘉泰四年（1204）。朱洁庵的父亲朱汝励，宋绍兴十六年（1146）任鄱阳（今江西鄱阳县）县尉。朱洁庵心地纯朴，气质温和，智圆行方，心胸坦荡，落落有大志。他把世俗和功名利禄视为趋膻腥的蚂蚁和扑灯火的飞蛾。他喜欢游历山水，结交贤人志士，并潜心研究中草药。在壮游天目山、寻医问药时，他取道宁阳（宁国县别称），欣闻宁国是孔子过化之地，循着落花溪方向访问孔家故园，因爱这里的山水雄秀、独特，认为是块风水宝地，而决定移居这里。于是，他变卖了老家房屋，在宁国孔家园苦竹庄（今云梯畲族乡朱家村）购地建房、安家落户。

朱洁庵

朱洁庵和当地居民友好相处，广积善事，深受当地人的称赞。每年清明，他都带着子孙到歙县篁墩祭祖，风雨无阻，并嘱咐子孙要世世代代祭拜。他教育子女：从事各行各业走不同的路，都要以孔子四科（德行、言语、政事、文学）为准则，德行应放在首位。如果在家能孝顺父母，在外敬爱兄长、忠诚守信、仁爱礼让，不必出门，也能通晓天下事理。

吴柔胜（1154—1224） 字胜之，宁国云梯人，自幼跟随父亲攻读“二程”（程颢、程颐）学说。宋淳熙八年（1181）考中进士。初任太学博士，以朱熹《四书集注》讲学。后任都昌县主簿，因得到丞相赵汝愚的推荐，不久调任嘉兴府教授。宋淳熙十三年（1186）十月，与宁国知县庄夏（吴柔胜同科进士）、宁国进士虞俦合力重修宁国县城吴山岭（今巫山岭）上的十松亭。十松亭的北壁由庄厦绘《桃园三结义》画，南墙由虞俦重书龙图阁直学士沈括的诗文《宁国县十松亭》，两道门联由吴柔胜重书。

吴柔胜

绍熙四年（1193），赵汝愚被奸臣韩侂胄弹劾罢相，吴柔胜涉嫌为其同党，被罢免了一切职务。绍熙七年（1196），吴柔胜妻子沈氏病逝，在好友庄厦、虞俦的邀请下，吴柔胜携子回迁宁国，在县城定居。民国《宁国县志》记载吴氏宗祠“县城西门内有旧祠基，在城隍庙对面，洪杨乱毁，故址存宋正肃公吴柔胜族。”清光绪三十四年（1908）编纂的宁国《吴氏宗谱》中也有“宁国县城西门吴氏祠基之图”。

吴柔胜在宁国闲居十余年后，朝廷为吴柔胜恢复名誉，启任赣县（今江西赣州市）县尉。嘉定初，任刑部、工部架阁文字主管，升国子正，后又主政随州。吴柔胜在主政随州时已年过六十，依然恪尽职守。由于南宋军事力量薄弱，致使金兵长驱直入，当时随州已成为抵御金国势力南下的边防前线。吴柔胜主持建筑随州、枣阳两座城，建“忠勇军”以防外寇来犯，使安陆、沔阳以南的地区成为内地。此后，吴柔胜出任太平州知州、湖北运判兼主管鄂州，任期内着力进行赈济灾民，使众多灾民安度饥荒。晚年时期，因功勋卓著，吴柔胜改授直秘阁，主管亳州明道宫，又升直华文阁，授秘阁修撰。

吴柔胜有四个儿子：长子吴源，次子吴泳，三子吴渊，四子吴潜。吴柔胜去世后，朝廷追赠“太师”，谥号“正肃”。吴柔胜传世著作有《宗泽行实》十卷。吴柔胜入列明嘉靖《宁国县志·人物类科第、乡贤》。清康熙《宁国县志·人物》吴柔胜传后有编者按：明万历四十一年（1613），宁国儒学查志，宋秘阁修撰吴柔胜、左丞相吴潜系宁国县人。虽有迁宣城者，籍贯俱属宁国。云梯吴氏尚有家谱，与县志相符。

吴晦之

吴晦之（生卒年不详） 字元用，号云梯，安徽宁国云梯人。因屡次参加科举而未能考中功名，于是放弃科举在各地无拘无束地生活。晚年，吴晦之在云梯茅山筑“生香亭”隐居，与堂兄吴柔胜、同乡大慧禅师宗杲、奚士逊、郑魏挺吟诗唱和，与诗友楼钥、徐谊、戴溪、滕洪、韩沅、石岩等有交往。吴晦之著有《嚼蜡集》二十卷，收录诗文共五百余篇。郑魏挺作《序》,《序》存清道光《宁国县志》。徐谊、吴柔胜、奚士逊、滕洪、奚棿、奚林敬、仙崇礼、吴一新等人皆为《嚼蜡集》作跋。吴晦之的诗遣词自然，意境高远，艺术臻于成熟。在当时南宋都城临安，人们对吴晦之的诗、韩沅的字评价极高，时有“吴诗韩字”的美誉。《嚼蜡集》现已失传。《全宋诗》录吴晦之的诗共 12 首。《宁国府志》《宁国县志》《宣城县志》《云梯吴氏族谱》《盘山杨氏族谱》中有吴晦之的诗共 18 首。吴晦之入列明嘉靖《宁国县志・人物类隐逸》。

吴渊（1190—1257） 字道父，号退庵，宁国云梯人。吴渊自幼端庄稳重少言，学习刻苦，胸怀大志，宋嘉定七年（1214）登进士。初任建德主簿，为老百姓伸张正义，深得百姓拥戴。丞相史弥远曾与吴渊长谈，发现他才干过人，想要任命他为开化县尉，被他婉言谢绝。他认为自己才得一个职位，不能急于晋升。史弥远不再勉强他，但更认为他是一个治国人才。

吴渊任被提升为浙西刑狱时，果断平息衢州、严州盗贼之乱，深得朝廷赏识。先后任枢密院检详诸房文字兼国史院编修官、实录院检讨官兼左司、右文殿修撰、枢密副都承旨兼右司兼检正。此后，吴渊先后出任工部、兵部、户部侍郎，镇江知府兼总领，太平知州兼江东转运使，隆兴知府，江西安抚使兼转运副使，宝章阁直学士，华文阁直学士，兵部尚书，工部尚书等职。

吴渊为官以勤政爱民、铁面无私著称，对贪官污吏严惩不贷，对平民百姓体恤有加。如任隆庆知府、镇江知府和平江知府时，着力进行赈济灾民，使 187 万多名灾民得以存活。吴渊议政不顾个人安危，先是“力陈九事”，后来又提出“兴利除害二十五事”，均得到朝廷的赞许，体现了他的政治军事才能。为表彰吴渊的忠勇勤勉，宋理宗赵昀授其为资政殿大学士，封金陵侯，赐“锦绣堂”“忠勤楼”匾额，又晋爵庄敏公。

宋宝祐三年（1255）三月，吴渊兼任夔路策应大使、京湖屯田大使时，调兵两万增援四川，又力战白河、沮河、玉泉一带，击败元将汪惟立。宝祐五年（1257）正月，因有功，吴渊被授予参知政事，身列副相位，可惜拜相仅 7 天就在自荆湖回京途中去世。皇帝追赠吴渊为“少保”。

吴渊在诗词文论方面成就卓著，著有《退庵文集》《易解》《庄敏奏议》30 卷等,《词综》收录其多首词。吴渊入列明嘉靖《宁国县志·人物类科第、乡贤》。

吴潜（1195—1262）　南宋庆元元年（1195）五月初五，生于安吉州新市镇（今浙江省德清县新市镇）的临时住所。次年母亲病逝，吴潜随父亲吴柔胜回迁定居宁国。少年时期，吴潜聪慧过人，14 岁入州学，16 岁成为乡里选拔的人才。17 岁，到临川（今属江西省抚州市）拜陆九渊再传弟子邹斌为师，学习《春秋》《孟子》。宋嘉定十年（1217），吴潜以宁国籍参加科举登进士第一。是年，吴潜只有 22 岁，他成为科举时代宁国唯一的状元。

吴潜

为旌表吴潜，宋时宁国县城东有敕建的“状元坊”，宁国云梯有敕建的“状元楼”。宁国云梯曾建有“三贤祠”，该祠供奉三尊塑像，分别为正肃公吴柔胜、庄敏公吴渊、许国公吴潜。直到 20 世纪 60 年代，该祠才被拆除。

吴潜官至参知政事、枢密使、右丞相、左丞相。在此之前，曾先后到嘉兴、平江、建康、隆兴、太平、镇江、临安、福州、绍兴、庆元、宁国共 11 个府任职。在他四十余年的政治生活中，与南宋末期内忧外患相随。

宋绍定二年（1229），吴潜得到了宋理宗赵昀的重用，第一次离京外任添差通判嘉兴府，因政绩卓著，于绍定四年（1231）主管平江府，后调任尚书右郎官。此后，历任建康、隆兴、太平、镇江、临安、福州、绍兴、庆元、宁国府知府，且多以制抚、运使或总领兼任，集军政大权于一身。吴潜对百姓苦难了解颇深，他采取诸多减轻税负、劝民农桑、改善民生的有效措施，赢得了黎民百姓的拥护和爱戴。

宋淳祐六年（1246），吴潜调任中大夫，被任命为兵部尚书，主持制诰（为皇帝起草诏令），成为理宗的贴近之臣。他上书《论君子小人之进退》:“强敌入我堂奥，奸党犹在衽席，外庭纷纷，何为社稷？陛下若以正人不当收召，则是君子不足恃,《六经》不足信，而孔孟之道可废矣！万一宗社轻摇，恐天下后世书之曰：‘亡国自臣潜始。’”吴潜言辞恳切，理宗听后脸色变得严肃起来。

宋淳祐十一年（1251），吴潜任右丞相，成为股肱之臣，吴潜不遗余力地亲理政事，批览奏折每每通宵达旦。鉴于蒙古大军频频犯境的形势，吴潜又上奏《论时难不可易视》，指出：“国家不能无敝，犹人之不能无病。今日之病，不但仓、扁望之而惊，庸医亦望而惊矣。愿陛下笃任元老，以为医师，博采众益，以为医工。”诤诤之言，振聋发聩。其后，针对国家人才凋零、百姓痛苦不堪，吴潜又以儒家“举贤人”“不患寡而患不均”的思想说服宋理宗赵昀。他在《论大学治国平天下之道》中说：“窃以为治国平天下乃大学之极功，一章之内反复数百言，大抵不过贤才、货财二事而已。盖贤才见用则天下平，贤才不见则天下不平；货财不偏聚则天下平，货财偏聚则天下不平。古今治乱安危之源不出此矣。”

宋开庆元年（1259），蒙古大军企图一举灭宋。宋理宗赵昀急以醴泉观使兼侍读召赋闲在家的吴潜进宫。吴潜披星戴月地赶往京城，立即启奏《论敌恃力而中国恃理》，指出君王“宜畏天命、结民心、进贤才、通下情”，恳请理宗下“痛己之诏”。理宗迫于时局，首下《罪己诏》（皇帝把自己的过失诏告天下），并拜吴潜为左丞相兼枢密使。吴潜为国家危难着急不已，立刻再奏《论国家安危治乱之原》。吴潜慷慨陈词，针砭时弊，入木三分。不过两个月，理宗二下《罪己诏》。

吴潜犯颜直谏，迫使理宗两下《罪己诏》，理宗由此心生怨气。此时，理宗认为蒙古军已退兵，朝廷暂时无忧。特别是贾似道与沈炎等相互勾结陷害吴潜，使其不断遭贬，被调往边远之地。宋景定元年（1260）四月，吴潜被免去左丞相之职；七月，又被免去观文殿大学士之位，被贬到建昌军（今江西省南城县）；十月，被贬到潮州；次年七月，再次被贬至循州，居住在已经坍塌的州府贡院。贾似道仍然惧怕吴潜会东山再起，指派心腹刘宗申任循州知州，暗中陷害吴潜。宋景定三年（1262）五月十二，吴潜去世。

吴潜去世后，宋咸淳三年（1267），朝廷追封吴潜，为其光复大夫之职。宋德祐元年（1275），朝廷追封吴潜全部官职。宋德祐二年（1276），朝廷特追赐吴潜为“少师”。

吴潜是南宋词坛的重要词人。他的词风激昂凄劲，慷慨悲怆，题材广泛，重在抒发济世忧国的抱负，也常吐个人理想被压抑的悲愤。吴潜与同时代的文人骚客多有诗词唱和，著名词人吴文英出其门下、任其幕僚。《全宋词》收有吴潜的词共256首。明代文人梅鼎祚把吴潜的著作整理成《履斋诗馀》《许国公奏稿》等，流传于后世。吴潜入列明嘉靖《宁国县志·人物类科第、乡贤》。

吴璞

吴璞（1216—1296） 字禹珉，号觉轩，吴潜的长子。宋淳祐四年（1244），吴璞考中进士，最初任校书郎，后改任嘉兴府通制、沿江镇抚使，宋宝祐六年（1258），升任吏部尚书。入列《宣城志·名臣》。吴璞处事赏罚分明，能鼓舞将士奋不顾身地去战斗。元兵入侵两淮，他派遣大将会同吕文德在泗州击败元兵。主政镇江时，他能练兵备战阻止敌人入侵。任吏部尚书左选时，因与丁大全不和，他以身体生病为由请求辞职，时年42岁。吴璞入列明嘉靖《宁国县志·人物类科第、乡贤》。

朱文荣（1457—1528） 字道荣，号松坡，生于明天顺元年（1457），为云梯朱洁庵第九世孙。先辈都隐居在乡里未做官。朱文荣孝顺父母、友爱兄弟，为人仗义，不贪图钱财。30岁时，父母双亡，由他料理家政，家庭和睦，亲密无间。他聘请教师教年纪较小的叔叔和弟弟们读书，并亲自为他们操办婚姻大事。作为家庭的支柱，朱文荣集家庭内外事务于一身，直到晚年，也没有任何不良嗜好。他把田地、家产、器皿都让给家中的弟弟们。他的品行远近闻名，对各方亲戚的照顾也是无所不至。对有病者、缺粮者、贫穷者、孤寡者，不问认识的与不认识的，都尽力帮助。他广积善事，如修桥补路、兴办学校、设立义仓等，做好事不求人知、做善事不求回报。明嘉靖七年（1528），朱文荣病逝。宣城状元沈懋学为其题写墓志铭。

朱凤（生卒年不详） 字廷仪，号竹村，为朱文荣次子。他是县学的增生，考取太学。明正德十二年（1517）六月，孝丰县人汤九毛造反，聚众攻打宁国，所到之处烧杀掳掠。县令王廷相率领兵士赶到孔夫关防守。朱凤主动带领苦竹庄和虞家村的乡丁一道协助王廷相守关，在宁国府派来的队伍支援下，打败了汤九毛。在这次战斗中，朱凤表现突出，组织有方，武功高强，勇往直前，受到府县官员的称赞。正德十三年（1518），朱凤由太学入例贡，被提拔为承德郎，任江西庐陵县主簿，后转任临川县主簿、叶县主簿，升任宁津县县丞。后因年老退休回家。朱凤入列明嘉靖《宁国县志·人物类例贡》。

朱大有（1515—1534） 字伯亨，号二峰，云梯朱氏第十一世孙，朱凤长子。生于明正德十年（1515），幼时聪慧过人。9岁时，有客人来访，以雪梅命题，朱大有脱口而出："舞六出之奇，占百花之魁。"入学读书后，他听说理学名家邹守益在宁国讲学，便徒步跟随听讲。在明朝南京任职时，有人想行贿拉拢他，朱大有坚持退还。适逢择选士子入贡，学使想推举他，他却让给了家境贫寒的葛先生。嘉靖十三年（1534），他再次参加贡选，因突然患病，于五月二十五日辞世，年仅30岁。

朱大有娶妻段氏，生有四个儿子，长子朱一桂，太学生，任玉山县丞；次子朱一松；三子朱一柏；四子朱一梧，廪生。万历六年（1578）五月，因次子朱一松深受朝廷器重，诰封朱大有《赠朱一松之父进奉政大夫》。朱大有的草书册页作品《临王右军十七帖册》被清朝宫廷所藏，收录于清嘉庆二十一年（1816）《石渠宝笈三编》，藏于台北故宫博物院。朱大有入列清代《宁国县志·儒林传》。

朱一松（1527—1590） 号云岳先生，云梯朱氏第十二世孙。历任湖北襄阳府推官、山西大同府同知、京城刑部郎中、浙江台州通判、河南许州同知、福建漳州同知、江西建昌府兵备佥宪、江西按察司湖广道佥事、江西布政使参议等职。

朱一松

朱一松的父亲英年早逝。母亲段氏为进士段善之后，年仅29岁，带着4个孩子度日。朱一松天资聪慧，且懂事早，善解母意，学习勤奋。然而，在嘉靖三十一年（1552）乡试中，弟弟朱一柏考中了举人，自己却落榜。他一边教书，一边苦读。历经十余年，终于在嘉靖四十三年（1564）中举，第二年又考中进士。朱一松不忘母亲教诲，立志做一名好官，处事认真，廉洁清正。明嘉靖四十五年（1566），担任湖北襄阳府推官时，开展刑法教育，撰写文章以启发和感化百姓，襄阳风气焕然一新。在他调离襄阳时，当地百姓自发地在沙河、临洛一带立碑，歌颂其功德。

他在大同、刑部、台州、许州任职期间，因性情孤高，不会奉承，不近名利，常有得罪上司的事，但他仍然坚持按照自己做人的标准行事。明万历六年（1578），在福建任漳州府同知时，万历皇帝颁诏书封赐朱一松为奉政大夫，在诏书中对朱一松任职成效给予了高度评价。明万历十八年（1590）二月，朱一松在家乡病故。朱一松入列清代《宁国县志·宦绩传》。

朱一柏（1531—1597） 字应贞，号汤山先生，云梯朱氏第十二世孙。明嘉靖三十一年（1552）考中举人。他一心想考中进士，参考多年未能考中。明隆庆五年（1571），到吏部报到，被派往浙江嵊县任知县。到任后以德化民，缓于刑罚。他认为，兴办学校是为政首务；整顿吏治，必先革除各种弊端。在治理嵊县期间，朱一柏疏通河渠、大力兴建台榭、关爱民生、注重人文，使嵊县一带民风淳厚、文化兴盛。朱一柏治理嵊县的政绩颇丰，受到当地百姓的拥护和爱戴，也受到上级的嘉奖。明万历三年（1575），晋升为留都南京光禄寺署正。

朱一柏

明万历六年（1578），由署正升为江西广信府同知。后因兄长朱一松被提拔到江西建昌府任职，朱一柏依例回避，由吏部改任广东广州府同知。在管理海上船舶的税务核查中，常有人行贿，但朱一柏拒贿自洁，得到上级表彰。遇到倭寇侵犯边界、残害百姓，朱一柏组织官兵迎击，并亲自带头冲锋，捣毁倭寇的老巢、荡平海上的贼寇。广东岭南一带百姓认为，朱一柏是难得的文武兼备之才。明万历十四年（1586），朱一柏因功升职为长芦盐运使司马。原司马贿赂朱一柏，朱一柏将贿金三千两上缴国库，并让行贿者得到了应有的处置。

明万历二十五年（1597），朱一柏病逝。其著作《考亭遗训》《落花溪荒径》诸篇流传于后世。朱一柏入列清代《宁国县志·宦绩传》。

朱万理（？—1636）　字世祥，号光宇，云梯朱氏第十三世孙。明万历三十二年（1604），以国子监学生身份初任杭州府仓大使，因清廉能干而广为称赞。明万历四十三年（1615），任钱塘知县。当时倭寇刚刚被平息，百姓急需得到安抚。朱万理上任后，通过减免赋税来安抚百姓，并鼓励和督促当地百姓发展农业、手工业等，使凋敝的民生逐渐复苏。浙江学使屠羲英对其政绩给予高度评价。

朱万理办事雷厉风行，任钱塘知县时很快就将沉积多年的大小案件百余件全部结案，百姓无不拍手称快。上司要求他将全部贪赃官吏抓捕入狱，有些贪官暗中用重金向他行贿，朱万理坚决拒收。经过审理以后，朱万理责令这些贪官退回赃款并接受教育。他经常巡视各地，劝诫百姓诚信经商、耕种农田，劝导年轻人读书为重。明天启二年（1622），朱万理年老退休回乡，钱塘百姓夹道相送，痛哭道别的人数以千计，有的人扶住他的马车、不忍其离去。

明崇祯九年（1636），朱万理病逝。钱塘的一些官吏听到消息后，不惧路途遥远，到他的墓旁筑屋守孝达一个多月。朱万理入列清代《宁国县志·宦绩传》。

名人与云梯畲族乡

蓝银奶（1903—1981） 女，畲族，1903年出生，云梯畲族乡千秋畲族村千秋关人。蓝银奶年轻时习医，虽然不识字，但凭着聪明才智和勤奋，在临床诊疗中积累了丰富的中医技能。她熟悉近百种草药的性能，并能灵活地运用于临床治疗。她精通内科，特别对妇科、儿科及风寒病的诊治有比较丰富的经验。不仅能用草药治病，还能熟练地用针灸、拔罐、刮痧等技术治病。她经常利用农闲带领家人上山采药，以备病人之需。病人求药，她总是有求必应。她不仅为当地百姓看病，还经常步行到浙江於潜、孝丰一带出诊。在日常为人治病过程中，她以救死扶伤为宗旨，只收取少量费用，对贫穷患者给予免费治疗。在缺医少药的年代，她为贫困山区的群众奉献了毕生精力。她的事迹在当地传为佳话，流传至今。

李宏奎（1913—1996） 医名益龄，1913年9月出生，云梯畲族乡云梯村人。李宏奎是祖传中医第四代传人。他通过自身的勤奋学习和钻研，医术较前辈有较大的提升。他既懂医又懂药，是中医师兼中药师。他在宁东、孝丰、於潜、昌化等皖浙交界地带颇有影响。解放前，他分别在云梯、仙霞、狮桥及浙江於潜丁村开设中医诊所和药店。解放后，他积极响应人民政府号召，药店实行公私合营，他本人在云梯医院工作。1962年，为传承中医事业，由政府组织，开办中医学徒班，从全县招收学徒13名，由李宏奎亲自传授。学徒中，如吕美农，后来成为知名老中医，筹办宁国市中医院，并担任首任院长。1990年，78岁的李宏奎从工作岗位上光荣退休。

余盛和（1917—1998） 1917年10月出生，云梯畲族乡毛坦村五贵蹲人。1939年7月，中共於潜中心县委在宁国东部地区秘密发展党员，8月，经啸天乡乡公所司务长、中共地下党员郑先源介绍，时为乡公所乡丁的余盛和秘密加入中国共产党。在中共宁东区委的领导下，余盛和以乡丁身份为掩护，收集和传递情报，秘密张贴共产党的传单、标语，护送途经宁东地区的共产党干部。1941 年 6 月 9 日，根据中共宁东区委的决定，余盛和作为内应，秘密参与仙霞兵变。他和中共地下党员何必成一道，以早起外出收捐的名义，趁整理内务之机，把乡公所 18 支枪依次交叉排列在一根毛竹杠的两侧，为游击队收缴枪支提供了方便。游击队夺取枪支后，敌人怀疑他们是共产党的内应，对他们进行严刑逼供，但他们始终没有暴露自己的真实身份。仙霞兵变失败后，余盛和利用自家处在大野洼山脚、他熟悉地形的优势，为打散的游击支队长郑先源送粮食。1987 年，当时负责联络於潜中心县委与宁东区委的地下交通员严月落通过组织寻找到余盛和。1988 年，宁国县民政局按照“三老”（老游击队员、老交通员、老堡垒户）政策为余盛和落实了相关待遇。

雷水林（1932—2012） 畲族，1932 年 1 月出生，云梯畲族乡白鹿村落花坞人。1944—1948 年，在白鹿小学、仙家完全小学读书，后在家务农。1949 年 10 月，参加白鹿村农会，担任青年委员。1950 年 8 月，被中共狮桥区委调干参加中共宣城地委党校学习《中华人民共和国土地改革法》。1950 年 10 月，分配到宁国县土改工作队工作。1951 年 10 月，任中共宁国县委宣传部干事。1952 年，参加省速成语文干训班学习。1953 年 4 月，加入中国共产党，后历任县委办公室副主任、主任。1962 年，任县农水局局长。1966 年年底，受“文化大革命”冲击，到县园艺场、畜牧场参加劳动。1969 年年底起，在县农业小组、农业学大寨办公室工作，后历任县农水局、林业局局长和县农林办公室副主任。1979 年 9 月，作为少数民族代表出席新中国成立 30 周年大庆观礼。1981 年 11 月，任县人民政府副县长。1984 年 4 月起，历任县人大常委会副主任、常务副主任。1990 年 6 月，任政协宁国县委员会主席。1993 年 6 月退休。退休后，担任宁国市关心下一代工作委员会常务副主任，因工作业绩突出，2001 年，被评为“宁国市优秀党员”。

王君良（1966—2010） 1966 年 6 月出生，云梯畲族乡白鹿村小阳山人。2010 年 12 月 23 日，一个村民在祭祖时不慎引发山火，居住在失火山场附近的王君良发现火情后，迅速打电话召集村民上山救火，并率先奔向失火山场进行扑救。在随后赶来的村民共同扑救下，大火被扑灭。但王君良因体力不支昏厥在地，村民立即将其送往医院抢救，终因抢救无效不幸逝世。王君良见义勇为的事迹，被评选为“2010 年 12 月安徽省精神文明十佳事迹”。2011 年 1 月，中共宁国市委、市人民政府追授王君良“见义勇为模范”荣誉称号，并奖励王君良遗属 1 万元。2013 年 3 月，被宣城市综治委追授“全市见义勇为先进个人”称号。

艺文·书画

云梯历史文化底蕴深厚，畲族文化特色鲜明，民间文学艺术创作题材丰富。这里的千年古诗词、古书法作品精美绝伦。当代，描绘畲乡自然山水、人文历史的散文、民歌、剧本、绘画等作品充分彰显出“锦绣畲乡、多彩云梯”的无穷魅力，成为云梯文化艺术宝库中的明珠。

诗词

送梅处士归宁国

〔唐〕罗隐[①]

十五年前即别君，别时天下未纷纭。
乱罹且喜身俱在，存没那堪耳更闻。
良会谩劳悲曩迹，旧交谁去吊荒坟。
殷勤为谢逃名客，想望千秋岭上云。

千秋岭下

〔唐〕赵嘏[②]

知有岩前万树桃，未逢摇落思空劳。
年年盛发无人见，三十六溪春水高。

夜宿千秋岭下田家

〔宋〕沈与求

阴壑来悲风，薄莫吹急雨。冥冥揽寒色，咫尺暗山路。
茅檐两三家，曲涧萦竹坞。停车且问讯，欲止此何许。
老翁行步弱，扶杖倚门户。问我官何忙，野宿今无所。

---

① 罗隐（833—910），本名横，字昭谏，号江东生。杭州新城（今浙江富阳）人，晚唐诗人。举进士十年不第，遂改名。黄巢起义后，避乱隐居九华山。

② 赵嘏，字承佑，江苏淮安人，唐会昌二年（842）登进士第，仕至渭南尉。其诗七律一体造诣甚深。

向夜号狐狸，深林啸豺虎。甘心在择肉，闯首辄凭怒。
驾言往何之，一榻翁感拒。延我傍中堂，殷勤慰良苦。
解衣土锉旁，支枕憩行旅。昏然饱安眼，境寂绝猜怖。
鸡声报明发，征车犯寒去。呼灯别老翁，鼻息方栩栩。

千秋岭

〔宋〕沈与求①

山河四塞限中原，篱落而今不复存。
豺狼昼行何日息，但馀征戍满荒村。

过千秋岭

〔宋〕虞俦②

轻阴漠漠雨班班，岭上风来一解颜。
已是去天才尺五，却令缓步有跻攀。
飞泉百道萦罗带，列岫千峰拥翠鬟。
应是北堂春正满，几回回首望家山。

山庵睡起

〔宋〕吴晦之③

策蹇寻幽过草堂，困来倚枕卧禅床。
鸟啼花落东风里，睡起不知春昼长。

---

① 沈与求，字必先，号龟溪，湖州德清人。宋政和五年（1115）进士。仕至知枢密院事。《宋史》有传。著有《龟溪集》十二卷。

② 虞俦，字寿老，安徽宁国人。宋隆兴元年（1163）进士，历任绩溪县令、湖州知府、婺州知府、太学博士、监察御史、国子监丞、淮南东路转运副史、江南西路转运副史、中书舍人、兵部侍郎等职。生平崇尚白居易，家建“尊白堂”，著有《尊白堂集》,《四库全书》收其诗文6卷。

③ 吴晦之，字元用，号云梯，安徽宁国云梯人，1200年左右在世。因屡举不第，遂放浪江湖，览东南名胜，其触物遇事，得于心目者，必寓于诗，因此写诗成癖，诗集名为《嚼蜡集》。晚年在千秋岭茅山筑“生香亭”隐居，幽栖闭户不出。

灵岩石门

〔宋〕吴晦之

何年凿破混沌穴，路入朝阳小洞天。
花片不随流水去，那知深处有人烟。

次韵奚大卿追忆万卷堂同舍

〔宋〕吴晦之

自从桃李一翻新，花落花开几度春。
纵使舌存身不老，不如林下作闲人。

谢徐侍郎书来相勉就举

〔宋〕吴晦之

已向南山结草庐，闭户高枕世情疏。
更无尘绪相撄拂，只有诗魔未扫除。
鸥鹭往来知鸟绝，风波恬静见舟虚。
野人自分将何用，愧辱先生一纸书。

宁川道中

〔宋〕吴潜[①]

十日为山客，今朝问水程。
沙横疑港断，滩迅觉舟轻。
远近村春合，高低渔火明。
回头忽苍莽，一望一关情。

① 吴潜，字毅夫，号履斋，安徽宁国人。宋嘉定十年（1217）状元及第。宋淳祐十一年（1251），拜右丞相，封崇国公。开庆元年（1259），任左丞相兼枢密使，封庆国公，后改许国公。

望江南

〔宋〕吴潜

（一）

家山好，好处是三春。白白红红花面貌，丝丝袅袅柳腰身。锦绣底园林。行乐事，都付与闲人。挈榼携壶从笑傲，踏青桃菜恣追寻。赢得个天真。

（二）

家山好，好是夏初时。习习薰风回竹院，疏疏细雨洒荷漪。万绿结成帷。呼社友，长日共追随。瀹茗空时还酌酒，投壶罢了却围棋，多少得便宜。

（三）

家山好，好处是秋来。绿橘黄橙随市有，岩花篱菊逐时开。管领付尊罍。新筑就，别馆共闲台。摇手出离名利窟，掉头摆脱簿书堆。只在念头灰。

（四）

家山好，好处是三冬。梨栗甘鲜轮地客，鲂鳊肥美献溪翁。醉滴小槽红。识破了，不用计穷通。下泽车安如驷马，市门卒稳似王公。一笑等鸡虫。

（五）

家山好，结屋在山椒。无事琴书为伴侣，有时风月可招邀。安乐更相饶。伸脚睡，一枕日头高。不怕两衙催判事，那愁五鼓趣趋朝。此福要人消。

（六）

家山好，底事尚忘归。但我辞荣还避辱，从渠把是却成非。跳出世关机。将五十，老相已相催。争得气来有甚底，更加官后亦何为。奉劝莫痴迷。

（七）

家山好，一室白云中。时唤道人谈命蒂，也呼和尚说禅宗。孔佛老和同。淘汰尽，八面总玲珑。欲把捉时无把捉，道虚空后不虚空。且问主人公。

（八）

家山好，负郭有田园。蚕可充衣天赐予，耕能足食地周旋。骨肉尽团圆。旋五福，岁岁乐丰年。自养鸡豚烹腊里，新抽韭荠荐春前。活计不须添。

（九）

家山好，有底尚萦牵。马后乐听余十载，眼前赤看也多年。滋味只如然。身外事，不用强探拈。自古几番成与败，从来百种丑和妍。细算不由贤。

（十）

家山好，好处是安居。无事不须干郡县，有余但管济乡闾。及早了王租。

随日力，也著几般书。静里精神偏爽快，闲中光景越舒徐。腊月尽工夫。

（十一）

家山好，无事挂心怀。早课畦丁勤种菜，晚科园户漫浇花。祇此是生涯。

尘世里，扰扰正如麻。散复聚来膻上蚁，左还右旋壁间蜗。只为那纷华。

（十二）

家山好，百事尽如如。渴饮饥餐都属我，倒横直立总由渠。更不要贪图。

三径里，恰好小茅庐。种竹梅松为老伴，养龟猿鹤助清娱。叩户有樵渔。

（十三）

家山好，不是撰虚名。世上盛衰常倚伏，天家日月也亏盈。退步是前程。

且恁地，卷索了收绳。六字五胡生口面，三言两语费颜情。赢得鬓星星。

（十四）

家山好，凡事看来轻。一壑尽由侬饾饤。三才不欠你称停。有耳莫闲听。

静地里，点检这平生。著甚来由为皎皎，好无巴鼻弄醒醒。背后有人憎。

满江红

〔宋〕吴潜

回首家园，竹多屋，水还多竹。那更是，千峰凝翠，一溪凝绿。多谢故人相问讯，奚奴步步收珠玉。叹暮林，飞鸟也知还，寻归宿。

遍历了，岳与牧。享过了，官与禄。算平生万事，尽无不足。争奈乞身犹未可，只缘欠种清闲福。想瞿硎，仙子亦相思，山之隩。

过宁国界宿朱处士家①

〔明〕郑纪

天目幽深处，平分苦竹庄。

① 作者郑纪（1438—1513），福建省仙游县人，明天顺四年（1460）进士，仕至太常寺卿。撰有《东园文集》十三卷，续编一卷及《东园诗集》。朱处士，名文清，字道源，号养闲，是宁国县廪生，系南宋著名理学家、文学家、教育家朱熹的后裔。

山奇疑列画，水曲可流觞。
宁国家声旧，考亭世泽长。
云礽几百载，犹尔继书香。

赠朱处士

〔明〕郑纪

高人栖隐石岩隈，十亩园林一径开。
水向涧头将绿绕，山从天目送青来。
渔庄几点云藏树，书屋半间雪压梅。
中有泮庠年少者，岁寒余泽远栽培。

云梯十景诗

〔明〕吴道真[①]

云梯

太师始祖起苏城，克伐田颟来治平。
八子七孙俱显贵，六曹五府作朝卿。
贤良挺秀能攀桂，侯爵褒封可枪衡。
因此诏名垂不朽，乡乡陟彼萝英声。

商山

献奇耸秀捧天高，显尔成汤德最昭。
濯濯厥灵为土主，禳祓降福满天朝。
随时赴咸施晴雨，吐云腾雾起凤蛟。
四皓也曾来此始，至今人世颂商郊。

仙人峰

凤舞麟蟠声碧天，潵琼吐出老龙涎。
春融花暖青牛卧，岁古松高白鹤眠。

① 吴道真，宁国云梯人，字亢五。明正统十一年（1446），作《云梯十景诗》。吴道真是云梯吴氏始祖吴仁寿二十世孙，年九十而终。

柯烂棋枰有右霞，霞薰丹州起云烟。
此中妙药无人采，争得壶公秘密传。

驷车桥

我祖当年架彩虹，济人利物便西东。
丽才杜预堪同志，健笔相如仁着功。
高插斗牛成气象，广通驷马显威风。
后人修葺应无废，可效当年子产同。

香炉石

大地分留宝鸭石，葱葱渺渺笔烟生。
兴云顷刻通天露，吐雾须更代玉英。
非铸非陶成物象，自形自色变睹阴。
商山神器非凡器，霄旴腾香表志诚。

响石

土精为石屹山巅，灵及人声几万年。
小扣小鸣如解语，前呼后应似能言。
张华论鼓闻千里，师□临民用十全。
怪状混音谁可辨，直须着意间长鞭。

围棋石

天生异石落川原，高直平方势俨然。
本有仙机成对弈，世无妙着敢争先。
烂柯去后留遗迹，残局分明待后贤。
胜负至今淹岁月，曷知人世已千年。

牵牛石

石化牛童不记年，昂头垂尾踞峰巅。
不禁雨露成流汗，常与豺狼作伴眠。
未许牵锯成短纼，何须放逐着长鞭。
其间宛似桃林景，赢得奇名万古传。

镜石

毁炼由来属女娲，当时未免著妖蟆。

岂容仙女妆云鬓，敢与嫦娥竞月华。
难与佳人施粉黛，任教樵子弄尘沙。
虚灵那得知妍媸，一任风烟雾幕遮。

龟石

石似龟形世所希，空山藏六按神机。
身埋云守经风雨，足蹑松冈息是非。
五纵灵含幽显寿，几番苔长绿毛衣。
曷成钻灼夸肠梦，未与凡人卜祷祈。

云梯奇石

〔明〕仙克谨[①]

云梯奇石六种，宋淳熙三衢项君题其名不朽，余以诗纪之。

棋盘石

蓬莱有二客，携手下云梯。
看破输赢局，不争子著棋。

镜石

映月夜生白，磨风尘断红。
古今人好丑，都照在空中。

牵牛石

引鼻纵天窍，蹊田非我俦。
云山深啸傲，蓑笠翁焉求。

乌龟石

回首苔成碧，九畴安在哉。
鬼神应爱宝，尝令赤文灰。

香炉石

似鼎非由铸，方壶不用模。

---

① 仙克谨（1562—1642），字仲恒，宁国仙家村人。明万历三十五年（1607）进士。历任隆平（今河北省隆尧县）知县，建安（今福建省建瓯市）知县，朝官部曹，兵部职方司郎中，山西兵备道副使，巡抚山西副都御使。晚年居家，著述颇多。

暗香浮动处，烟淡雾轻乎。

响石

于喁不异声，邪许如相贷。

君意欲无言，聊还酬应债。

千秋关怀古

〔明〕朱可雷[①]

今朝遥忆旧时关，风景登临又一般。

古驿残碑樵径外，烽寿断壁暮烟间。

空余深堑成荒陇，不改崇墉壮帝闲。

翘首岭头和所有，无心出岫白云闲。

千秋岭晚眺

〔明〕朱可雷

一峰岧峣漫比伦，雄峰拔起匹昆仑。

重关天际云霞锁，乱石崖前虎豹蹲。

秋草何年埋废井，斜阳几处照颓垣。

追思罗隐留题句，诗与山名万古存。

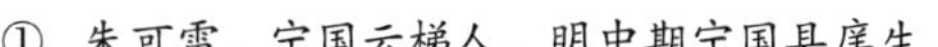

① 朱可雷，宁国云梯人，明中期宁国县庠生。

散文

走过大野洼

黄国华

初识大野洼，是在 30 多年前，我毕业分配的第二年。

那年，参加宁国县驻云梯公社“基本路线教育工作队”，我被安排在茅坦大队（现为建制村）任工作组组长，因而有幸在这大山深处生活了大半年时间。

茅坦村地处天目山脉西北麓，以盛产高品质笋干而闻名省内外。这儿的竹林，纯天然自生自灭，混交于原始森林中，漫山遍野，浩瀚如海。雨水连绵的春夏之交，是采笋的旺季。鲜笋采下后不宜久存，必须尽快去壳、盐煮、烘干。这季节，全村男女老少齐上阵，无不忙于采笋、剥笋、制笋干。当然，这是往日的情景，现今笋产品加工和经营多样化，且交通便利，货畅其流，再无须那样繁忙。

笋干作坊大多分布在远离村舍的山坳里，以便于就地加工而不必将笨重的鲜笋运回村里。待笋干制毕，用竹篓、箬竹叶包装成古朴的销售品，再一担担挑出山外。茅坦村最为偏远的笋干作坊，就在村东边的“大野洼”。

大野洼山高路险，人迹罕至，其中人工建筑唯有这座笋干作坊。说是作坊，其实就是几间简陋的棚屋，内有煮笋的大灶和必要的工具。每年采笋季节，村里选派若干壮劳力，带上油盐粮食，吃住在大野洼加工笋干，任务完毕后下山。此后，这座棚屋便任凭风吹雨打，一直闲置到来年复用。

茅坦人常以神秘的口吻叙说大野洼的故事，但真正去过大野洼的人并不多。这让我深感好奇而心向往之。

仲夏时节，我向大队干部提议：上大野洼看看吧！

古道登山

择一个晴朗的日子，我和大队书记、民兵营长以及两个村民向导一行5人，开始了大野洼之行。

向导背着棉被、酒和食物，营长背着一杆步枪。我很诧异："带被子、带枪干嘛？"

听了他们的解释，我才明白这是必须的。上大野洼，当天很难返回，须在山上夜宿。大野洼包裹在崇山峻岭中，植被茂密，野兽出没，带枪以防不测。当然，枪和子弹是在上级规定的权限内使用，并不违规。

去大野洼，路难行，稍显便利的小道自古唯有一条。山道在丛林中高低盘旋，若隐若现。途中叫得出名的地段有三官、枫树湾、棋盘岭、上棋盘岭、杨柳坑、金竹湾等。我觉得"棋盘岭"之名最具形意，这峰峰岭岭犬牙交错，羊肠小道迂回其中，恰似游走于棋盘！

山道上断断续续有一些不事雕琢、随势摆放的石阶。观其磨损的痕迹，已然久经沧桑。向导介绍，听祖辈说的，这山道是古代密道，由此穿越大野洼往来于浙皖，可以绕开千年古关壕堑关、孔夫关和千秋关，自古以来，多少匪徒、军探、信使走过这条密道。

壕堑关就在进出茅坦村的必经之路上，残垣犹在，"壕堑关"石刻字迹清晰可辨。过此关，西通宁国县，南通临安县。由此关往东北方向，另有蹊径通往宁国县与安吉县交界的孔夫关。在茅坦村西边相隔几座山川的千秋岭上，千秋关扼守着另一条通往临安县的浙皖通道。从大野洼密道可以看出，古关隘防的是明路，却防不住暗道，不被逾越和偷袭的万全雄关应该是不存在的，所谓"一夫当关万夫莫开"，那只是理想而已。

向导拿手一指："看！那个山头叫作分赃坪。从前，土匪流寇盗抢的财物，就在那个山头分赃。"

顺着向导指示的方向看去，"分赃坪"乃是大野洼区域的一座边峰。以茅坦村海拔700多米的基本高度估计，其高度应在1000多米。茅坦村老林深山，自古天高皇帝远，匪徒游勇肆虐，此山名"分赃坪"，就是昔日蛮荒历史的见证。

边走边聊，不觉日过中天。问向导："目的地还有多远？"回答说："就在前面，大约一个多小时可到。"

抬眼望去，隐约可见作坊棚屋一角，直线距离大约300米。

就这点路程要用一个多小时？不禁暗自感叹：真是"看山跑死马"啊！

遭遇蚂蟥

一路上，时不时见到蛇、蜥蜴、野鸡、松鼠，还曾见到在崖壁上蹿跳的猕猴。我怕蛇，手里拿着一根竹棍，一路上敲敲打打，用以“打草惊蛇”。

就在接近大野洼的途中，偶然发现我的脚踝流着血，不疼不痒，甚觉奇怪。向导习以为常的淡淡地说：“没关系的，旱蚂蟥咬的，吃饱了，走了。”

过去做知青时，曾在水田里被蚂蟥咬过，而今在大山上遭遇蚂蟥还是第一次。这又让我长了见识。

想起曾在报纸上见过报道，前往我国唯一不通汽车的藏南墨脱县，途中必经一段蚂蟥区。另见资料说过，旱蚂蟥主要分布在热带和亚热带湿润地区，如西双版纳、雅鲁藏布江大峡谷等地，海拔范围一般在 1000 米至 3000 多米。也就是说，旱蚂蟥的生存需要优越的生态环境。茅坦村一带的小区域环境不同于周边，这里终年水汽缭绕，空气和土壤湿润，动植物丰富，冬无严寒，夏无酷暑，所以也是旱蚂蟥的理想栖息地。

旱蚂蟥两端有吸盘，一端吸附在草叶或灌木枝叶上，另一端悬空，遇有人和动物触碰，便瞬间转移到人和动物身上。蚂蟥的口器能分泌一种麻醉剂，咬破人的皮肤不会让人有知觉，同时还分泌一种抗凝血剂，使伤口血液稀释，以利于通畅吸血。茅坦村民采笋时，必穿厚厚的长筒布袜（俗称山袜），一防蚂蟥，二防毒蛇。然而防不胜防。我曾亲见有人背脊被蚂蟥侵犯的，是从衣领处爬进去的，饱血的蚂蟥足有手指般粗细。

这以后的路上，我可是小心翼翼，仔细避让着草木荆棘。当需要抓住草木攀爬的时候，必先仔细审视有没有蚂蟥再伸手。

今天写这篇游记时，我恍然明白，人类不必抱怨自然界暗藏着险恶，优越的自然环境本应该包含完整的生态系统。旱蚂蟥以及多种有潜在危害的动物之存在，恰从一个侧面佐证了天目山脉生态系统的完整性。

这不是妄言，科技文献有记载：天目山脉有兽类 74 种，鸟类 148 种，爬行类 44 种，两栖类 20 种，鱼类 55 种，昆虫类 2000 多种，其中国家级珍稀动物 37 种；天目山脉是我国中亚热带林区高等动植物资源最丰富的区域之一，保存着长江中下游典型的森林植被类型，是公认的“物种基因库”。

茅坦村位于天目山脉腹地，极具“物种基因库”的生态魅力。这是我对茅坦村的感受之一。

艳阳升起，露水隐退，旱蚂蟥渐渐藏身难见踪迹。而到了大野洼的高处开阔地带，因为风大，温度偏低，空气略显干燥，旱蚂蟥也基本绝迹。

大野洼黄山松（2014年摄）

以我的体会，春夏季去大野洼，为防蚂蟥之扰，最好选晴日，且待露水晒干之后。要不，你得加强防范措施。

无限风光

全程差不多用去 4 个小时，我们终于到达大野洼宿营地——那座简陋的棚屋。

狼吞虎咽地扫荡了简单的午餐，我便迫不及待地投入大野洼的怀抱。

天目山脉知名高峰有 5 座：第一清凉峰，海拔 1787 米；第二龙王山，海拔 1587 米；第三西天目山，海拔 1507 米；第四大明山，海拔 1490 米；第五东天目山，海拔 1479 米。龙王山系安吉、临安、宁国三县的界山，世称“浙北第一峰”，又称“宁国第一峰”。

大野洼黄山松（2014年摄）

大野洼就在临近龙王山主峰之处，由此向北偏东不远可达峰顶。

“大野洼”是口传俗名，却非常达意：一为大，二为野，三为高山之洼地。以现代语言说，大野洼就是一个大而深藏的山地峡谷。它呈东北—西南走向，蜿蜒几公里，间距阔处上千米，窄处几如巷道。大小三十几条露岩的山脊斜刺里速降于峡谷，造化出沟壑纵横、峭壁突兀、怪石林立的峡谷风光。

伫立于高处，耳边伴着林涛，极目远眺，只见群山逶迤连绵，苍茫不见人烟。少顷，一种莫名的气场萦绕心绪。是豪迈？是空灵？是超脱？说不清。我想，大约这就是人们常说的“仙境”之感觉吧！

举目四顾，漫山浸淫着春色，森林新发嫩绿，无数木本的草本的山花正在绽放，晕染成恢宏而瑰丽的画卷。时令已是仲夏，而此刻又见人间四月天。恍然有悟，白居易游庐山香炉峰，所写《大林寺桃花》诗中，难怪要写：“人间四月芳菲尽，山寺桃花始盛开！”

游黄山，赞叹黄山的奇松怪石，游大野洼也有类似的感触。崖壁边，有几株苍松似曾相识，俨然迎客松的风骨。花岗岩顽石狭缝中扎根的松树，遒劲的枝干向阳横伸，托起厚重而扁平的树冠，不知餐风饮露生长了多少年。营长指着一棵茶杯粗的小树说：“这树别看它小，少说也有上百年，结实得很呦！”他端起枪，抵着树干开了一枪，子弹没有穿透树干。

距今3.5亿年前，天目山脉所在区域还是一片汪洋，其山体形成于1.5亿年前的燕山期，属江南古陆的一部分。火山活动和冰川的切磨，鬼斧神工般造就了天目山脉独特的地形地貌，它被称为“华东地区古冰川遗址之典型”。兴致所致，我指着山谷中诸多奇特的坑凹和“飞来石”，貌似专业地解说着：“这些……那些……都是第四纪冰川活动的杰作……”

大凡好山必有好水，是水滋养着龙王山的灵秀。茅坦村有两大溪流——毛坦河与沙湾河，四季长流不息，皆滥觞于大野洼及其周边山谷。毛坦河流入临安市天目溪入富春江，属钱塘江水系。沙湾河以及仙霞镇的孔夫河流经安吉县汇入苕溪，属太湖水系。

现今，龙王山下的安吉县章村镇，根据上海地理学会专家组考证龙王山为“黄浦江源头”之结论，打出了“黄浦江源第一镇”的旅游名片。实际上，同在龙王山麓的茅坦村，是应该称为“黄浦江源第一村”的。彼为“第一镇”，此为“第一村”，二者各得其所。再者，茅坦村水分二系，也是可以称之为“吴越双江源”的。

大野洼的泉水（2015年摄）

大野洼的泉水（2014 年摄）

大野洼之水，确切地说，应该叫作山泉，是由原始森林覆盖的山石中涓涓渗出，纯净、甘洌、千丝万缕汇成溪流。溪流在乱石中迂回隐现，时而在浅滩处静如明镜可见娃娃鱼自在游弋，时而聚成激流在乱石堆中翻腾飞溅，时而又在断崖处形成瀑布。

瀑布之下一般都有水潭，大小深浅不一，这取决于瀑布的水量和高差。大野洼最大的水潭叫作“龙湫”，碧绿不见底，从不干涸，相传古人常在此潭祭龙求雨。我想试探一下“龙湫”的深度，丢下一块石头，许久，才见到石块触底后产生的气泡浮上来。

然而我更喜欢那些疏如珠帘的轻型瀑布，静坐一旁观之、听之，那情景犹如演绎着唐诗《琵琶行》中的意境：“大弦嘈嘈如急雨，小弦切切如私语，嘈嘈切切错杂弹，大珠小珠落玉盘。”

只恨时间太短，还有好多胜景未及亲近，已是夕阳西归，身骨也疲惫不支。

披着晚霞，带着留恋，我们匆匆折返宿营地。

山宿偶得

云海渐起，只露出几座较高的山巅，夜幕徐徐降临。

黑黝黝的山峰与星空融为一体，再没有日光下的高耸感。在这大山深处，因为远离尘霾和城市灯火的干扰，月亮星星显得特别明亮和清晰，令人产生伸手触摸的欲望。

站在棚屋前的空地上，凝望妙不可言的夜空，一时间犯了恍惚：天穹何以这样低呢？我是在天上还是在地上呢？

夜间的大野洼更加清凉，穿上毛衣仍有几分寒意。想起苏东坡《水调歌头》中的词句："我欲乘风归去，又恐琼楼玉宇，高处不胜寒。"料想苏东坡一定常有登高遇寒的生活体验，否则写不出如此绝妙的以景寓情的佳句。

屋子里的火坑生起了火，上方吊着一只不知何年就吊在这里的熏得黢黑的陶制茶壶。我们围坐在火堆旁，品茶、聊天、准备晚餐。

有人提议："小黄同志第一次上大野洼，应该吃点新鲜玩意儿。"

我说："在村里，吃过最美味品种的鲜笋、野蘑菇，还经常吃到笋卤炒腊肉，还有什么更好吃的呢？"（笋卤，制笋干时煮鲜笋的卤水，经封存发酵后作酱油用，富含氨基酸、维生素，营养丰富，味道鲜美）

书记说："很简单。"又指着向导说："你们抓些石鸡来，快去快回！"

两位向导拿起存放在屋檐下的竹篾火把，提一只采笋的大布袋，点燃火把，匆匆地消失在夜幕中。

我此前没见过石鸡，只听说过，石鸡是一种生活在大山沟石缝、石窟里的珍稀蛙类，体型大，成体体重一般几两，是一道山珍美味，古时也常在贡品之列。

大约个把小时，抓石鸡的回来了。好厉害，半袋石鸡，估计有十多斤！袋子里还不停地发出"咕咕咕"的叫声。

我惊奇，这样短的时间里抓到这样多的石鸡。向导解释说："大野洼山沟里有很多石鸡。这东西夜晚出洞找食吃，火把照着不会跑，容易抓。不过，有石鸡的地方常常有蛇，大蛇吃石鸡，小蛇被石鸡吃，要当心被蛇咬着哦！"

料理石鸡不用扒皮，去肚肠清洗后，只加点泉水、盐和笋卤，放锅里焖煮。当然，此刻棚屋内找不到其他佐料，也只能如此简单料理。一会儿工夫，香喷喷的石鸡盛上来，满满的一大脸盆。大家一人一碗白酒，席地而坐，大快朵颐。那味道之鲜美，回味无穷。当时我就赞叹这石鸡是天下第一美味，今天回忆起来，更觉得它是天下第一美味。

过了这么些年，仍很惦记大野洼：那儿还是原生态吗？石鸡还很多吗？最近了解得知，大野洼依然如故。因为，随着村民们赚钱的渠道增多，大野洼几乎无人去惊扰它的幽静。

酒酣夜深，熄灭了火坑、火把，我们和衣躺在草垫子地铺上就寝。棚屋内并不黑，皎洁的月光从窗洞和栅栏墙的缝隙飘进来，柔柔的银白色，视觉如黑白照片般单纯。疲劳加饮酒，高山上又无蚊子叮咬，而我却久久不能入眠。索性半闭双目，以耳朵享受这高山之夜。

屋外，森林在微风下窸窣作响，昆虫的低吟此起彼伏，远处变幻的流水声如呢喃细语。偶尔，几声夜鸟的惊啼，又或几声哺乳动物的长啸，刹那间划破山谷的幽静……

山谷里的声音太丰富、太美妙、太诱人。这就是“天籁”——远离红尘喧嚣的大自然的固有声响。往日，我只知道用“天籁之声”形容动听的音乐，今晚在大野洼才真切理解，“天籁”源于大自然，有着人工不可复制的内涵。听着，品味着，思绪渐次铺展……

我向来不敢写诗，那夜却有了写诗的冲动。趁着没有睡意，索性搜索枯肠琢磨诗稿，聊以赞美龙王山大野洼的壮美风光。诗曰：

七律

游龙王山大野洼

浮玉[①]列岫吴越国[②]，
龙峰[③]北镇钱塘波。
摩天须行棋盘路，
济海始由山泉河。
红尘纷争俊杰少，
桃源养晦英名多。

① 浮玉，天目山的古名。

② 吴越国，五代十国中的一国，由浙江临安人钱镠所创建，以杭州为西府，越州（绍兴）为东府。其范围包括今浙江省的全部与江苏省的苏州、福建省的福州。历三代五王，至公元978年归宋，历时近百年。

③ 龙峰，诗中指龙王山，为天目山脉第二峰、浙北第一峰或宁国第一峰。

自古蓬莱[1]觅无处，
八仙驻此不蹉跎。

茅坦行

石泽凤

在途中

车行进在蜿蜒曲折且越来越陡峻的路途上，沿途的绿扑面而来，这绿是核桃树的绿，也是翠竹的绿，更是空气清新的绿。此前我们经过了城市也经过了河流、田野、村庄，一路坦途之后，崎岖之感让人顿生新奇与怯意，可此刻，这一切都被这迎面而来的绿意而消解。我畅快地呼吸着新鲜的空气，把从城里带过来的疲惫与不适之感暂且抛掷到了一边。作为一个农民的女儿，我坦言自已与自然的接触是越来越少了，这一方面是自身的疏懒所致，另一面是生存环境的潜在压迫：一颗原本活泼的心越来越消沉，也越来越懈怠。对自然，以及那些原生态植物的爱，多半都化成了迢迢的梦境。

我们此行要去的地方——茅坦，其实早已谙熟于心，而关于它的想象在若干年前就频繁出现在我的脑海中：大概三十年前吧，当我还是一个上着小学的少年时，我就隔着一个山坡呼吸过它的空气，只是那次以一个走亲戚孩子的身份与它擦肩而过了。

随着道路的逶迤延伸，越来越多的山核桃树取代了更多的其他树木。众多的山核桃果实沉甸甸地坠在枝头，同行者因第一次见识这些原本只能在超市才能见面的果实而兴奋不已。再过一个多月这些果实就会再次走出枝头，离开它们的故乡了，也许冲出山里才是它们的出路，然而山里的这些岁月却滋养了它们的清香与蕴藉。

山行约莫二十分钟左右，隐隐有房屋出现，多半是两到三层看起来气度不凡的楼房，每隔几十米远才会出现一幢，且被大山所掩映，在向晚时刻，四周一片寂静：这些房屋的主人多半进入了晚餐时刻。或者有相当一部分走出山外寻生活去了。生活就是这样，有人走出去，有人走进来，在彼此交替中，一幅幅画卷被徐徐打开。

---

① 蓬莱，神话传说中的人间仙境之一，八仙过海的故事与此有关。诗中喻八仙到了龙王山不再忙着寻求仙山。

毛坦人家（2012 年摄）

茅坦之夜

晚餐之后大概已经是夜晚八点左右。天已经完全黑将下来，只有隐隐的灯光以及天上冒出的星星点缀着这夜晚的山村。大家齐聚在我们落脚的房屋前的小河边闲聊，声音显得空旷而安静，一阵凉风吹过来，声音就似乎随风而逝了，给这山村的夜晚增添了奇异的魅惑。屋前屋后的山黑魆魆的，庄严而神秘，仿佛是这小村子的守护神，一言不发却自有威力。

河水发出隐隐约约的流淌声，似乎怕破坏了这乡村夜晚的静谧，间或有三两只萤火虫在河上飞来飞去，打眼一看却又不知躲藏到哪里去了，同行的正上小学的小男孩被逗弄得好奇心大发，总想看过究竟，却总无法遂愿。于是男孩的母亲以及男孩邀上我一道沿着夜晚的山村水泥小道往外走。约莫十几米开外，是一片浓密的竹林和不知名的小树丛。只见许多小小的亮光在树丛中穿梭往来，时高时低，光线时明时暗：这正是男孩向往不已的萤火虫发出的亮光，我们追寻过去，越来越多的飞动着的光几乎晃了眼。呵，这不正是我幼时老家夏夜的情景吗？那时我和弟弟通常会准备一个小墨水瓶，把捉来的萤火虫放置其中，看它们在其中团聚之后集体放光的效果，常常会开心不已。

小男孩好不容易在妈妈的协助下逮了一两只萤火虫。终于遂了心愿。于是我们继续沿着水泥小道往前走，夜越来越黑了，远处的房子在幽暗中发出昏黄的光，暖暖的让人心生柔软。不过我又暗自质疑：这房子里的主人能扛得住这寂静的夜晚吗？常年如一日他们如何度过？我问自己，如果是我能在这里待多久？答案是，作为客居，可以，作为长居，也许需要耐得住寂寞的心。正在这么胡思乱想着，忽然发现路旁边的小河里传来一线亮光和一阵哗哗声，原来是有人在夜色中涉水而行。我远远地问对方，你在河里逮鱼吗？对方回到道：不是，是在水中走走。这时才发现说话的人是个中年女人。你一个人不害怕吗？我继续问。不害怕，习惯了，舒服得很呢。你们是从哪里来得？她问。城里，我答道。要不你也下来走走？她邀请说道，我说不了。中年女子一口当地口音，却与人很快很熟络，毫不拘谨。

告别了涉水而行的中年女子，我们三人开始走回头路，此时已经是夜晚九点左右了，微风拂面，万籁俱寂，同行的其他人开始陆陆续续地进屋了。

毛坦人家（2012 年摄）

茅坦的清晨

我发现自己是被清晨的第一缕阳光和鸟鸣所叫醒的。长期以来养成了晚睡晚醒习惯的我，这天醒来时却只有四点多，看看外面天已经大亮。我让自己继续睡下去，却丝毫没有睡意，大脑清醒得仿佛被清洗过一般。平常每天醒来之后关于隔夜的梦境，关于未来一天的思虑在此刻的大脑里没有丝毫生存的土壤。我看到了阳光，听到了鸟鸣，我感到那个心事重重的自己毫无心思。有时人清空自己的杂念需要终其一生，而有时就是那一瞬间：我看着窗外，那满是葱绿的山，在此刻庄严而生动，与我心照不宣。

畲乡片影

朱谱清

看见

东南，去宁国百余里，便是云梯畲族乡。

云梯，千秋，白鹿，茅坦。我大致知道畲乡有这么几个村子，我也行走过其中的两个村子。但仅凭偶尔的几次行走和偶然的看见，我对他们还是知之甚少。他们散落在西天目莽莽苍苍的山脉中，如同一枚枚浓郁秀逸的胸针，别在皖浙两兄弟一衣带水的襟前。这是仅仅个人是视觉上的认识或解说词般的概说，然而任何事物，仅仅停留于感官，不免以偏概全，不那么可靠。

车过白鹿（美妙的地名，据说是朱熹的后裔在此居住），往更深远的山村里去，弯曲的山路隐约浮现。它是山间灰白的珠链（以前更多是泥土、沙砾的颜色），我们是慢慢移动的爬虫。不过这些爬虫都在夏日午后的某一刻放松了身心，置身其间，满眼的绿意让久居城里的人似乎有所思有所悟。

山溪。民房。村庄。古树。沿途可见断续可见。它们都有副好性子，不喧哗不争论，耐得住寂寞。不管人来还是不来，人多还是人少，寂寞地安守着自己，像每个人心中保存的故乡模样，即使老屋坍塌了、衰败了，那都是岁月沉积的痕迹。都是大地的一部分、时光的一部分、生命的一部分。

次日回城时，我们在白鹿的某一处山坡停下脚步。抬望眼，山色苍翠空蒙，远处仙霞小镇隐隐藏在山下。发现身后一丛芦花开得正盛。请小儿留影，他按下快门，我翻看，发现蓝天、青山纯粹动人，上面显示的时间是 2012 年 7 月 5 日上午 9:10。而画面上的这个人已近中年，或正以更快的速度滑入岁月深处。

此刻不再，看见的上一秒时间消逝。转眼成为个人的历史，或大地浮尘的万分之一。

对山河姓名的凝视

地球原本很大。人终期一生，无法穷尽其山、河、湖、海，以及城市、村庄及其中的人。那些奥秘在我们内心缠绕，引人遐思。有人选择行走大地，有人则喜读纸上山水，不过方式不同而已。

地球也可以很小。地球被压缩，装进书本、装进手机、装进口袋、装进手掌都不是问题，现在是快时代、快生活，只要百度一下鼠标一点，你就可以在五大洲、七大洋上空俯瞰神游，暂时脱离身边社会经济转动的呼呼风雨。

要来畲乡之前，我特地在电脑上进行了一番云游。现在，手中又有一份地图：云梯乡地名图，1:80000，意味着图上1厘米可以容纳800米山水。它是简略的黑白两色，省界、乡界、公路、村庄、山脉……均以简笔勾出，像极了微缩水墨。弯曲的公路、蜿蜒的河流只是线条粗细、浓淡略有区别而已，余下的则是密密麻麻的名字。

仔细端详这些名字，发现它们不仅好听，而且富于意蕴，引人遐思。是谁留下这一串串温暖的山河姓名？而今已无从考证。

给每一条河每一座山取一个温暖的名字，面朝大海，春暖花开，这是海子的愿望。那么，一定是先人更早懂得这个道理，他们散怀山水，爱怜那里的山川小河，以树木、以月亮、以奔跑的马、以勤勉的牛，以鸟兽虫鱼命名，给这些大地上的事物（命名至今温暖、别致）。我想象那多像每个父母面对新生命来临，面对自己的血脉，免不了的激动和葆有持续的热情。

父母赋予孩子生命，赋予孩子姓名，一个家族延续了。而山河的姓名，有的响彻云天，成为众人景仰膜拜之地；有的则隐藏在岁月深处，为不多的人所念所知。不过想想看，人站立的位置超不过你双脚的位置，即使走得再远，那邮票大的故乡和人物，怕是你终身不忘的呢喃和絮语。就像沈从文之于凤凰，走得再远，那沅水、那沱江总是牵扯不断，即使去了，还要将一把骨灰留在听涛山。

也许倍感亲切的，只有身边的山河姓名，知道你的生、也将知道你的死。

凝视或默念。兹摘抄如下地名：

云梯、千秋、白鹿、茅坦。

铜岭关、千秋关、壕堑关。

落马桥、落花坞、白沙坞、桃树坞、半月塘、鹁鸪塘、方家塘、核桃湾、枫树湾、黄莺山、棋盘岭、牛皮岭、黄龙出动、白鹤老仙……

山中一夜

茅坦。五贵蹲。到达时，天近黄昏。

酒菜已摆上饭桌，热情的乡、村主人或许早已等候多时。不及寒暄，执筷举杯，鸡蛋、竹笋、南瓜叶、苦菜、小鱼、土鸡，都是舌尖上美味。

在席间，我能感受到乡、村有识之士对于地方发展的理想和热情。我想，那份热情大概来源于对所处所居山水的喜爱，当然也包括对乡村幸福生活的谋划、畅想以付诸行动的奔走。都是些热血的人、劳碌的人、有理想的人，我的敬意在那沉默的酒杯里。

饭毕，到山中走走。只有几户人家的小山村在夜色下更加安静。可以听到小溪轻轻流动，竹林、树影顶端飒飒的风声。还有流萤，不止一两只，它们是聚会还是欢迎？弄不清。总之有那么多闪烁在林间，已多年不见了。

最喜是小儿，端的好奇，要抓回一只看看。“它们提着绿色的小灯笼，在竹园里飞来飞去，好像地上的小星星。”

这在我们儿时，与萤火虫贴近、与野草为伍，本是稀松平常的事。可是现在，大多数城里孩子的童年是干枯、缺少野趣的，这是否与钢筋水泥大厦迅速占领泥土有关。仰头看那些水泥房子，冰冷、压抑，防盗窗、防盗锁一重又一重，想想有时也厌倦，可我们还是不得已一个劲往里钻。想起在山溪中洗脚玩耍的妇女，那般自由自在，畅快淋漓，这我们绝对比不上。

还是不想这些了。

此时，翠竹、核桃，各种叫不出名字的树，全都成了夜的暗影。蟋蟀、夏蝉，还有各种叫不出的鸟虫，它们弹琴复长啸的声音显得温柔似水。我走近听一听，不过它们内里的喧哗与骚动——这自然之神的细微话语，似乎来自另一国度，我们之间缺少了翻译。

此刻，山林更静，星光的清辉依稀洒落。此刻，树叶安睡树枝，树根安睡大地，青山怀抱自然的孩子，渐渐入睡。

无法描述的河流

要拜访的是一条河，一条并不知名的河。她只是静静在那里，习惯了在时间的长河中沉默不语。

如果秋天熟透，或者有略微的秋霜，无疑增加了对拜访对象的诗意想象。显然现在不是，但并不妨碍。四时有四时的好，亦存在四时的妙，都是不可或缺的生命体验。夏天山间的河，因为饱蘸雨水，在大地在山涧流过的时候，显得格外轻灵洒脱（确实也看到了这种跳跃！不过已掺进了些许人工的痕迹）。

沿着茅坦乡村便道，一直缘溪行，始终是绿色及新鲜的空气包裹着我们。出省，浙江郎村的一处古桥吸引了我们。同行的文史专家对此很感兴趣，极力要论证一条河和另一条河的关系（据说，沙湾河是黄浦江的源头）。

“幸福，是你沿着这条霜迹之路／去拜访一个人／一名古人”。我想，我们此番要找寻的这条秘密小河，也是一名古人吧。其实，不管某条河的源头在这里或是那里，它们都是大地的孩子，而且比我们不知要古老多少辈、谦逊多少倍。在那茅坦村高大的石碑前，一群人留影。早晨的阳光洒在我们每个人身上，身后是静静的竹林，更远处——是一条小河安卧大地的痕迹。那时，我好像只是远远地看着她那清瘦的身影，匆忙并且潦草，甚至忘了走近。

人世间，有多少事物无法对你描述。包括这条河，但我记住了她的名字：沙湾河。

千秋关散记

芮海林

千秋关，位于天目山西麓，涓湍青碧，风景如画，风情温馨，人杰地灵。这里是安徽省唯一的少数民族畲族聚集地——宁国市云梯畲族乡。1994 年在全市率先跨入全省小康行列，同年又被国务院授予“全国民族团结进步先进集体”称号。

千秋关，又名千秋岭，雄居安徽宁国市云梯畲族乡境内。关分皖浙界，岭高数百仞，公路盘旋，云烟缭绕。古人有“已是去天才尺五”,“列岫千峰拥翠寰”的诗句，唐代诗人罗隐“回望千秋岭上云”之佳句，描写了千秋关的险峻形势和雄奇灵秀的天然之美，曾经牵动多少文人骚客的诗兴。

车停关下，由关底登山，破雾而上，耳边山泉叮咚，如琴如瑟；眼前竹翠花香，杜鹃似锦；栗树如伞，栗子旬旬，不由得使我想起宋代晁公翔的“风韵栗房开紫玉”和清代郎兰皋“忽闻街头炒栗声”的诗句来。不到半个多小时，便来到关口。“千秋关”关口古朴典雅，一段残缺的城墙，成为安徽与浙江的“分水岭”。“千秋关”关口为深深的石拱门，石拱门上显目的“千秋关”三个大字，笔力遒劲，嵌镶在拱门的石壁之上。令人叫绝的腾空飞架的千秋渡槽，如神龙盘关。穿过石拱门即到了西天目山的浙江省杭州辖区临安市境内。

千秋关，名曰之关，地势险要，兵家必争。大有“一夫当关，万夫莫开”气势。古人颂此“称雄不让丸泥封”。相传，五代后梁吴越国和南宋王朝建都于杭州，都视千秋关为都城的外围屏障，曾建关扎寨，设立炮台，屯兵镇守这里。为了抵御金兵，在此筑千秋关、孔夫关、铜岭关、壕堑关。如今连绵的山顶上还遗留着宋代工事的遗迹。如腾兵穴、跑马槽、战壕、瞭望哨卡等，尤其是遥望蜿蜒二十余里、长满青草的跑马槽，仿佛金戈铁马的古代战争呐喊和抗金英雄的悲壮身影又展现在眼前，勾起你多少遗恨和沉思……

千秋关，因高入云端，如今还成为畲民的“晴雨表”。久旱时，岭头云起辄雨；久雨时，关上云散必晴。当地有句口头禅：“千秋关戴‘帽’（指云雾），不是下雨就是打雹。”

千秋佳境，旖旎诱人。山歌悦耳，动听迷人。近年来，云梯畲族乡大力发展旅游业，已成为天目山一黄山的“黄金旅游热线”，全市重要旅游景点之一。如今，千秋关名胜已被载入《中国名胜词典》，为中华胜地的一大景点，中外游客络绎不绝。

千秋关下的50多平方公里的云梯畲族乡，资源丰富，万木森森。多年来坚持“山下竹园，山上山核桃”的农业种植模式，满山遍野的山核桃、笋干竹，成为畲民的“绿色银行”。据不完全统计，全乡四个村，1700多户人家98%种植笋干竹，年均产竹笋

千秋关上的跑马槽遗迹（2008年摄）

千秋关关门（2008年摄）

6000 多吨，笋干 600 吨，产值 1400 万元。畲乡笋干“色泽青绿黄亮，香气清馥芬芳，肉厚鲜嫩可口”而倾倒中外消费者。四十多岁的农民徐长春，组建“宁国市长春绿色食品有限公司”，带领畲民致富，一举成为市农业产业化龙头企业。2011 年全乡农民人均纯收入超万元，位居全省 9 个少数民族乡之首。如今，这里已成为全国闻名的“笋干之乡”“早笋生产基地”。

近年来，千秋关还爆出一个冷门——花泥。这种花泥有着日晒不变色，雨淋不结块，松软湿润的特点，其“黑如漆，形如粉，饱含氮、磷、钾。”花泥天生丽质，功能奇特，能助花木早发、色艳、形美、杆壮，是栽培花卉草木的绝佳土壤，据测能开采近百年，经销商还将其标以“西湖花泥”畅销省内园林，热销港澳等地。

中秋节的一天、在千秋关下云梯村采访，中午时分来到畲民家作客。一杯香茶刚入肚，只见一位亭亭玉立的畲族姑娘端上一碗碗红红的米甜酒，站在你的面前，那美丽的脸庞、甜甜的笑容映在红红的酒中，情深意切，真是盛情难却，使人领略到“醉酒先醉人”的感受。“感情深，一口闷”，几碗下肚，觉得肠在发烧，脸在发烫，手在发热。后发制人的“畲乡红”，终于将我撂倒，我头脑一时昏昏，飘飘然然，仿佛爬上“云梯”，去游览千秋关的金戈铁马的古战场，欣赏竹林摇曳、笋干飘香、泉水潺潺、鸟语花香的天堂美景……

据乡干部介绍：这是一个畲汉组合的家庭，女主人是畲族后生名叫蓝龙英，男主人是汉族后代杨金树。因为，我们得知这个家庭 9 个子女全是大学生的新闻，所以驱车前往采访。在依山而建的别墅式的楼房里，杨金树告诉我们，近年来，他们乡里高兴的事特别多，仅大学生涌现了 40 多位。他的家庭可谓喜上加喜，9 个子女（包括儿媳、女婿）全都陆续考上大学，当上了“状元”。其中 4 个考上博士后，另外还有 1 个在德国，1 个在澳大利亚，如今全都走上工作岗位，大都在本市当人民教师，被誉为“状元人家”。蓝龙英说:“现在党的政策好，使我们收入增多了，日子过得舒服了。培养子女读书上大学，目的是多学本领，回报祖国，回报家乡。”

汤公山赏花记

天际飞鸟

汤公山海拔 1130 米，位于宁国云梯、杨山与浙江临安横路交界处。山上天然生长着大片高山映山红，这些映山红已有近千年的历史。目前正是映山红开放之时，趁周末

汤公山上的映山红（2016 年摄）

我们出行汤公山。

4 月 27 日上午八时自驾出发，经一个多小时后到达宁国云梯畲族乡千秋畲族村。天气没有想象的给力，绵绵的细雨一直没有停歇。路途也没有想象的简单，持续向上的坡度，因雨而变得泥泞的山路，穿着雨披撑着雨伞的不便、众多高矮不一的石坎都给攀爬增添了难度，一路上，雨水、汗水、泥浆交互混杂，驴友们艰难地向着山脊上行。

踏上岩石，攀过岩壁，抬头的瞬间，当一束红红似火的映山红惊现眼前时，一片“哇，哇”的惊叹声在队伍里响起。上行至山脊，满山遍野的映山红如锦似霞。一簇簇的映山红树枝如一团团红色火焰铺盖着山峦，远看朦胧隐约，近看鲜艳欲滴。花儿朵朵各具其形，各显神韵。这一朵尽情绽放娇艳婀娜，那一朵含苞待放欲语还休；这一朵低垂枝头脉脉含情，那一朵昂首挺胸气宇轩昂；这一朵浓烈似火热情奔放，那一朵柔情似水承珠带露。这满山的烂漫让驴友们陶醉了，忘乎所以地玩耍起来。一忽而在这一簇边驻足，一忽而又钻进那一簇躲藏，或微启朱唇轻咬花瓣，或巧手轻择施以发间，嬉笑声、惊呼声伴随着相机的咔擦声此起彼伏，不绝于耳……

沿着山脊缓缓地向前，欣赏着一株株形态迥异的映山红，在花丛中、花枝旁留下了欢快的身影。穿过了一座又一座山峰后，下山回到停车点。

映山红又名杜鹃，是中国十大名花之一。古今中外有不少文人墨客作过赞诵映山红的美文诗句，其中著名诗人白居易就曾经这样描绘它："闲折二枝持在手，细看不似人间有。花中此物是西施，鞭蓉芍药皆嫫母。"宋代杨万里也写过一首颂扬映山红质朴、顽强的生命力的诗："何须名苑看春风，一路山花不负侬。日日锦江呈锦样，清溪倒照映山红。"更有诗人这样赞美它："回看桃李都无色，映得芙蓉不是花。"一路上我们见证了映山红的美丽和顽强。这些映山红根基大多生长在岩缝间，黄褐色的枝干光滑细腻，或屈曲蜿蜒或攀根错枝，形态不一却各具风韵。树干高的达三四米，低的才刚及膝，花丛或大或小。其中一棵被我们称为"花王"的树冠直径有五六米宽，花朵密密匝匝，可以远观，也可近亲。这些如火如荼的映山红真不负"花中西施"之盛名。在花丛中穿行、在花海间流连，这充满魅惑的花海，总使人有无限的遐想，身处花海中我们不就是那花中仙子、美丽的仙女吗？在闲暇之余有幸亲临其间，乐满心田。

汤公山花王（2016 年摄）

民歌

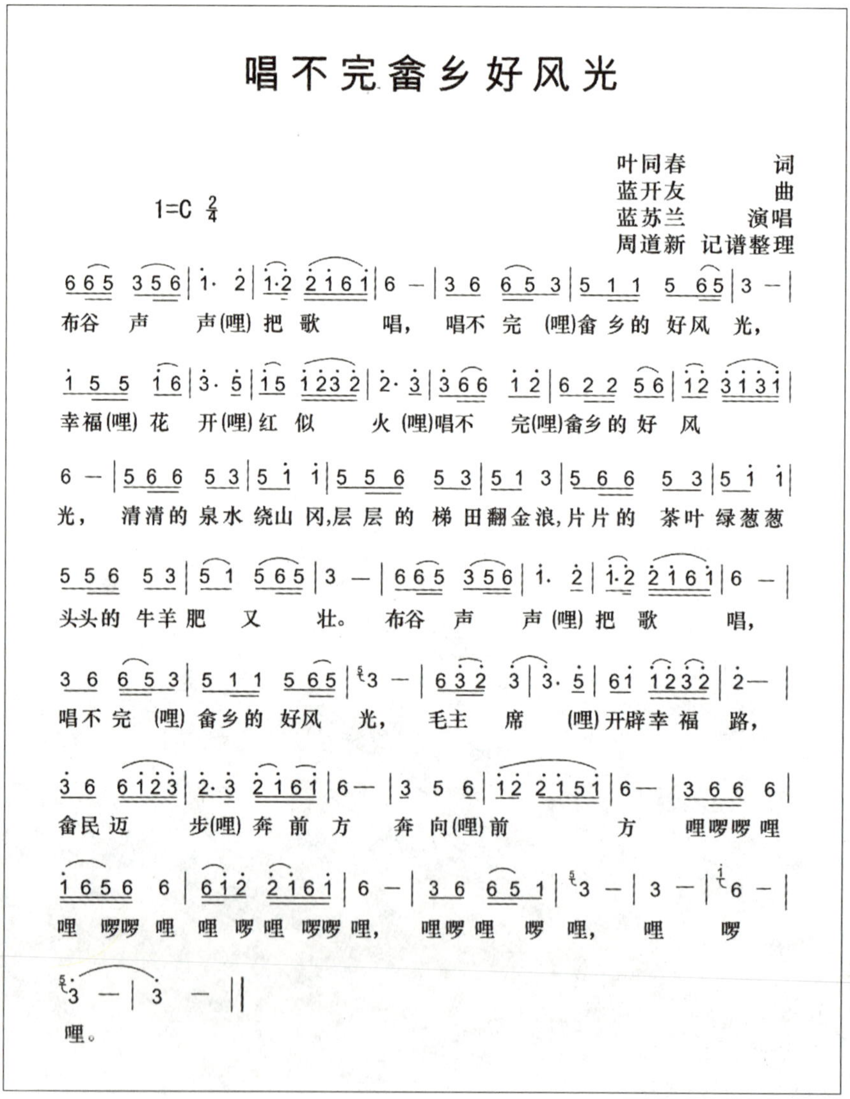

唱不完畲乡好风光

叶同春 词
蓝开友 曲
蓝苏兰 演唱
周道新 记谱整理

1=C 2/4

布谷 声 声(哩)把 歌 唱，唱不 完 (哩)畲 乡 的 好风 光，
幸福(哩)花 开(哩)红 似 火 (哩)唱不 完(哩)畲乡 的 好 风
光， 清清的 泉水 绕山 冈,层 层 的 梯 田翻金浪,片片的 茶叶 绿葱葱
头头的 牛羊 肥 又 壮。 布谷 声 声(哩) 把 歌 唱，
唱不 完 (哩) 畲 乡 的 好风 光， 毛主 席 (哩) 开辟幸 福 路，
畲民 迈 步(哩) 奔 前 方 奔 向(哩)前 方 哩啰啰 哩
哩 啰啰 哩 哩 啰 哩 啰啰 哩， 哩啰 哩 啰 哩， 哩 啰
哩。

歌曲《唱不完畲乡好风光》

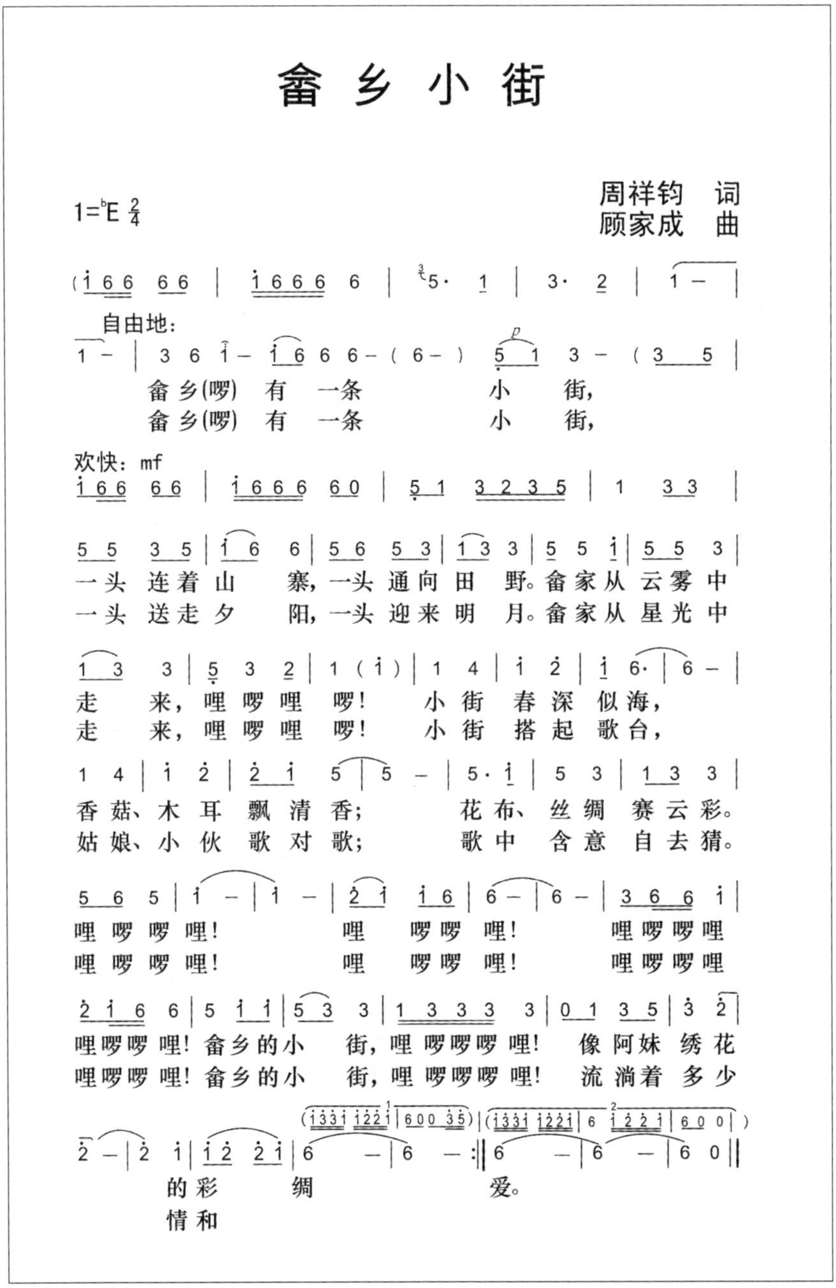

畲乡小街

1=♭E 2/4

周祥钧 词
顾家成 曲

(i̇66 66 | i̇666 6 | 5· 1 | 3· 2 | 1 – |

自由地：
1 – | 3 6 i̇ – i̇6 6 6 –（6 –）5 1 3 –（3 5 |
畲乡(啰) 有 一条 小 街，
畲乡(啰) 有 一条 小 街，

欢快：mf
i̇66 66 | i̇666 60 | 51 3235 | 1 33 |

55 35 | i̇6 6 | 56 53 | 13 3 | 55 i̇ | 55 3 |
一头连着山 寨，一头通向田 野。畲家从云雾中
一头送走夕 阳，一头迎来明 月。畲家从星光中

13 3 | 5 3 2 | 1（i̇）| 1 4 | i̇ 2̇ | i̇ 6· | 6 – |
走 来，哩啰哩 啰！ 小街 春深 似海，
走 来，哩啰哩 啰！ 小街 搭起 歌台，

1 4 | i̇ 2̇ | 2̇ i̇ 5 | 5 – | 5· i̇ | 5 3 | 13 3 |
香菇、木耳 飘清香； 花布、丝绸 赛云彩。
姑娘、小伙 歌对歌； 歌中 含意 自去猜。

5 6 5 | i̇ – | i̇ – | 2̇ i̇ i̇6 | 6 – | 6 – | 3 6 6 i̇ |
哩啰啰哩！ 哩 啰啰 哩！ 哩啰啰哩
哩啰啰哩！ 哩 啰啰 哩！ 哩啰啰哩

2̇ i̇ 6 6 | 5 i̇ i̇ | 5 3 3 | 1 3 3 3 3 | 0 1 3 5 | 3̇ 2̇ |
哩啰啰哩！畲乡的小 街，哩啰啰啰哩！ 像阿妹 绣花
哩啰啰哩！畲乡的小 街，哩啰啰啰哩！ 流淌着 多少

(i̇3̇3̇i̇ i̇2̇2̇i̇ |1. 600 35) | (i̇3̇3̇i̇ i̇2̇2̇i̇ | 6 |2. i̇2̇2̇i̇ | 600 |)
2̇ – | 2̇ i̇ | i̇2̇ 2̇i̇ | 6 – | 6 – :| 6 – | 6 – | 6 0 ||
的彩 绸 爱。
情和

歌曲《畲乡小街》

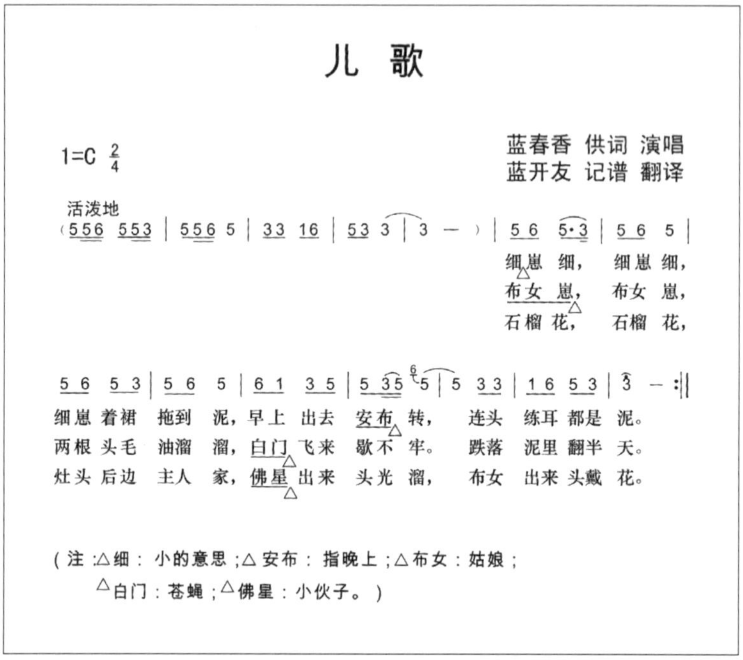

儿　歌

1=C $\frac{2}{4}$

蓝春香　供词　演唱
蓝开友　记谱　翻译

活泼地

（556 553 | 556 5 | 33 16 | 53 3 | 3 — ）| 56 5·3 | 56 5 |

细崽细，　细崽细，
布女崽，　布女崽，
石榴花，　石榴花，

56 53 | 56 5 | 61 35 | 5 35 5 | 5 33 | 16 53 | 3 — :‖

细崽着裙　拖到　泥，早上　出去　安布　转，　连头　练耳　都是　泥。
两根头毛　油溜　溜，白门　飞来　歇不　牢。　跌落　泥里　翻半　天。
灶头后边　主人　家，佛星　出来　头光　溜，　布女　出来　头戴　花。

（注：△细：小的意思；△安布：指晚上；△布女：姑娘；
△白门：苍蝇；△佛星：小伙子。）

歌曲《儿歌》

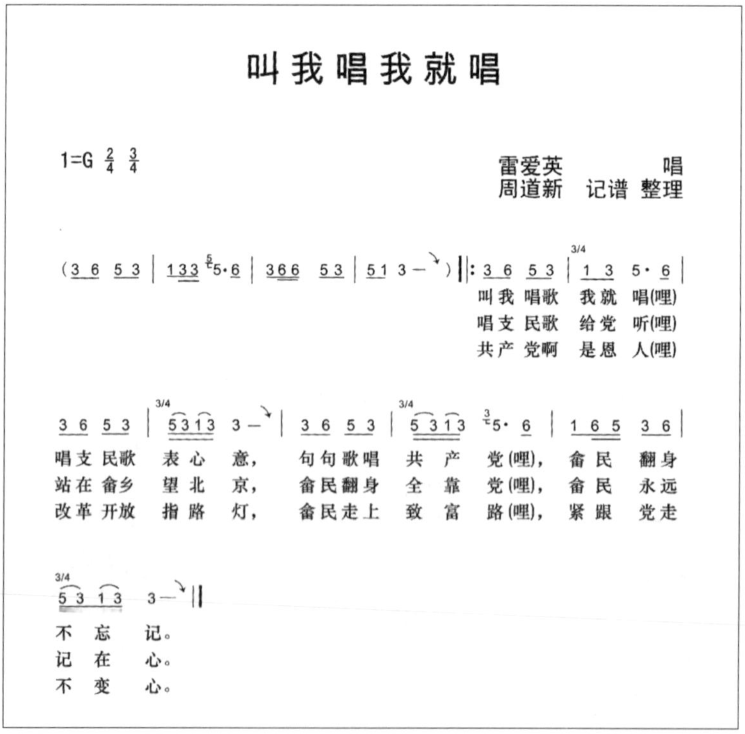

叫我唱我就唱

1=G $\frac{2}{4}$ $\frac{3}{4}$

雷爱英　唱
周道新　记谱　整理

（3 6 5 3 | 133 5·6 | 366 53 | 51 3 — ）‖: 3 6 5 3 | 1 3 5·6 |

叫我　唱歌　我就　唱(哩)
唱支　民歌　给党　听(哩)
共产　党啊　是恩　人(哩)

3 6 5 3 | 5313 3 — | 3 6 5 3 | 5 313 5· 6 | 1 6 5 3 6 |

唱支　民歌　表心　意，　句句歌唱　共　产　党(哩)，　畲民　翻身
站在　畲乡　望北　京，　畲民翻身　全　靠　党(哩)，　畲民　永远
改革　开放　指路　灯，　畲民走上　致　富　路(哩)，　紧跟　党走

5 3 1 3 3 — ‖

不　忘　记。
记　在　心。
不　变　心。

歌曲《叫我唱我就唱》

竹海林声

1=D 2/4

蓝开友 词曲

愉快，优扬地

(6 6 1 3 3 5 | 6 5 6 6·1 | 5 6 1 6 5 2 5 | 3 — ||: 3 3 5 6 6 1 |

5 3 2 1 6 | 2321 5621 | 6) | 6 6 1 3 5 | 6 6 1 |

山青　青
东山　竹
竹海　林

6 6 1 5 3 2 5 | 3 — | 3 3 5 6 6 1 | 6 1 5 3 2·3 | 5 5 3 2 3 2 1 |

水清　清，满山满坡早竹林，风吹竹林
西竹　林，南北相连竹海林，竹海林间
竹海　音，竹海林间传歌音，歌音声声

6 1 2 1 6 | 3 3 5 2 3 2 1 | 6 1 2 1 6 | 6 — | 1 6 1 1 2 |

哗哗响，(哩啰哩啰哩啰哩，)竹波
有歌音，(哩啰哩啰哩啰哩，)悠扬
颂党恩，(哩啰哩啰哩啰哩，)畲乡

5 3 2 3 | 3 6 1 6 5 3 | 2 2 3 | 5 5 3 2 3 2 1 | 6 1 2 1 6 :||

随风一层　层，竹波随风一层层。
歌音真动　人，悠扬歌音真动人。
竹海真喜　人。

渐慢

5 5 3 2 3 2 1 | 6 1 2 1 6 | 6 — |

畲乡竹海真喜人。

歌曲《竹海林声》

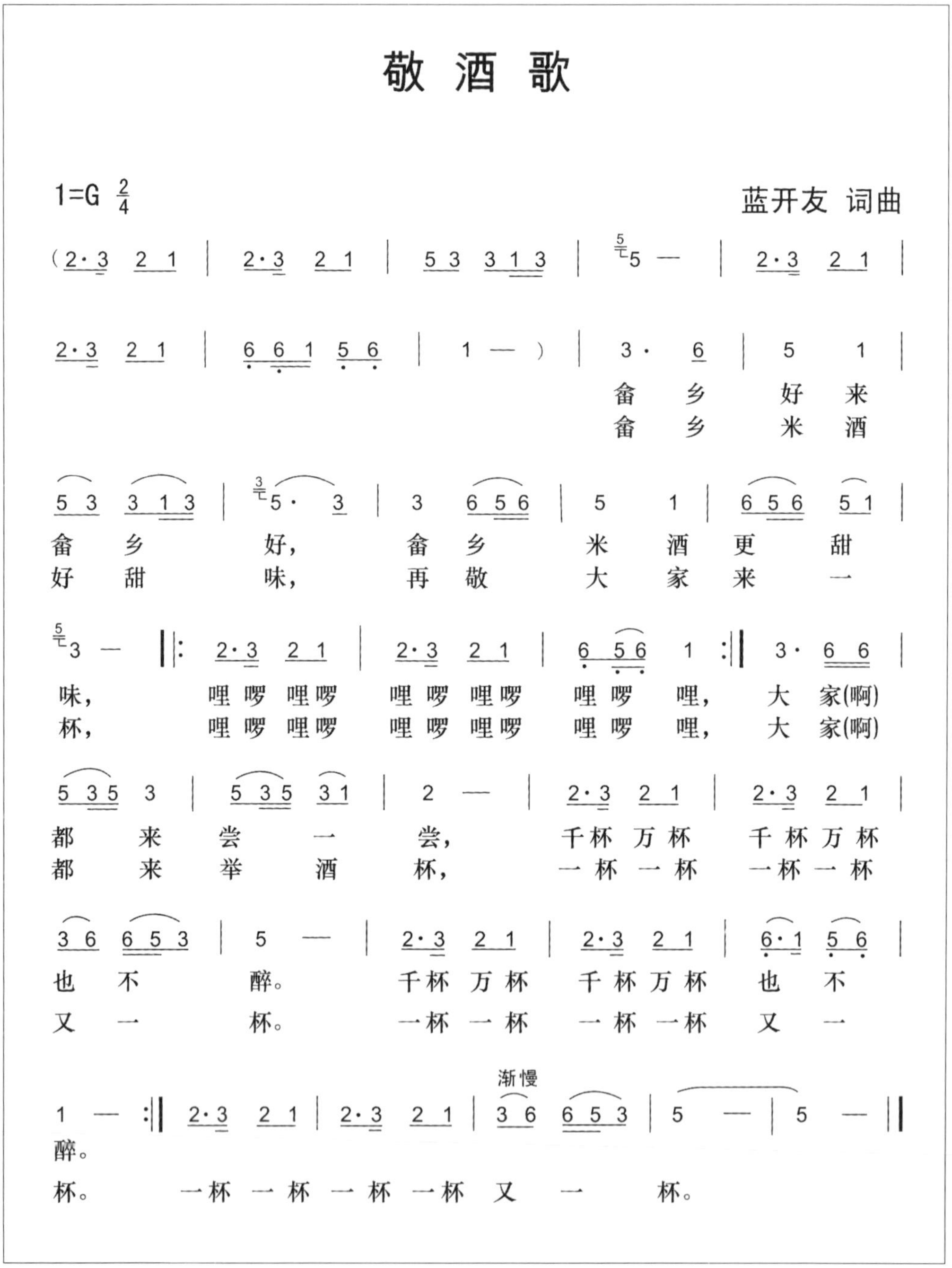

敬酒歌

1=G 2/4

蓝开友 词曲

（2·3 2 1 | 2·3 2 1 | 5 3 3 1 3 | 5 — | 2·3 2 1 |

2·3 2 1 | 6 6 1 5 6 | 1 — ）| 3· 6 | 5 1 |

畲 乡 好 来

畲 乡 米 酒

5 3 3 1 3 | 5· 3 | 3 6 5 6 | 5 1 | 6 5 6 5 1 |

畲 乡 好， 畲 乡 米 酒 更 甜

好 甜 味， 再 敬 大 家 来 一

3 — ‖: 2·3 2 1 | 2·3 2 1 | 6 5 6 1 :‖ 3· 6 6 |

味， 哩 啰 哩啰 哩 啰 哩啰 哩 啰 哩， 大 家(啊)

杯， 哩 啰 哩啰 哩 啰 哩啰 哩 啰 哩， 大 家(啊)

5 3 5 3 | 5 3 5 3 1 | 2 — | 2·3 2 1 | 2·3 2 1 |

都 来 尝 一 尝， 千杯 万杯 千 杯 万 杯

都 来 举 酒 杯， 一 杯 一 杯 一杯 一 杯

3 6 6 5 3 | 5 — | 2·3 2 1 | 2·3 2 1 | 6·1 5 6 |

也 不 醉。 千杯 万 杯 千 杯 万 杯 也 不

又 一 杯。 一杯 一 杯 一 杯 一杯 又 一

渐慢

1 — :‖ 2·3 2 1 | 2·3 2 1 | 3 6 6 5 3 | 5 — | 5 — ‖

醉。

杯。 一杯 一 杯 一 杯 一杯 又 一 杯。

歌曲《敬酒歌》

猜谜歌

1=C $\frac{2}{4}$

蓝春香 供词 演唱
蓝开友 记谱

轻松 愉快地

(6 2 1 6 6 | 6 7 6 3 6 | 6 2 1 6 6 | 6 7 6 3 6 | 6 1 1 | 6 —) | 6 3 6 1 | 1 6 2 |

甲：猜歌人(哩) 晓得
甲：猜歌人(哩) 晓得
甲：猜歌奴(哩) 晓得

1 6 6 | 6 3 6 1 | 1 6 | 6 6 2 | 1 6 6 | 6 7 6 3 6 | 1 6 2 | 1 6 6 |

什(呀)那△ 摇(哩)晃(哩) 晃, 晓得 什 那 红绿 绿 (哩),晓得 什(呀)那
什(呀)那 在(哩)山(哩) 林, 晓得 什 那 会结 籽 (哩),什那 结(呀)籽
什(呀)那 连(哩)绳(哩) 过, 晓得 什 那 会结 籽 (哩),什那 结(呀)籽

6 2 1 6 1 | 1 6 | 6 — ‖: (6 2 1 6 6 | 6 3 6 :‖ 1 — | 6 —) | 6 2 1 6 | 6 3 6 |

单(哩) 个(哩) 肩? 乙：歌古还你 猜歌 人
嚇(哩) 倒(哩) 人? 乙：歌古还你 出歌 人
肚(哩) 内(哩) 乌? 乙：歌古还你 出歌 奴

1 — | 6 2 1 6 | 6 6 3 | 6 1 1 | 6 — | 6 2 1 6 | 6 6 7 6 | 3 6 1 |

(哩) 晓得 海(呀) 水 摇(哩) 晃(哩) 晃, 晓 得 高 龙△ 红 绿 绿 (哩)
(哩) 晓得 栗△(呀) 子 在(哩) 山(哩) 林, 晓 得 栗 子 会 结 子 (哩)
(哩) 晓得 丝(呀) 瓜 连(哩) 绳(哩) 过, 晓 得 丝 瓜 会 结 子 (哩)

1 6 2 | 1 6 6 | 6 2 1 6 1 | 1 6 | 6 — :‖

晓得 牛(呀)牯 单(哩) 个(哩) 肩。
栗子 结(呀)子 嚇(哩) 倒(哩) 人。
丝瓜 结(呀)籽 肚(哩) 内(哩) 乌。

(注：△那：么的意思；△栗子：带刺的板栗包；
△高龙：天上的彩虹)

歌曲《猜谜歌》

《金竹岭》剧照，演员徐建华（左一）饰钟兰花，宋根国（右一）饰雷大华，陈艾香（中）饰麻雀嫂（1980 年摄）

剧本

1979 年 1 月，宁国皖南花鼓戏《金竹岭》参加安徽省专业剧团文艺调演，胡永杰获编剧三等奖，王本儒、汪振高获导演二等奖，周荣华获作曲二等奖，黄宝琛获美术设计奖，徐建华获演员二等奖，宋根国、陈艾香获演员三等奖。1983 年，剧本发表在安徽人民出版社出版的现代戏选集《春燕》上。1984 年，安徽电视台将《金竹岭》录制成电视戏剧片播放，并改名为《畲山情》。

畲山情（节选）

胡永杰

时间　现代

地点　畲乡翠竹岭

人物　雷大华——社员

麻雀嫂——社员

钟兰花——公社医院医生

[远处层峦叠嶂，近处毛竹成林。

[幕启：山深谷幽，时而有两三声阳鸟的叫鸣。钟兰花手拿药锄、身背药篓，载歌载舞地上。

钟兰花 （唱）哩罗嗬哩，

兰草花开香沁沁，

春风阵阵伴伢行；

畲山渺渺望不尽，

不知哪是翠竹岭。

我，钟兰花，在仙霞公社当医生。表姐三番两次要给我度亲（方言，即结亲）说翠竹岭有个山客叫雷大华，劳动好，人也好，就是有点傻。今天进山采药，表姐还硬要陪我去相相那位山客，这多难为情啦！我便自己悄悄地进了山，不想一进山就迷了路，这怎么办哪？

[焦急地四下张望。

[幕后，伴着清脆的笛声，传来大华粗犷洪亮的山歌。山歌声中，大华腰别篾刀，手执竹笛上。

雷大华 （唱）哩罗嗬哩，

畲家生来爱唱歌，

山歌要比星星多；

翻山越岭歌引路，

松竹伴唱泉水和。

钟兰花 （听到山歌，喜出望外地）哎呀真好，岭头上有人，让我问他一问。

（唱）山上唱歌山下和，

山客唱支问路歌。

雷大华 （唱）对得山歌再指路，

山客问路先对歌。

钟兰花 山客请！

雷大华 （唱）什么开花不结果？

什么无花结果多？

什么一年花一朵？

什么开花摞打摞？

钟兰花 （唱）丹桂开花不结果，

银杏无花结果多；

百合一年花一朵，

葛藤开花摞打摞。

雷大华 （唱）什么生来真稀奇，

头尖皮厚腹空的；

小来能吃不能用，

长大能用不能吃。

钟兰花 （唱）山中竹笋生得奇，

头尖皮厚腹空的；

小来能吃不能用，

长大能用不能吃。

杜鹃花开满山坡，

畲家山歌比花多，

恕伢采药不陪唱，

秋后再盘丰收歌。

雷大华 山客，行街鲁相。（畲语：同志，从这里上。）

钟兰花 待翁住！（畲语：对不起！）

[雷大华注视着上山的钟兰花。

雷大华 （唱）哩罗嗬哩，

满山毛竹青又青，

众人汗水育成林；

一场春雨竹笋壮，

山客采药要当心。

钟兰花 晓得哟。这个山客看山还蛮负责任的。（下）

雷大华 这个山客怪喜辣的。

[突然发现远处放牛娃，便大声招呼道：

“哎，放牛娃子，出笋子的时候，牛莫要往竹林子里赶噢！”（幕后应）“晓得哟，大傻哥喂！”

[山谷回声阵阵。

雷大华 （憨笑）你听你听，连放牛娃子都喊我大傻哥，其实呀，我叫雷大华。

（唱）大华嘴傻人不傻，

遇事爱说公道话；

谁做好事我夸谁，

谁占便宜我尅他；

丁是丁来卯是卯，

根是根来桠是桠；

有人见伢满亲热，

有人见伢头皮麻。

莫看照山是件轻巧活，其实呀，是最得罪人的事。前几年，制度没有制度，就是有，也没得人执行。春天挖笋子，秋天砍竹子，你管他，他比你还凶。如今，实行了责任制，这片竹山包给我看管，我可要负责任。谁要是来砍竹挖笋，他就是天王老子地王爷，我也要一管到底。

[左右眺望，见无动静，便在一块石头上坐下编茶篓。

[麻雀嫂腰系围腰，身背竹篓，干净麻利地上。

麻雀嫂 （唱）满眼菜花黄，

我打猪草忙，

备足猪饲料，

好插早稻秧。

打过西坑坞，

来到翠竹岗，

围腰兜不下，

快往篓里装。

[放下背篓，解开围腰，装草，揩汗，发现雷大华。

麻雀嫂 （嬉笑地）哟，这不是大华嘛，看你哟，又是看山，又是编茶篓，钱都给你一个人挣去了。

雷大华 你还不是一样，种田养蚕又喂猪，一年肥猪出槽好几头，票子直往你荷包里淌哩！

麻雀嫂　怎么，你看着眼馋啦！那你就快点找个能干的婆娘呗……

雷大华　麻雀嫂，你就莫笑人了，哪个妹子会看上我这个穷光蛋。

麻雀嫂　莫要说那没志气的话，我今朝上山就是特地……

雷大华　（打断地）打猪草，是吧？

麻雀嫂　是的哟。

（唱）我家两头猪，

肚子实在大，

一顿要一桶呃，

拿它没办法。

雷大华　会吃就肯长哩！

麻雀嫂　那还用说。

（唱）逮来五个月，

长了二百八，

端阳抬去卖哟，

请你吃猪杂。

雷大华　麻雀嫂，猪杂吃不吃倒不要紧，你打猪草可要小心，莫碰断了笋子。

麻雀嫂　你呀，就晓得笋子竹子，竹子笋子，个人的事就……

[幕后传来牛叫声。

雷大华　哎呀，那是哪家的牛跑到竹山上去了！

（边吆喝边下）嗨哧！嗨哧！

麻雀嫂　（笑看远去的雷大华）你看你看，我正要跟他讲度亲的事，他却跑了。看他那认真的样子啥。认真认真，不得人心，二十八岁，还没成婚，我要是不给你介绍呀，哼，硬是要打一辈子光棍。（系好围腰，又去打猪草）哟，你看这块猪草长得多好哟！

（唱）看这竹林旁，

猪草长得旺。

……

书画

朱大有[①] 草书

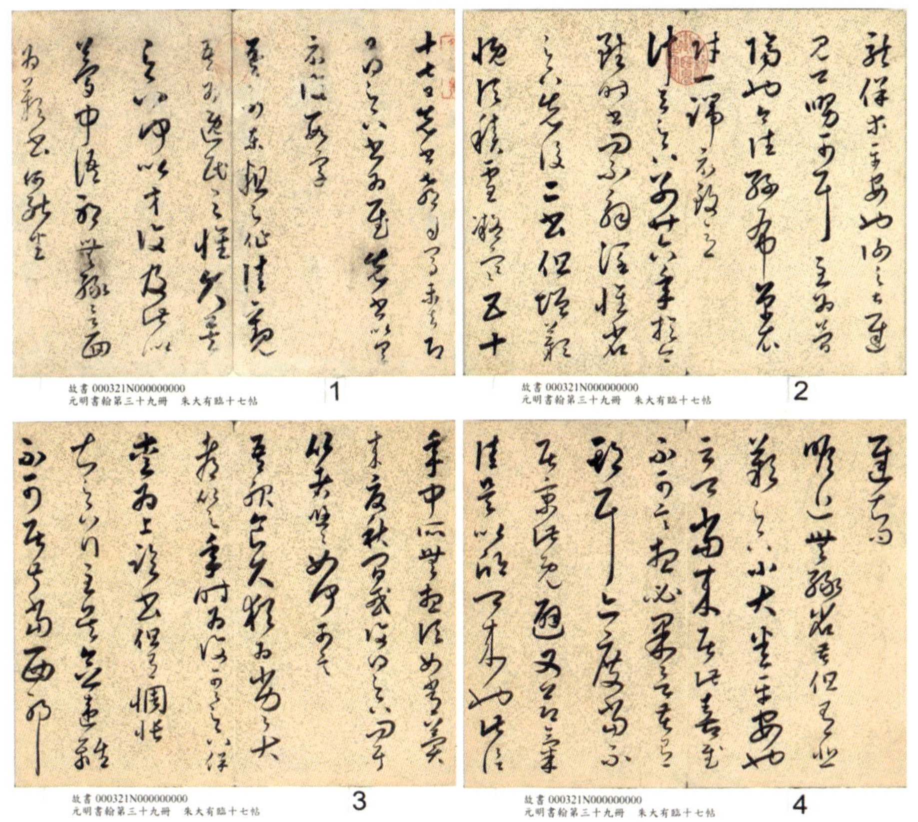

① 朱大有（1515—1534），字伯亨，号二峰，云梯朱氏十一世孙，入清代《宁国县志・儒林传》。朱大有的草书作品被清朝宫廷所藏，收录于清嘉庆二十一年（1816）《石渠宝笈三编》。草书册页《临王右军十七帖册》现藏于台北故宫博物院。该册页有 12 开，每开均 29.2 厘米 ×35.9 厘米，总共 99 行，每行字数不一，共 661 个字。

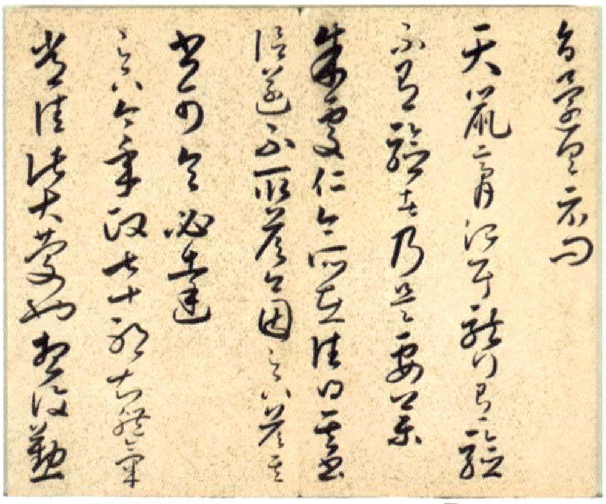

故書 000321N000000000
元明書翰第三十九冊　朱大有臨十七帖
5

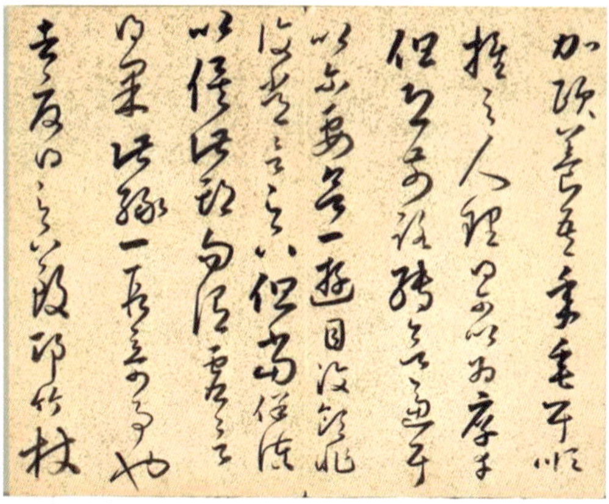

故書 000321N000000000
元明書翰第三十九冊　朱大有臨十七帖
6

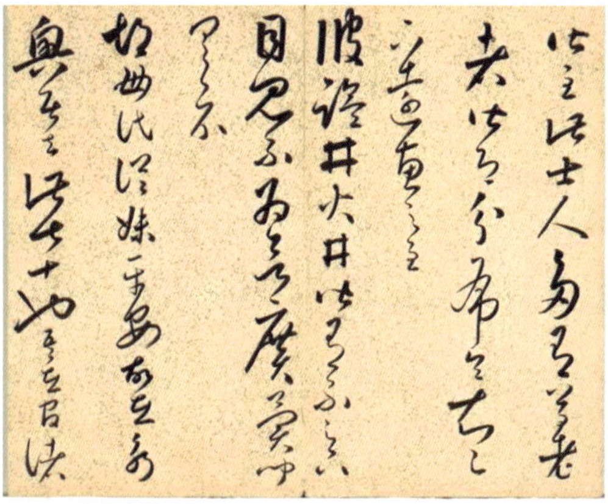

故書 000321N000000000
元明書翰第三十九冊　朱大有臨十七帖
7

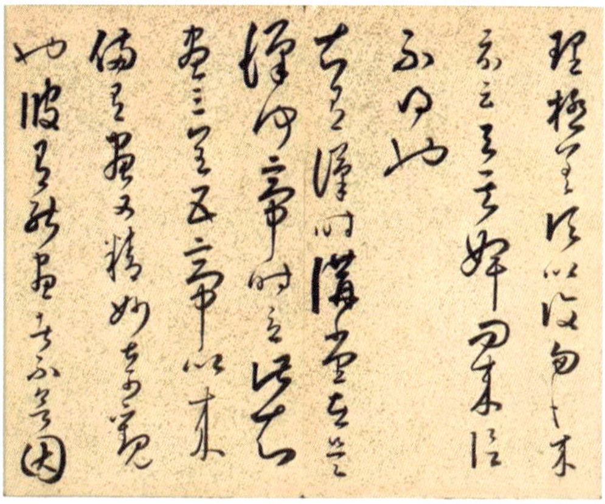

故書 000321N000000000
元明書翰第三十九冊　朱大有臨十七帖
8

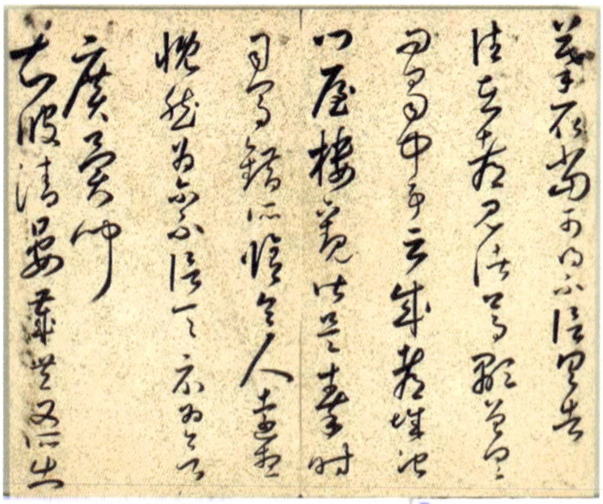

故書 000321N000000000
元明書翰第三十九冊　朱大有臨十七帖
9

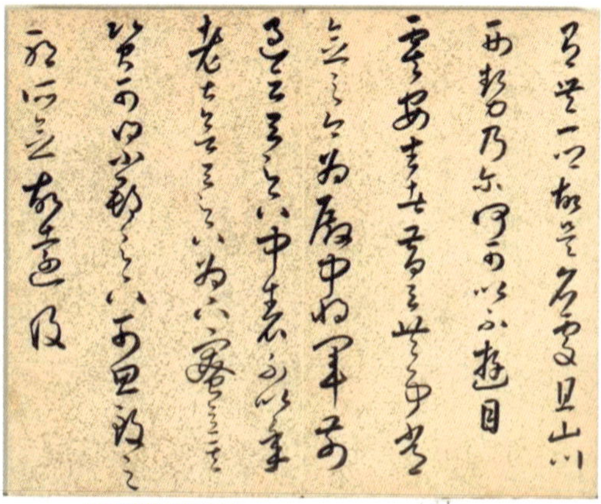

故書 000321N000000000
元明書翰第三十九冊　朱大有臨十七帖
10

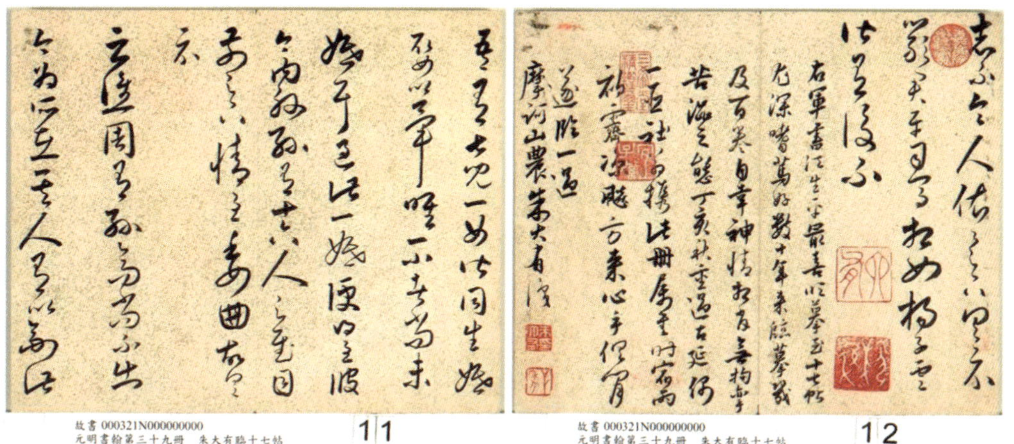

陈为中[①] 水彩画

山寨（54 厘米 × 40 厘米）

---

① 陈为中，1938 年 10 月出生，宁国市云梯畲族乡云梯村人，高级工艺美术师，中国工艺美术学会会员、安徽省美术家协会会员。1979—1986 年，作品三次参加全国美展。1993 年，水彩作品《古祠瑰宝》《水天一色》获全国书画大赛金奖。2011 年，出版《陈为中水彩画集》，该画集共收录了陈为中的 55 幅水彩画作品。

山村（54厘米×40厘米）

农家（54厘米×40厘米）

进山（54厘米×40厘米）

谷静幽居（80厘米×54厘米）

雨后（80厘米×54厘米）

枫叶红了（54厘米×40厘米）

大山深处（54厘米×40厘米）

初雪（54厘米×40厘米）

雪韵（54厘米×40厘米）

瓜叶菊（54厘米×40厘米）

竹（40厘米×40厘米）

大事纪略

913 年钱元瓘智战千秋岭

五代十国时期，后梁乾化三年（913）三月，吴国吴王杨隆演派遣招讨使李涛率兵两万人，经千秋岭，进攻吴越国的衣锦城。

千秋岭位于浙皖交界，为临安西北屏障，地势险要，历来为兵家必争之地。李涛率兵来犯，吴越王钱镠令其子钱元瓘为北面应援都指挥使，急救千秋岭；又令子睦州（今浙江建德）刺使钱传璙为招讨收复都指挥使，率领水军攻吴国东洲（今江苏溧水县东坝），以分其兵力。

钱元瓘在千秋岭下与李涛率领的吴军相互激战，对峙了一个多月，不分胜负。吴国兵多气盛，久战对吴越国不利。钱元瓘利用千秋岭道路险峻狭窄的特殊地形，设下一计：令一支军队埋伏在千秋岭南面岭下两侧；又派一支军队从西天目山凌口村处，绕道云梯畲族乡毛坦村境内的壕堑关，入千秋岭北面，采伐树木，阻塞峡谷道路，以断吴国军队退路。然后命令千秋岭南面岭下两侧伏兵突然发起猛烈攻击，吴军兵力撤退受阻，峡谷两侧山坡陡峭，兵力施展不开，结果大败，李涛及副将咸知进和士兵千余人被俘。钱元瓘乘胜率军越过千秋岭，直取宁国、宣州，占领广德，大胜回师。该次交战，是千秋岭规模最大的一次战斗。

1911年云梯光复军起义

清光绪二十六年（1900），浙江湖州青帮魏虎臣与云梯蓝士金、杨德州等人在女革命家秋瑾的指导下，组织光复会，活跃在宁国、广德、孝丰边界地区。

蓝士金，畲族，清末云梯地区光复会组织者之一。为了躲避清军，光复会必须秘密活动。蓝士金同母亲钟士妹在云梯中间村开设一片茶馆招呼、联络四方人员，以开香门名义招收进步人士达200余人。为了筹备武器、粮食，他们多次到仙霞、狮桥、浙江横路一带做筹备工作。

1911年农历正月十五，他们在浙江横路大地主姚刚家，要了500余斤粮食和部分武器准备起义，计划首先拔掉常驻横路的一小股清军，以便扩大和武装自己。

八月十三日，魏虎臣在孝丰带领300余人，加上蓝士金在云梯组织的200余人，在白鹿村朱氏宗祠共同召开会议，成立云梯光复军，定于十五日起义。但孝丰光复军中的一个小头目向清军告密，清军向於潜县衙求救。十四日，於潜县衙联合当地的地主民团出兵800多人，埋伏在离横路二里地的后干要道旁边，等待云梯光复军的到来。

十五日，云梯光复军手臂捆扎白毛巾，拿着土枪、砍刀，在云梯汤王庙集合。清点队伍后，光复军向横路开去。队伍走到后干时，遭到清军伏击，队伍被冲散，共死伤90余人。光复军被迫向后干右边的高山退去，途中杨德州头部中弹倒地，蓝士金的大腿被砍伤多处无法逃跑，两人被清军活捉，并于当日在云梯下街头被当众杀害。

1937 年千秋关遭遇战

1937 年 3 月，国民党 192 师共 500 人的兵力，由浙江取道千秋关进入宁国，与挺进浙江的红军第二团第十支队相遇。双方在千秋关上下激战数小时，红军共击毙国民党 192 师官兵共 8 人，缴获轻、重机枪 9 挺，步枪 85 支。

1941 年畲民集体反抗地主的斗争

1941 年前后，云梯街李家遭遇抢劫，地主朱茂春、姜渭等人趁机诬陷是当地畲民所为，把畲民头面人物雷炳江带到姜渭家，要他交出抢劫者。雷炳江根本不知此事，认为此事并非畲族人所为，自然不会也无法交人。姜渭等人把雷炳江捆绑起来。雷炳江的侄儿雷马青知道后，要求他们放人，但他们置之不理，因而激怒了云梯一带的畲民。他们与浙江桐庐一带的畲民取得联系，组织二百多名畲民，手执棍棒、利刃，聚集在姜渭家门前，再三要求放人。但姜渭、朱茂春等人仍置之不理，更加激怒了畲民。雷马青随后在院内拔起一棵近碗口粗的桂花树，喊了一声“打”，畲民们就要动手。姜、朱等人见势不妙，被迫让步，把雷炳江放了，才算了事。朱茂春、姜渭等地主见畲民们如此齐心协力、团结一致，从此再也不敢轻易刁难畲族人了。

1941年仙霞兵变

民国30年（1941）1月，国民党发动“皖南事变”，掀起反共高潮，到处搜捕共产党员。4月，中共皖浙赣省委上浙皖特委於潜中心县委组织部部长赵澄被捕叛变，当时属中共於潜中心县委领导的宁（国）东（部）区委万家支部党员孙道明等4人也叛变投敌，向万家乡公所招供了宁东区委委员、万家支部书记叶祖绳和党员刘根发。6月7日，宁东区委书记虞朝宗在云梯与杨山交界的中岭洞紧急召开区委扩大会议，参加会议的有中共於潜中心县委书记贺千秋，宁东区委书记虞朝宗，委员郑先源、叶祖绳、何一平，党员江兴泰、刘根发、黄清和、汪汤发、刘金堂。会议讨论了两夜一天，最后决定于6月9日在仙霞举行兵变，并决定成立游击支队，虞朝宗任指导员，郑先源任支队长，叶祖绳任副支队长，指挥部设在现毛坦村的大野洼。

6月9日，区委委员郑先源与啸天乡公所乡丁、中共秘密党员何必成、余盛和里应外合，趁敌人吃早饭时率领游击支队靠近乡公所，区委组织委员何一平首先上前缴下门卫的枪，游击支队乘势冲进乡公所缴获18支枪和部分弹药。夺枪后，游击支队在仙霞集镇上散发抗日传单、高呼革命口号，并在郑先源、叶祖绳的率领下立即向壕堑关方向转移。当队伍行至壕堑关东面的杨树桥时，队员们饥肠辘辘、十分疲劳。大家认为兵变已经成功，因此思想有些放松，队伍停止转移，就地休息烧饭。不料，饭未吃好，敌人就追上来了，并形成了包围圈。由于游击支队刚刚成立，多数成员没有军事常识，更无临战经验，在突围时队伍很快被冲散。支队副支队长叶祖绳在掩护成员突围时不幸中弹牺牲，汪汤发、虞有根被捕，仙霞兵变失败。被捕的党员虽遭国民党顽固派的严刑逼供，但未暴露组织。中共秘密党员何必成、余盛和被扣押受刑，也未暴露身份。

1958 年畲族认定

解放前，云梯的畲民们并不知道自己是一个独立的民族，只知道其祖宗与别人的不一样，他们的讲话和穿戴与别人不一样，他们自称为“山哈人”。畲民们相对集中地居住在云梯的山脚、山腰，形成大分散、小聚居的格局。迁居宁国后，畲民们以山地农耕为主，他们保留了自己的语言和民歌。解放前及解放初期，只有少量的畲族人与汉族人通婚。

1957 年，正在部队服役的钟志亮、原云梯高级社会计雷汤富等人先后给中华人民共和国民族事务委员会写信，要求承认自己是少数民族。安徽省收到中华人民共和国民族事务委员会公函，委托宁国县统战部和民政局到云梯、仙霞、杨山进行民族识别。调查组走访了大部分村民，查阅雷、蓝、钟三姓的宗谱，对畲民进行登记造册，并到浙江文成、景宁、丽水、兰溪、桐庐一带进行追溯调查。经过反复调查论证，1958 年 6 月，安徽省人民委员会下发文件认定宁国境内雷、蓝、钟三姓（主要指云梯、仙霞、杨山等地）为畲族，并在仙霞召开仙霞、云梯、杨山有关乡村干部及畲民代表参加的宣布大会。共有 113 户、572 人被认定为畲族。

1985 年农业综合开发云梯实验区设立

1985 年，经安徽省农业区划委员会办公室批准设立农业综合开发云梯实验区。1986

年，宁国县农业区划委员会组织专业技术力量深入云梯乡村进行综合考察、制订规划，并经过乡人民代表大会决议、县人民政府批准组织实施。1990 年，获全国农业区划委员会、农业部优秀科技成果三等奖；1993 年，通过检查验收。1999 年，云梯小流域水土流失综合治理工程被水利部、财政部命名为全国生态环境建设“十、百、千”示范工程（在全国范围内选择 10 个城市、100 个县、1000 条小流域作为全国水土保持生态建设示范工程），并顺利通过各级主管部门的验收，获得各级领导的充分肯定。

1992 年云梯畲族乡成立

1992 年 9 月，经安徽省人民政府批准，撤销云梯乡，成立云梯畲族乡，原行政区域不变，辖云梯村、白鹿村、毛坦村、千秋畲族村 4 个村委会。2002 年、2012 年，分别举办庆祝云梯畲族乡成立十周年、二十周年庆典。

1994 年基本实现农村总体小康

1994 年，云梯畲族乡农民人均纯收入 1553.59 元，第二产业、第三产业收入占纯收入的比重为 27.33%，砖混结构、砖木结构住房比重为 53.4%，食品支出占消费支出的比重为 44.50%，劳动力平均受教育程度为 6.6 年，人均居住面积为 30.64 平方米，对照《安徽省县级农村小康标准》的 16 项指标，宁国县奔小康考评机构认定云梯畲族乡已基本实现农村总体小康，并成为宁国县首批达标的小康乡。

1994 年荣获“全国民族团结进步先进单位”称号

1994 年 9 月，云梯畲族乡人民政府被评为“全国民族团结进步先进单位”，受到国务院表彰，乡党委书记钟汤荣出席在北京召开的表彰大会。2005 年 5 月、2009 年 9 月、2013 年 3 月，云梯畲族乡人民政府被国务院授予“全国民族团结进步模范集体”称号。

2014 年荣获“全国教育系统先进集体”称号

云梯畲族中心小学坚持特色发展之路，在各级相关部门的关心支持与仙霞中心小学的大力帮助下，通过学校师生的共同努力，学校逐步发展成为一所特色鲜明、教育教学成果显著的民族特色示范小学。2014 年 9 月，学校被教育部、人力资源和社会保障部联合授予“全国教育系统先进集体”称号。

2015年荣获“全国特色景观旅游名村”称号

2009年，国家民族事务委员会与财政部开始实施少数民族特色村寨保护与发展项目。2010年，千秋畲族村被列入“十二五”时期全国少数民族特色村寨保护与发展项目建设试点。2011年，千秋畲族村成功创建为安徽“美丽和谐乡村建设示范村”。2012年7月，宣城市美好乡村建设工作现场会在千秋畲族村召开，10月又在该村召开安徽省少数民族特色村寨保护与发展项目试点现场会。2013年，千秋畲族村被列入安徽省美好乡村中心村建设。2014年9月，千秋畲族村被国家民族事务委员会正式命名为首批“中国少数民族特色村寨”。2015年7月，千秋畲族村被住房和城乡建设部、国家旅游局联合公布为第三批“全国特色景观旅游名村”。

附录

云梯农业综合考察总体报告

前言

云梯乡位于皖浙交界处，既是畲族集居地，又是东津河发源地之一。自党的十一届三中全会以来，积极实行农村第一、二步改革，发展较快，变化也较大，温饱问题基本解决，一部分农民开始迈出致富的步伐。但是，由于长期受“左”的影响，宁国云梯花岗岩地带的山林资源屡遭破坏，造成水土流失极为严重。群众讲:“山是光的，路是窄的，田是小的，河是干的，房是旧的，街是老的。”因底子薄、基础嵯 ，至今仍较贫穷，是全县财政补助最多的乡。

这个少、边、贫的乡，从资源优势、地理环境和发展潜力来看，随着对外开放，对内搞活的进展，应该也完全可以建设成为我县经济发达的东南商埠。

为了运用区划成果，建立起良好的生态农业结构，发展成“贸工农”型的农村经济，县区划办选择和呈报云梯乡以小流域综合治理、保持水土为重点，以农村综合经营为主体的区划成果应用项目，经宣城行署区划办审定，安徽省区划办批准，相继在县委、县政府领导的重视下，和县直有关单位与所在地的区、乡大力支持下，成立了云梯农业综合考察领导组，抽调林业、农业、水利、畜牧、蚕茶、企业、药材、农经、城建、环保等方面的科技人员，组成综合考察队，1986 年 3 月开始对云梯进行实地综合考察。在考察中，宣城地区区划办领导亲临指导。综合考察坚持以农业区划为基础，以调整农村产业结构为中心，以综合治理开发为目的，从抓主要矛盾入手，力求做一些实际工作，进行专业、专题和总体的分析论证。

中央 1986 年一号文件指出:“各地，首先是县一级要继续做好农业资源调查和农业区划，做好社会经济调查，制定本地区综合发展规划，充分发挥地区优势，全面发展地方经济。”遵循这一指示精神，我们力图使这次考察的总体报告，成为制定云梯乡综合治理开发规划的基础。在制订中长期计划和组织实施中，不断完善、充实、提高和发展。

“回望千秋岭上云”。千秋岭山势陡峭，云雾缭绕，山径小道有石阶可登，故古有“云梯”之称，乡以此得名。境内有南宋迁都临安后，建筑的千秋关、铜岭关、壕堑关等古迹，解放前后破坏严重，千秋关原有烽火台、炮台等，属宁国县八大景之一。

云梯乡位于宁国县东南角，东北与浙江安吉县章村乡为界，南与浙江临安县横路、千红、西天目乡毗连，北与仙霞乡相邻，西与杨山乡相依。地跨北纬30° 20′ 10″ ~ 30° 24′ 30″，东经 119° 14′ 40″ ~ 119° 24′ 0″。下设四个行政村，54 个村民组，1389 户，5924 人（包括农非人口 129 人），全乡总面积 50.64 平方千米，人口密度为每平方千米 117 人，低于全县人口密度水平的 19.6%。人口集居地为三十六间—云梯、庠里、半月塘、中间村—管前、朱家村、落花坞一带，棋盘岭、里大塘坞以东为无人居住区。

云梯乡是宁国县少数民族人口最多的乡，全乡有畲族 1100 多人，占全乡人口 18.6%。历史上少数民族备受歧视。1880 年前后，他们由浙江景宁迁来，居住在皖浙交界的天目山半山腰，不敢暴露本民族语言、文化，直到 1958 年调查属实后，经省人民委员会批准才被承认。由于交通闭塞，文化落后，畲民保留原始的刀耕火种生产方式，不仅加重了水土流失，而且劳动强度大，经济收入低，人均收入仅 150 元左右，低于汉族人口生活水平。

云梯乡属山区，地处天目山西北坡，地形错综复杂。境内最低海拔 150 米，境东的皖浙两省三县（宁国、临安、安吉）界山——西天目山主峰龙王山，海拔 1587 米，为宁国县地势最高点。沿皖浙交界地带高山连绵，西南部与横路、杨山乡交界的汤公山海拔 1130 米，是全县 19 座千米以上高峰之一。全境地势东南高，西北低，东部海拔 1000 米以上面积 5.88 平方千米，占全县千米高程面积 14.42 平方千米的 40.7%，海拔 800 ~ 1000 米，面积 3.15 平方千米，海拔 800 米以上面积占全乡总面积的 17.14%。沿五贵蹲—顶山坞—青山塔—大片山、金毛坞—铜岭关的南部低山，海拔 400 ~ 800 米的面积为 31.36 平方千米，占全乡总面积的 61.93%；西部丘陵、平畈海拔 150 ~ 400 米，面积 10.6 平方千米，占全乡总面积的 20.93%。云梯乡山河溪流 36 条，长 58 千米，分属三个流向，主流是东津河上游的白鹿、云梯两条河，在管前汇合后流向仙霞；茅坦河发源大野湾，汇入钱塘江；沙湾河流向章村汇入太湖。

云梯乡是皖浙交通咽喉地之一，宁国至杭州公路纵穿西部，东部茅坦村自修一条 11

千米简易公路，北通仙霞，南接临安县於潜，与沪、杭、合、宁、芜等省内十七个大中城市都是一日内旅程，这在发展横向经济联合，引进沿海地区的先进技术、人才、信息和资金等方面，具有得天独厚的优势。云梯有丰富的物产资源吸引四方顾客，每当青笋、青梅上市季节，人来车往，络绎不绝。优越的地理位置和丰富的物产资源，对这个经济基础差、生产经营水平低、以输出原材料为主的乡来说，必将是实行综合治理、实现经济腾飞的一个有利条件。

一、查明自然资源，趋利避害，扬长避短

1. 土地资源

云梯乡山场广阔，土壤尚可，地类多样，潜力很大。全乡总面积 76968 亩，以农业人口计算，人均 13.3 亩，高于全县人均土地水平的 6.75%。山场面积 66894 亩；耕地 5680 亩（其中：水田 4920 亩，旱地 251 亩，菜园地 509 亩）。人均 11.5 亩山、8.5 分田，均高于全县平均水平。该乡以中低山为主，间有丘陵、冈峦、平畈、河谷、平地等多种不同类型的地貌。复杂的地形、多样的地类，为土地资源利用提供广阔途径。林业用地 56899 亩，利用的现状是：有林地 31998 亩，占林业用地的 56%；灌木林地 5748 亩，占 10%；未成林地 641 亩，占 1%；无林地 18512 亩（其中：荒山 11487 亩，宜牧草场 2000 亩），占 33%。现有用材林面积 12405 亩，蓄积量 51706 立方米，平均每亩 4.1 立方米。从上可见，疏林地和灌木林地改造、荒山植树造林、草场改良利用等，展示出巨大潜力。

云梯乡岩石类型主要为花岗岩和花闪长岩。茅坦海拔 800 米以下分布有页岩。成土母质为花岗岩风化的坡积、残积物。土壤类型有四个土类、六个亚类、八个土属、十二个土种。山地土壤有黄棕壤 16305 亩，占总面积的 22.7%；黄红壤 38881 亩，占 54.1%；山地黄壤 4921 亩，占 6.8%；红壤性土 6787 亩，占 9.4%。龙王山垂直带谱分布为：420 ~ 750 米黄红壤，750 ~ 1050 米山地黄壤，1050 ~ 1400 米山地黄棕壤，1400 ~ 1580 米山地草甸土。中山地带人口稀少，林地人为活动少，自然植被丰富，枯枝落叶多，有机质含量高，保水保肥性好；低山丘陵地带人为活动多，植被受破坏严重，荒山面积大，水土流失严重，肥力下降，土层变浅，砾砂含量大。

水田主要为潴育型水稻土，麻石沙泥田有 3630 亩，占水田的 73.8%，还有零星分布的潜育性水稻土青麻沙泥田。土壤属沙性，土质疏松，通气透水性好。

云梯乡土壤多宜性好，但由于过去长期地把注意力集中在狭小的水田上，忽视保护开发广阔山场，浪费资源，利用不当，因而，影响到资源优势转化为商品优势、经济优势。

2. 气候资源

属北亚热带湿润季风气候区。气候温凉，四季分明，季风突出，雨量充沛，光照尚可，光温同步，雨热同季，而且山区气候多样，所以，气候条件比较优势。年平均气温15.2℃，≥ 20℃的有效积温3110℃，年降雨量1388.2毫米，无霜期200 ~ 210天。随着高程变化有明显差异。西北部水田既适合水稻等喜温作物生长，又适合麦类、油菜喜凉作物栽培。东南部中低山区云雾多，光照短，温差大，垂直差异显著，形成多种小区域的气候，既适合亚热带、温带多种林木生长和畜牧业生产，又有许多珍贵的天然动植物资源，有利农业的立体布局，综合发展。

由于气候属于过渡性特征，冷暖气团交锋频繁，加上山林破坏严重，生态环境恶化，容易出现灾害性的天气。主要灾害有：旱、洪、风、雹、低温、霜冻等，灾害频繁，威胁到农业生产和人民生活。如1983年“7・2”洪水，倒塌损坏房屋72间，沙压冲毁水田389.5亩，冲毁山塘7口，冲毁公路30段3000米，冲坏河埂四处5590米，造成直接损失达18万多元。千秋、云梯两村风大，金毛坞、铜岭关、桃树坞处是大风口，对林木和水稻生长均有影响。据考察，树木偏冠，树叶焦黄，树苗、茶叶等冻害较重，油茶花而不实。金毛坞林场160亩杉树，已生长14年，平均树径只有8厘米，树高5米，还达不到中龄树。

3. 水资源

雨丰水量足，但利用少，流失多。全乡年平均来水总量4560万立方米左右，人均水量达8399立方米，高于全县人均水量的16%。按说水资源是丰足的，但由于年度间变幅较大，年内分布不匀，地域间不平衡，塘库河道淤塞严重，工程效益降低，缺水现象仍然存在。全乡有2座水库、54口山塘，水面面积129亩，总蓄水能力54.76万立方米，对水资源的利用不足5%，大量径流任其废弃。全乡水田有效灌溉面积3650亩。按蓄水量算，每亩平均水量仅150立方米，旱涝保收面积1895亩，占全乡水田面积38.5%，还有2271.5亩，保证率不大，753.5亩纯属望天收田。

蕴藏的水能资源丰富。目前，有3个小水电站，装机141千瓦（千秋小水电站75千瓦停止运用），茅坦水能资源丰富，至少可建装机200千瓦小水电站，如能全部开发利用，连成电网，可供全乡农户照明、企业加工用电，对保护山林具有重大、深远的意义。

4. 生物资源

地带性植被属于亚热带常绿阔叶林带，海拔1000米以上属于落叶阔叶林带，

750 ~ 1000 米是过渡带。由于复杂多样的地类，温凉雨丰的气候，较理想的土壤条件，为动植物繁衍、生息，提供比较好的生活环境。所以，动植物种类繁多，名特产不少。其中经济价值较高的有：栎类、松、杉、樟、麻类，绿肥、蔬菜、生姜和草本药材等；养殖业有猪、牛、羊、鹅、鸡、兔、鱼等；主要珍贵植物有杜仲、银杏、鹅掌楸、金钱松、红楝子、青檀、红椿等；珍贵动物有黑麝、穿山甲、小灵猫、白颈长尾雉、苏门羚等国家保护级动物和很有保护价值的鲑鱼、游鱼、石鸡、红嘴相思鸟、灰喜鹊、黄鼠狼等几十种动物。特别是大野洼野生自然资源很多，野生的刺黄檗、贝母、牡丹、黄连、竹鞭三七、厚朴、石耳、独活、滴水珠、草乌、阳山楂、酸梨、野苹果等多种果、药资源。仅山苍子一项，每年可收获产量 6 ~ 6.5 吨。云梯乡不仅有丰富的动植物资源，而且名、特、优产品也不少。如茅坦笋干、茶叶、宁国贝母、白术、青梅、山核桃、杜仲、小黄牛等都是很有发展前途的商品生产内容。另外云梯还有地下矿藏资源，已露出地表的有：白沙坞的石英石，顶山坞的硞石；茅坦、五贵蹲的煤；金毛坞、黄莺山、方家塘的花岗石；金毛坞、汤公山、分脏坪、大野洼的香灰土；汤师庙石宫的泉水；云梯、白麓两村河流的黄沙等。这些矿产资源都有待探明储量，化验品位，确定开采价值。

有些文物古迹应加强保护。如千秋关、汤师石宫、蛙石、塔桥、迎客松等。随着人民生活水平的提高，今后可以发展乡办的旅游风景区。

二、分析生产状况、肯定成绩、正视问题

1. 肯定成绩

中华人民共和国成立以来，云梯乡农业生产有了很大发展。特别是党的十一届三中全会以后，建立和稳定了农业生产责任制，调整农村产业结构开始起步，摸索了养、种、加综合经营的路子，发展步伐进一步加快，取得成绩是大的，主要表现在：

一是生产发展较快，经济效益显著提高。1985 年粮食总产量达 2398 吨，人均 413 千克，油料总产 31.9 吨，人均 5.5 千克；茶叶 13.6 吨，蚕茧 12.5 吨，笋干 115 吨，鲜笋 150 吨，猪饲养量 5355 头，户均 3.35 头；禽存栏 10978 只，人均 1.85 只；年产蛋 11.3 吨；兔 1560 只，产兔毛 1 吨；牛 366 头，羊 57 头，蜂 500 箱，母猪 382 头。以上生产项目和产量有的是从无到有，从少到多，有的是成倍增长。1985 年全乡总产值 254.17 万元，比 1984 年增长 48.3%，按不变价计算，比 1980 年总产值增长 99.3%。1985 年人均收入 239.8 元，比 1984 年人均收入 176.8 元增加 35.7%，比 1980 年人均收入 80.26 元增加 198.8%。

二是庭园经济有了很大发展，推动产业结构调整。近几年来，推行农村第二步改革，积极发展庭园经济，冲破了自给自足的传统生产方式，向发展商品经济转化。据调查千秋、白鹿、云梯3个行政村先富裕起来的农户13户，80人；1985年产值65025元，人均812.81元，其中庭园经济产值占64%，人均520.2元。庭园经济组成，养殖业占54.6%（猪禽28%，养蚕11.4%，养兔14.3%）；种植业36.3%（药材11.6%，青梅6.5%，竹笋13.7%）；加工业2.3%；服务业6.8%。近年来多种经济林发展很快，但从经济结构上还反映不出来。

三是提供商品量增加，向国家贡献增大。这个山区乡1985年除向国家出售粮食175吨外，主要出售山区特产，有笋干115吨，青笋150吨，青梅40吨，茶叶8.1吨，蚕茧12.5吨，生猪3330头，还有木竹、药材等，总计商品量经济达103.97万元，占当年总产值的40.9%，土特产品大量远销沪、杭沿海一带。

四是生态环境局部得到改善，农林科技术水平不断提高。中华人民共和国成立以来，农田水利有了很大发展，兴建了2座水库，20个山塘，总兴利库容达59.76万立方米。3处小水电站装机141千瓦，一改过去望天收的面貌，已有36.7%的稳产保收水田。年施用化肥总量达285.5吨，亩均48.4千克。庠里村1954年在全县首次试种间作稻成功，耕作制度经历了单改双，一熟改两熟和二年五熟制。近年来搞杂交稻制种繁殖，产量高、纯度好，中、晚稻普遍推广杂交稻品种，还推广了防治病虫、培育壮秧等一系列技术。蚕桑从无到有，茶叶从少到多，药材从野生变家种，畜禽饲养有了新的发展。森林虽然遭受重大破坏，但人工造林保存面积达10225亩，封山育林，保护生态环境，合理利用资源，越来越引起干部群众的关注。随着依法治林，必将出现一个新面貌，治山造林，停垦还林，在局部地方已减轻了水土流失。

2. 正视问题

在党和政府的领导下，云梯乡农业生产取得的成绩应该是肯定的。但是，存在的问题，也是必须正视的，主要问题有：

（1）山林受到严重破坏，资源浪费很大。云梯乡原来森林资源丰富，由于解放前经常“烧山防匪”，解放后受极“左”的影响，大烧木炭，大烧“火子地”（成片砍伐后的山场，待废弃柴草干枯后就地烧掉，烧后的山场土地为“火子地”，可种植农作物），乱砍滥伐，使森林屡遭破坏。尽管年年造林，但重伐轻管，除村办林场外，保存面积很少，森林质量差，疏林地多，灌丛地多，宜林荒山面积大。因而，山场大，产值小，占总面积86.9%的山地，其产值占总产值的21.7%，亩均产值8.22元；而占总面积6.8%的耕地，其产值占总产值的 35.6%，亩均产值 159.15 元，可见差距之大。以占优势的笋干竹来分析，由于只取不予，产量低，笋干盐分重，质量差，平均每亩仅 16.5 千克，产值 42.9 元。低山丘陵区风大，水土流失重，没有防护林。除大野洼里大塘坞无人居住，有一定数量的薪炭林外，人口稠密的千秋、白鹿、云梯 3 个行政村没有薪炭林，山乡人民连烧柴都很困难，能源短缺问题十分突出。

（2）水土流失严重，生态环境恶化。云梯乡属花岗岩地带，土壤砾砂成分多，由于森林过伐，植被覆盖程度下降。开荒种山，全垦造林，桑园上山，陡坡地种茶和无水保措施的基本建设等，造成水土流失严重。全乡水土流失面积 19.14 平方千米，占总面积的 37.8%，其中严重的 8.4 平方千米，中度 8.3 平方千米，轻度 2.44 平方千米。落花尖大路上至山顶，每年侵蚀度达 4500 吨 / 平方千米；太子坑水库上游每年侵蚀模数 2962 吨 / 平方千米。太子坑水库兴利库容 19.5 万立方米，9 年时间因全垦种茶，烧火子地种粮、种药，已淤积沙泥 1.2 万立方米，平了死库容，平均每年沙泥进库 1333 立方米。红旗水库淤沙 0.93 万立方米，每年入库泥沙 490 立方米。大、小山塘都有不同程度淤塞，全乡已有 10 口山塘淤平消失。如再不治理，塘库将消失殆尽。云梯至管前的一段河道 4 千米，平均淤沙深度 0.8 米，总淤积量 3.2 万立方米。河道淤平后，大量泥质流推移到下游。水土流失造成淤塞塘库，抬高河床，倒埂塌方，沙压良田，土壤沙石化，削弱了抗旱防洪能力，后患无穷。

（3）产业结构不合理，二、三产业落后。尽管调整产业结构开始起步，也摸索了一些路子和经验，但依旧是以农为主，粮占大头的局面。具体分析，存在着“三大、三小”的不合理状态。在种植业内部，粮食作物产值占 68.7%，而经济作物只占 31.3%；从大农业结构看，种植业产值占 52.8%，而林、牧、副、渔占 47.2%；从农村产业结构看，农业占 92%，二、三产业只占 8%。工业基础差，第三产业更加薄弱。乡村企业落后，是致富不快的重要原因。尽管前几年也办了农修、皮鞋、尼龙袜、车木等厂，但都因不同原因，被迫下马。现有经理部、饭店、五金修配厂、禽蛋厂、茶厂、饲料加工厂、小水电站等，也有管理不善、产值低，效益差的问题。导致乡村失去办好企业的信心，大量土特产品流向外省，卖原料的局面亟待解决。

（4）现代化水平低，服务工作跟不上。云梯乡当前农村生产，在很大程度上保留了小农经济的特点，传统式手工劳动，牛耕、人挖，易旱易洪，稳产程度低。小集镇和居民点建设没有规划，老式建筑，支离破碎，影响通风、采光，堵塞通道。由于千秋、白鹿村交通不便，农民购买油盐需要步行十多里路，人担肩挑。科技、文教、商业、能源等产前、产中、产后服务工作跟不上，不能适应商品生产发展的需要。教师队伍素质不高，民办教师占 65.3%，校舍破旧，教学条件差，小学教育质量为全县最低水平，中学教育也如此。有的村未出一个大学生。尤其是畲族，解放以来仅培养一个中专生，全乡只有两三个国家聘请的农民技术员，乡村企业更是没有专业人才。所以，缺人才，信息不灵极大地限制了经济的发展。

三、明确开发指导思想，确定目标，狠抓重点

云梯乡自然资源比较丰富，有一些名特优产品已打入国内外市场，农村劳动力富余，区位优越，交通方便，温饱问题基本解决，致富路子越走越广，土特产品深精加工潜力大，这些都是云梯乡实现经济腾飞的主要优势。但是，由于长期受“左”的影响，自然资源受到了很大的破坏，经济基础差，工业、第三产业非常薄弱。在这个特定的条件下，当前在综合治理开发上存在的主要矛盾是：抓综合发展与生态环境恶化、灾害频繁的矛盾；利用丰富资源，百业待兴，与抓重点的矛盾；实现经济迅速腾飞与资金、人才缺乏的矛盾。如何抓住主要优势，扬长避短；抓住主要矛盾，切实解决一些实际问题是非常必要的，是制定总体规划的基本出发点和必须遵循的原则。为此，云梯乡总体规划的指导思想应该是：因地制宜，综合治理，统筹兼顾，分类指导，发挥优势，调整结构，合理开发，讲究实效，把治理保护、开发利用有机地结合起来，变恶性循环为良性循环，建立生态型、网络型、多结构的农村经济。

在国家和县国民经济建设和社会发展总目标的指导下，立足本乡资源状况、市场展望和实际可能，主要是立足自力更生，制订今后 15 年的开发治理的规划。到 20 世纪末治理开发目标是治山、治水、保田，发展乡村企业，开发多种经营，实现以林为主，林农牧结合，种养工配套，农工商协调发展的经济格局。“七五”计划期间，初步理顺产业结构，改善生态环境，建立以面向沿海地区为主，力争创汇的商品生产基地和农副产品加工体系，农村总产值提前翻两番。“八五”期间基本控制住水土流失，到 2000 年在三个效益上进入全县先进行列，人均收入达到小康水平，建成山清水秀，环境优美，开放式、网络型的经济发达乡村，成为宁国县东南商埠。

“七五”计划期间到 20 世纪内的开发治理重点应该是：实现一个突破，抓好三项重点建设。

1. 把大力发展竹笋生产与加工，作为振兴云梯经济的突破口

云梯笋干是宁国笋干主要产地之一，土壤适宜，竹种达 20 个。现有笋干竹 7557 亩，1985 年产笋干 115 吨，占全县产量的 60.5%，元竹 357 亩，产鲜笋 150 吨，还有毛竹 1887 亩，现有管理水平，增产潜力大，大片的宜林山可栽竹。竹笋具有周期短、见效快、获利长、效益高等特点，市场需求量大，又能涵养水源，防风固沙，保护水土，美化环境。农民有栽竹制青笋经验，种竹积极性高，完全可以建立大面积的竹笋生产与加工基地。以加强现有竹园管理为重点，克服只取不予的旧传统观点，采取集约经营，砍除笋竹地的杂灌和五年生以上老龄竹，垦复、压青、施肥、培土，提高鲜笋产量。同时，再营造高产竹园 3800 亩，改造现有野生竹 5000 亩。五年后全乡竹园面积 18600 亩，占林业用地面积的 32.7%，总产值可达 80 万元，纯利 55 万元，为 90 年代产值翻番提供后劲。发展竹笋系列产品的精深加工，特别是竹笋保鲜技术，争取成为“创汇农业”，为云梯乡主要的商品性优质农产品。

2. 加强基础，抓好三项重点建设

（1）强化林业建设。面对荒山秃岭、生态恶化、灾害频繁的局面，林业问题是到了解决的时候，非得强化不可。必须全面贯彻实施《森林法》和省、县颁布的林政管理法规，制定乡规民约，依法管林。

进一步完善林业生产责任制，把未分到户的荒山，尽快落实承包到户，鼓励支持“专业户”承包荒山造林，实行奖罚办法，限期绿化荒山，解决“霸山荒”的问题。保护和发展现有村办林场，鼓励户办、联户办小林场。加强林政管理，严格实行限额凭证采伐，对乱砍滥伐、偷砍、偷卖、偷运木竹的案件，必须依法及时追究。做好护林防火，保护和利用好现有森林资源，使有限的资源，发挥最佳经济效益。

坚持以封为主，封管造结合，乔灌草结合。现有宜林荒山立即着手封山育林 9200 亩，“七五”期间造林 7300 亩，平均每年植树造林 1460 亩的速度，五年时间消灭荒山，全面绿化道路和村庄“四旁”（宅旁、村旁、路旁、河旁）。因地制宜，调整林种结构，选择收益快、价值高的庭园绿化树种。

节能、开发多种能源与强化林业建设是相辅相成的。云梯乡山场面积虽大，但由于农户炊事和茶笋产品加工，每年消耗大量柴炭，严重破坏山林。人口居住集中地区没有薪炭林，有的挖树根，扫枯枝落叶烧锅。山区茅坦村因笋干加工等，每年消耗大柴 230 万千克，现在山上也砍空了，长期下去不堪设想。

因此，应该以营造薪炭林为主，巩固推广省柴灶的成果，发展小水电站、沼气池、开采小煤窑等多种能源。通过封山育林和造林的办法，五年新培养 4500 亩薪炭林，使千秋、白鹿、云梯 3 个行政村达到人均 1 亩。加强白鹿二级水电站管理，尽快修复千秋小水电站，“七五”期末或“八五”期初，新建茅坦水电站，使全乡小水电站总装机容量达 376 千瓦，每年可发电 545 万千瓦时，通过并网，保证全乡照明、加工用电。在平畈区利用秸秆、青草、落叶、畜粪，大力发展沼气，解决相当一部分的炊用能源。开发茅坦露天小煤矿，以解决该村笋干、茶叶加工能源问题。

（2）综合治理千（秋）白（鹿）云（梯）小流域。千秋、白鹿、云梯 3 个行政村水土流失严重，总面积 27.45 平方千米，水土流失面积 16.48 平方千米，占 60%，不仅影响本乡，而且危及下游，如不控制住水土流失，后患无穷，一切发展规划都有落空的危险。

因此要认真贯彻国务院《水土保持工作条例》，本着“防治并重，治管结合，因地制宜，全面规划，综合治理，除害兴利”的原则，采取以生物措施为主，生物措施和工程措施相结合，切实做好水土保持工作，实行治理与保护并重，进行集中的、综合的连续的治理。

根据花岗岩地区实际情况，应将 15° 以上山坡作为治理区，大于 25° 的 2500 亩垦荒山坡地，作为重点，限定一年内，停垦种植，退粮还林。荒山、自留山限期造林，制止新的垦荒种草药、种油料作物。塘库上游汇水区一定要有保护措施，严禁开荒。开垦造林要有水保措施，不采用全垦造林，实行带状和块状整地。一切基本建设，要有拦沙设施。不宜种树的荒山，实行天然封养和人工种植牧草，配置林草、草灌混交带，陡坡、山顶茶园和山地桑园引起水土流失严重的 600 亩，要以套种笋竹逐步退下来。加强保护大型水利工程，上游要修建一些拦沙工程，用石料修复倒塌的田坎、河埂和道路。15° ~ 25° 山坡不要开垦，已开垦的要还上经济林。坡长、缓坡地的茶园和经济林地要有缓冲带，要“头戴帽（山顶保留天然混交林），腰围裙（山腰保留天然混交林），脚穿靴（山脚保留天然混交林）”。15° 以下山坡种植应等高种植，开沟作畦应与坡向垂直，阻挡水土直接径流。有条件的应修梯田、梯地，以巩固宜粮、宜油、宜药面。

森林采伐应用间伐和择伐，不搞皆伐，以保护植被覆盖。同时，要加强对土地管理，尤其保护耕地，尽快搞好乡村建设总体规划，一切基本建设必须按规划实施。利用土壤普查成果，合理利用土地，做到宜林则林，宜农则农，宜牧则牧，因土种植，调整用地结构。通过综合的措施，改造低产土壤，因土施肥，养用结合，水旱轮作，改善土壤理化性状，通过套种豆科作物，割青压青，施肥培土等措施，使果园、茶园、桑园地和经济林幼林地的土壤得到逐步改良。

（3）开创农副产品加工体系。云梯乡农副产品加工业十分落后，除老法加工笋干，少量的木竹、禽蛋加工外，几乎空白，主要是卖原料、卖初制品给浙、沪、苏等省市，当地丰富的资源长期处于“种、养、卖”的状况，当地群众得不到增值获利。

随着种养业的发展，加工增值潜力很大，富余劳力还可以转移就业。所以，发展农副产品加工业，坚持走“种、养、加”的路子，实现就地取材，就地加工，就地增值，是利国利民、有水快流的好办法，是使资源优势尽快转化为商品优势、经济优势的可靠捷径。“七五”计划期应作为农村工业的重点，开创农副产品加工业新局面，初步形成多层次、多形式、多品种的加工业体系，对当地农副产品起到吞进、消化、吐出的作用，以工补农，以农促工，同时为90年代建成商埠奠定基础。

云梯乡村加工业应立足资源优势。首先要尽快把竹笋深精加工抓起来，面对市场需求，加工适销对路产品。竹笋加工不是以恢复传统笋干加工工艺为目的，而是要开创加工新途径，创新新产品，如鲜竹笋保鲜产品，多味笋条、笋片、笋丝、盐渍笋、罐头笋，改进包装，形成系列产品，以尽快打入国内外市场。在抓竹笋加工的同时，积极开创青梅、中药材、山核桃、生姜、鲜果、野生植物资源和优质粮油的加工，发展饮料、香料、中药成品、食品、糕点、罐头等加工产品。发展农村产品加工业，要十分注意争优质、创品牌，形成云梯乡拳头产品。以名特产品加工成品，逐步形成经济实力，为一、三产业的大发展创造条件，又为发展横向经济联合增强吸引力。

四、理顺产业结构，宏观控制，微观引导

建立综合效益良好的农村产业结构，实质上是生产力合理布局的问题。做到人尽其才，地尽其力，物尽其用，发展有计划的商品经济，取得经济效益、社会效益和生态效益相统一的最佳效果。理顺产业结构，趋向合理性，要注意宏观控制，防止比例失调，大起大落，处处被动，失去平衡；又要微观加以引导，通过技术示范，提供信息，提供服务，调动广大群众的积极性。从云梯乡实际情况出发，考察队对近期产业结构的调整，提出初步设想如下：

（一）结构调整目标和总的设想

鉴于云梯乡当前农村产业结构比较落后、单一、基础差的现状，从纵横向考虑：横向上，开发当地比较丰富的资源，开拓生产领域，改变长期以来单纯从事农业，以种植业为主，粮油占大头的局面；纵向上，抓养、种、加配套，发展农产品粗加工和精加工，改变以出卖原材料为主的局面，面向国内外市场，发展“开放式”“外向式”的商品生产，逐步由“农工贸”向“贸工农”的方面过渡。

“七五”期末，全乡工农业总产值达到504万元，其中农业总产值350万元，比1985年增长50.6%，年递增率为8.5%；乡村工业和第三产业产值达到154万元，比1985年增长6.09倍，年递增率为48%；农业、工业、第三产业的比例由1985年的91.4∶7.2∶1.4，调整为69∶26∶5。云梯乡1978—1985年人口年均递增率为5.1‰，按照这个自然增长速度，预计到1990年，全乡人口为6078人，人均收入达到500元以上，主要农产品人均占有量：粮食378千克，油料30千克，竹笋52千克，笋干34千克，肉79千克，蛋8.2千克，干鲜果30千克，木材3.1立方米，毛竹270千克，以及其他土特产品，商品经济达260万元，比“六五”期增长1.5倍。通过初步调整，增加后劲，为90年代经济腾飞打下坚固基础。

到2000年规划设想是在“七五”期的基础上，全乡工农业总产值再翻一番半，达到1510万元，乡村企业突破700万元，农业与工业、第三产业的比例为1∶1，到20世纪末，预计人口为6400人，人均收入达到1200元以上，人民生活达小康水平。

（二）分产业层次调整的重点

根据山区农业特点和实际情况，产业结构调整的方向，应逐步建立以林业为主体，农牧副渔为轮子，乡村企业为支柱，第三产业为网络的林农牧结合，农、工、贸协调发展的新型产业结构和生态结构，把自然优势转变为生态优势和经济优势。

1. 第一层次的调整，即种植业（不包括林业）的结构调整

种植业是农业的基础，云梯乡有一定耕地面积，人均水田面积比全县平均水平高。所以，农业生产的任务：基本解决本乡人民生活需要，提供一部分畜牧业饲料，更主要的是向社会提供山区的土特产品和轻工原料。因此，要继续抓好粮食生产，调整提高蚕茶生产，适当扩大油料生产，积极开拓瓜果生产，把以粮为主单一型，转变为粮食—经济作物结合型，到“七五”期末，将现在的粮食和经济作物占用面积（按复种面积计算）比例70∶30，调整为50∶50，种植业产值达到160万元，年递增率为6.7%，产值比例由68.5∶31.5调整为46.2∶53.8。

（1）适宜种粮的地方，一定要把粮食种好

云梯乡梯田、山坞田多，望天收占很大比重，再增产粮食是不现实的，对于望天收

和不宜种稻的800亩水田，应退粮还经还林。通过提高科学种田水平，主攻单产，稳定粮食产量。重点抓好千秋、白鹿、云梯三村平畈地带，合理安排作物布局，继续种好双季稻。选用良种，调整品种布局，增加优质稻比重。以云梯村为主，扩大杂交稻制种繁殖，建立500亩杂交稻制种基地，对水源差的田，改种杂交玉米和豆科作物。选用矮秆早熟黄豆品种，种好田埂豆。同时，种好午季作物，午粮面积稳定在1000亩，种好小麦，扩种大麦，发展豆类。粮食复种面积稳定在6600亩左右，粮食总产稳定在2300吨左右，比1985年减少4%。虽然粮食减少，但发展山区多种经济作物，为社会提供平原区难以生产的土特产品，这无论从经济、社会、生态效益上分析都是合理的、可行的。

（2）适当调整，稳步发展茶叶、蚕桑生产

云梯乡茶、蚕生产具有一定规模，是山区重要生产内容，在人口密集地方，又能解决劳力出路，增加经济收入。然而，由于过去盲目提倡桑园上山，山顶陡坡种茶，造成部分地方水土流失严重，生态环境恶化，立地条件差，长势瘦弱，管理粗放，单产低，效益不高。出现了有些茶园抛荒，有的栽竹挤桑。千秋、白鹿、云梯3个村的茶叶质量差，叶薄、芽瘦、味淡。因此，云梯茶桑生产应该采取调整、巩固、发展、提高的策略。茶叶生产应按照调整布局，改善环境，发挥优势，巩固重点，精细管理，科学采制的原则。坚决把25°以上山顶、陡坡矮瘦茶园退下来，稳定抓好缓坡茶园。大面积茶园应造生态林，遮阳树和防护林，改善立地和生态条件。茅坦村小区域气候和生态环境好，茶叶质量高，应该管好现有茶园为主，在枫树湾一带600～800米缓坡、谷地适当发展高产茶园，发展优质生产。“七五”期保持全乡茶园面积1250亩，单产提高到25千克以上，总产达31～50吨，比“六五”期的产量增加1.27倍。

蚕桑生产应本着“合理布局，适当集中，提高质量，讲究效益”的原则。一方面要巩固现有平地和缓坡地桑园，加强管理，套种多种经济作物，改进养蚕技术，不断提高经济效益，对当前由于价格问题，出现毁掉平地桑园的现象，要予以阻止。另一方面把25°以上山坡桑园退下来，以小阳山为重点，在白鹿、云梯一带，利用光照条件好的平地、空闲地和退耕的台田，建设一批高产桑园，逐步把桑园重点由山上转到平地、台田上，改善立地条件，提高产叶量。“七五”期末，全乡桑园面积550亩，蚕桑产量达16.5吨，比1985年增长32%，为90年代翻番打下良好的基础。

（3）发展油料和多种经济作物生产

云梯乡油料生产水平低，而且不稳，人均占有量少，有必要狠抓油料生产，不仅解决食油，而且发展商品油。油菜种植面积应稳定在800 ~ 1000亩，选用甘蓝型良种，推广育苗移栽，提高栽培技术，力争高产。过去白沙坞一带盛产花生，很有名气。气候、土壤条件适宜，可以种植500亩花生，提供商品油料，“七五”期油料总产达到180吨。比“六五”期最高年产量44吨，增长3倍，人均油料由7.1千克提高到30千克左右。在稳定粮食生产的前提下，继续抓好“经济作物下水田”，采取粮—经、粮—饲相结合的复合式生产结构和农田轮作栽培体系，走土地集约经营的路子，家前屋后的空地发展花果种植。

2. 第二层次调整，即大农业结构的调整

云梯乡山场大，可供开发利用潜力大。大农业结构调整重点是：以林为主，林农牧结合，大力发展林业，加快发展畜牧业，重视发展副业、渔业，改变不合理的五业比重，农林牧副渔的比例由1985年50∶23.8∶18.4∶7.1∶0.7。“七五”期调整为45.7∶25.4∶20∶8.1∶0.8。

（1）大力发展林业

发展山区林业，要把生态效益和经济效益放在首位。林业上近期以封为主，封管造结合，保护山林，加速绿化。五年内绿化荒山、道路和村庄“四旁”。但由于山林资源破坏太严重，恢复周期长，近期内经济效益不可能增长太快，预计到1990年林业总产值达到89万元，比1985年增长61.8%，年递增率10%。主要是增加生态效益和发展后劲。森林覆盖率由现在49.7%，提高到72.1%，为90年代后期腾飞奠定基础。

一是主攻经济林。纠正过去单一抓用材林的片面性，以笋竹为主，同时把山核桃、杜仲、厚朴、油桐、青檀等，作为重点项目加以大力发展。“七五”期建成万亩竹笋基地，并有所侧重地抓好干鲜果和中药材生产。

云梯乡干鲜果种类多，又有很好基础，若改良管理扩大栽培，可成为庭园经济的重点项目。重点发展山核桃、青梅，因地制宜栽板栗、柿、桃、李等，“七五”期内，管理好现有果树，再发展青梅2万株，山核桃500亩，板栗400亩，鲜果200亩（包括桃、李、柿、杏、葡萄），到20世纪末，干果面积达1800亩。

云梯土质、气候非常适宜发展药材。这里野生药材资源丰富，家种药材品种日益增多，又累积了丰富的栽培经验。根据市场需要，合理调整品种布局，保护开发野生药材资源，使药材成为致富一个门路。以木本药材和草本药材相结合，主要种植杜仲、厚朴、宁国贝母、白术、黄檗、望春花、药枣皮、黄连、草乌（串养）等，在现有种植88亩基础上，在县药材部门支持下，争取五年内草本药材种植达300亩，木本药材以林场为主，栽植 500 亩，“七五”计划期末，年产值达 38 万元。

二是发展薪炭林。现有薪炭林主要分布在大野洼一带，现在砍伐过重。要尽快采取封山育林措施。首先把国有山封起来，同时把集体所有的薪炭林山场分批进行轮封。千秋、白鹿、云梯三村现有荒山通过封山措施，培养薪炭林。

三是抓好用材林。在管好现有用材林的同时，在大片山—千秋—铜岭关一带阴坡，土层厚的山场和茅坦村，营造杉树、柳杉、檫树、毛竹等用材林。

（2）加快发展畜牧业

近年来，云梯乡在发展养猪的同时，发展了养兔、养鸭、养鹅等，主要经济指标提高很快，产值增长幅度较大。但由于疫病防治和饲料加工、供应等服务工作跟不上，又制约了畜牧业的发展。从云梯实际出发，“七五”期间畜牧业生产应继续抓好养猪，重点发展草食性动物，巩固提高养兔，提高户养产蛋禽数量。使畜牧业发展速度加快，畜牧业总产达到 70 万元，比 1985 年增长 63.9%，年递增率 11%。调整的重点是：

第一，推广“三化”（公猪外来良种化，母猪地方良种化，商品猪杂交一代化）养猪，提高生猪的出栏率、瘦肉率和饲料转化率。增加母猪饲养量，发展苗猪生产。生猪年饲养量达到 6700 头，其中出栏 3700 头，母猪饲养量由现在 382 头，发展到 500 头。

第二，充分利用山区青草资源，重点发展草食性动物，放养山羊、群鹅和役肉兼用牛。利用金毛坞、铜岭关天然草场，养羊 250 头，养牛 100 头。采用割草与放养相结合发展户养小群鹅，使全乡养鹅量达 3000 ~ 5000 只。

第三，巩固提高养兔。云梯养兔在宁国县起步早、数量大。近来由于兔毛滞销降价甚至不收购，影响养兔积极性。但不能因此而扼杀掉，应巩固下去，并发展肉用兔，合理调节。

第四，发展户养产蛋禽。山区住居分散，林山草地多，适宜饲养鸡鸭鹅等。云梯禽蛋厂引进世界著名的肉蛋兼用型樱桃谷鸭，耐粗、抗病、增重快、产蛋率高，可大力推广户养。还可以引进鹌鹑、肉用鸽等进行饲养，为市场提供营养价值高的禽蛋。

（3）重视发展副业和渔业

云梯乡家庭副业产值，多年平均占农业总产值的 6% 左右，渔业因水面小，放养管理差，产量低，占总产值比例甚微。但是，山区副业门路多，场地大，可按市场需要发展庭院花卉、盆景、食用菌，搞“小秋收”，挖药材，采收野果、藤、草、山竹等，增加家庭副业收入。发展水产业，在精养上突破，提高鲜鱼单产。引导山区农户，利用家前屋后，溪沟边挖塆，发展流水养鱼，改良山区群众食物结构。“七五”期末副业产值28万元，比1985年增长69.7%，年递增率10%；渔业产值达3万元，比1985年增长76.4%，年递增率为11.5%。

3. 第三层次调整，即二、三产业结构的调整

加快二、三产业的发展速度，是调整农村产业结构的重点，是实现农业翻番和农村剩余劳力转移的必由之路。“七五”期工业产值达129万元，比“六五”期末增长6.09倍，年递增为48%；第三产业值25万元，比“六五”期末增长6.14倍，二、三产业占工农业总产值，由1985年的7.2%和1.4%，调整为25.6%和5%。

（1）乡村工业要有突破性的发展

根据“积极扶持，合理规划，正确引导，加强管理”的方针，发展乡村工业应该做到因地制宜，立足资源，发挥优势，讲究效益。近期发展重点以农林牧副产品加工为“龙头”，带动建材、建筑、运输等发展。一要总结办企业的经验教训，面对现实，巩固提高现有企业，搞好行业规划和内涵改造，开发新产品。进一步完善厂长、经理负责制，扩大企业自主权，增强企业活力，提高经济效益。二要广泛筹集资金，有关部门从技术、资金等方面给予支持，积极探索，慎重选准项目，力争上一两个骨干企业和一些“短平快”项目，为进一步发展准备后劲，提供经验。三要坚持乡办、村办、户办、联户办一齐上，特别要支持户办、联户办企业，作为发展乡村企业的重点。四要利用省际边界的有利条件，积极发展横向经济技术联系，与大专院校、科级部门挂钩，打开外引内联的新局面。五要切实注意培养乡村企业专业人才，从现在开展抓起，逐步建设乡村企业的管理、技术、供销三支队伍。

（2）努力开拓第三产业

云梯乡以优越区位、交通、资源，开拓第三产业是有条件的，首先要解决村际公路问题，搞活流通渠道，发展运销业。二要搞好云梯小集镇建设，以小城镇为依托，发展多种经济形式的商饮服务业。三是建立多层次、多形式、多成分的社会服务网，开展产前、产中、产后的服务和技术咨询。四是积极发展文教、卫生和社会福利事业，组织农民学文化、学技术、学管理，提高劳动力的素质，促进两个文明建设。

（三）狠抓发展庭院经济，推动产业结构调整

云梯乡一些先富裕起来的农户实践证明，发展庭园经济是推动农村产业结构调整，致富农村的主要途径。云梯乡地理环境、自然资源、社会经济、技术条件等，都十分有

利于庭园经济的发展。因此，抓好庭园经济，既有现实意义，又有深远意义。云梯乡1985年庭园经济总收入98万元，占农业总产值的42%，设想到“七五”期末，庭园经济收入达212万元，占农业总产值的60.6%。具体要求是：因地制宜，发挥优势，突出重点，综合经营，主攻种植业，狠抓养殖业，开拓加工业，发展服务业。

种植业上，大力发展笋竹、青梅、干果、棕榈、漆树、水果、蚕桑、药材等，根据市场信息，发展花卉、瓜类、生姜、马铃薯、大白菜等生产。种植业中，不少项目属名特产品，投资少、效益高，收入稳定，具有良好的经济、社会、生态效益，要有突破性进展。要求达到户均1亩笋竹（不包括大面积笋竹基地）、0.2亩药材、0.3亩水果、0.4亩桑地，百棵棕、漆的标准。

养殖业上，保护畜牧业突破性的发展势头，达到户均5头猪、3只兔；人均5只禽；三户一头牛的目标，巩固提高养兔、养蜂，积极发展养羊。抓好水产养殖，发展山区流水养鱼。

加工服务业上，大力发展户办、联户办加工业和服务业。近期，重点发展与种养业相结合的加工服务业为主，抓好竹笋加工，开拓食品加工、畜禽副产品加工、果脯加工业等。发展运销业和各种服务业，使种、养业的产品进一步增值，达到70%的农户从事加工服务业，人均收入超百元。

随着产业结构的调整，必然加快劳动力的转移，使农业上多余劳动力转向多种经营和二、三产业，“七五”期，由于治山造林管理，劳动力转向林业和多种经营上较多，预计到1990年劳动力结构的调整为：种植业劳力下降到50%，林牧副业上升到33.2%，二、三产业16.8%。90年代随着大规模治山任务完成，林业主要是管理，所以，劳动力将出现再分配，到2000年投入大农业劳力减少到58%，即种植业33.7%，林牧副渔业24.3%，投入二、三产业的劳力占42%。

五、合理分区、因地制宜、各有侧重

云梯乡因自然条件和社会经济条件的差异，在开发治理的方向和途径上，必然要因地制宜，有所侧重。依据自然条件和资源结构的相似性、社会经济条件和发展方向的相似性、开发治理的重点和途径的相似性、保持村民组一级行政区划的完整性原则，划分为三个区：东部中低山保护开发区、南部低山丘陵开发治理区和西北部丘陵平畈治理开发区。

（一）东部中低山保护开发区

本区包括茅坦村的六个村民组和一个林场，以中低山为主的典型山区地带，历来以林茶为主。山地土壤属山地麻石黄棕壤，扁石、麻石黄红壤和麻石黄壤，草甸土零星分布。除沿公路两侧山地土层浅薄外，其余山地枯枝落叶多，富含有机质，土层深厚，森林覆盖率高，水土流失轻度。本区垂直高度差异大，气候随高程不同，带有立体性。这里气候温凉，日照不足，云雾多，雨量足，形成局部小气候。本区资源丰富，山场广阔，有多种天然动植物资源，值得保护开发。茅坦笋干全县第一，所产白术，为闻名中外的“鸡腿术”。枫树湾一带茶业，可发展优质茶生产。此外，木材、毛竹、土特产等也占有一定位置；蕴藏的水能，露天煤矿，硑石等均可开发。

本区应坚持保护治理和开发利用相结合的原则，实行以林为主，综合经营，尽快建成竹笋生产基地，同时发展薪炭林、用材林和多种经济林，开展林副产品加工，建设成为生态良好、经济发达的林区。以封为主，培养薪炭林，就地加工，发展香菇、黑木耳和银耳生产，达到易运增值。如从每年烧大柴 2300 吨中，节省用柴 500 吨，可生产香菇 5 ~ 6.5 吨，产值 18 万 ~ 23 万元。把几百吨大柴变成几吨香菇，既便于山上运输，又有好的经济效益。

加强现有笋干竹园管理，提高产量。再发展 2000 亩新笋干竹林（包括建设 700 亩笋干竹基地），使笋干竹面积达到 9200 亩。同时，注意搭配好早、中、晚熟的笋干竹品种。营造杉、竹、檫等用材林。现有垦荒山地应尽快退粮还林，发展杉树、毛竹等，为 20 世纪末用材打下坚实的基础。现有水田因日照短，温度低，产量极低，应该退粮改种多种经济作物。应封山保护大野洼一些珍贵树种和野生药材，以利于今后长期开发利用。发展优质茶生产和适销对路、高质量的中药材。开发能源，建设装机量 200 瓦的水电站，开挖露天煤矿，解决能源短缺问题。加固维修现有公路。改进竹笋加工工艺，由村或联户办竹笋、干果保鲜工厂。

（二）南部低山丘陵开发治理区

本区包括白鹿、云梯、千秋 3 个村沿皖浙交界的 12 个村民组、4 个林场，为畲族主要居住区。低山面积占 84.7%，以林为主，兼营有茶、牧、药、粮等生产项目。山地土壤为中层、薄层麻石黄红壤。土层深厚，植被覆盖较好，水土流失轻度和中度。山场为阴坡，气候温凉，云雾多，垂直变化大。金毛坞、桃树坞、铜岭关是有名的大风口，对树木和农作物生长都有影响。本区山场广阔，宜林、宜牧，出产杉树、毛竹，野生竹林面积大。大片山、金毛坞、铜岭关一带有 2000 亩成片的天然草场，适宜发展草食动物。本区有花岗岩、矿泉水和香灰土等矿产资源，有待探明储量、品位，确定开采价值。

本区应坚持开发利用和治理保护相结合的原则，实行以林为主，发展畜牧，多种经营，大力发展杉、竹等用材林和经济林，改良天然草杨，发展养羊、养牛，尽快建立木本中药材基地，使本区成为林茂畜旺、经济富裕、生态良好的南部屏障。加强现有林地管理，4 个林场用材林正处于中龄林，为用材重要后备资源，应加以巩固，除大风口外，宜插杉、栽竹，宜林荒山应发展用材林。改良天然草场，引进良种，抓好技术培训，发展养牛、养羊。同时，继续抓好养兔。望天收梯田应退粮还林、还经，发展多种经济林和多种经济作物。栽培杜仲、厚朴、黄檗、枣皮等多种木本中药材，以千秋林场为重点，“七五”期间建成基地。修建简易公路，解决运输难问题，合理开发矿产资源。

（三）西北部丘陵平畈治理开发区

本区包括白鹿、云梯两村的大部分和千秋村的一部分，共计 30 个村民组，为云梯乡人口集中居住地区。以丘陵为主，具有多种不同地貌，是一个以粮、林、牧为主，全面发展的地区。山地土壤主要是麻石红壤，水稻土为麻石沙泥田。山地土层浅，石砂成分重，比较贫瘠。耕地土质疏松，保水保肥差，水土流失中度和强度。本区地势较低，畈区开阔，气候温和，日照较足，雨量较多，适宜多种农作物生长。这里农业生产内容丰富，水田面积大，属粮油主要产区。本区盛产早笋、青梅、山核桃、中药材、蚕桑等，非常适合种花生、生姜、马铃薯等，养猪、养禽有良好基础，兼有加工、服务业等。

本区应坚持积极治理与合理开发利用相结合的原则，实行以林为主，种养并举，全面发展。通过综合治理水土流失，大力发展经济林、薪炭林，努力抓好粮油生产，积极发展畜禽业，大种经济作物，大办加工服务业，使本区成为种、养、加全面发展的经济发达地区。

加强林业建设，尽快实现荒山绿化，发展笋竹、山核桃、青梅、棕榈等经济林，营造薪炭林和防护林，抓好村庄“四旁”和公路的植树造林。以生物工程措施为主，生物措施和工程措施相结合，治理水土流失。从停垦还林入手，山地桑园、陡坡茶园要退掉还林。严厉制止新的开垦山地，防止造成新的水土流失。努力抓好粮油生产，稳定种粮面积，主攻单产，稳定总产。合理调整作物布局，在水田上适当增加多种经济作物种植面积，扩大花生种植，抓好杂交稻制种。加强缓坡地茶园、平地桑园管理，提高单产。利用空闲地和望天收台田，培养一批高产桑园。大力抓好养猪养禽业，推广“三化”养猪，搞好防疫承包，稳定母猪头数，发展苗猪生产。引进良种，发展养鸡、养鸭、养鹅。积极发展二、三产业，修通白鹿、千秋两条公路，发展运销业。抓好云梯小集镇建设，发展各种服务业。

六、加强领导，分解任务，组织实施

当前农村改革已进入全面调整产业结构，发展商品生产的新阶段，这是建设具有中国特色的社会主义现代化农业的必由之路，是农村工作的重点，也是指导云梯农业综合考察的指导思想和基本出发点。认真实施规划，必将推动云梯乡的改革步伐，实现具有突破性的发展。虽然是一个乡的规划，但涉及面广、学科多、层次复杂。所以，实现规划的任务是艰巨的，必须上下协调，同心合力，下定决心，狠抓落实，并争取省、地、县、区的支持，规划才能得以实施。

（一）确立规划在指导经济发展中的地位

云梯农业综合考察，是我县有史以来第一次组织多学科的综合考察，所提出的规划是在考察的基础上，经过讨论和论证，按照因地制宜、发挥优势的原则制订的。而且还要在规划的前提下，制订出具体的实施计划。这与以前办公室里写写画画的规划不同，它具有科学性、群众性和实用性特点。要通过会议、广播等多种形式，向干部群众做宣传，改变干部群众中流行的“规划规划，写写画画，墙上挂挂”的错误认识，通过总结过去因没有科学规划，单一、盲目地发展生产，造成经济损失和后患的教训，充分认识规划在发展农村经济中的重要作用，引导干部群众认真实施总体规划。

（二）制定具体实施计划

乡、村、组和各个部门根据规划的安排，结合实际情况，区别轻重缓急，制订本村组和本部门的具体实施计划，提出分年度达到目标和措施。在检查、布置和总结工作中，要把实施规划作为重点内容来抓，对一些任务艰巨、难度大、涉及面广的项目和工作难以开展的地方，乡村要加强领导，实行干部分工包干责任制，或组织专门的班子，实行面对面领导。规划的实施要做到有计划、有方法、有布置、有检查，真正发挥规划在指导经济建设中的作用。在规划实施过程中，一定会遇到不少新问题、新情况。建议县、区有关部门加强调查研究，满腔热情地帮助乡村解决一些实际问题，从技术推广、良种引进、原材料设备和资金扶持等方面给予优先的考虑。县、区、乡各个部门在各自职责范围内，承担各自的任务，以确保云梯乡综合规划的实施。

（三）立足自力更生，广泛筹集建设资金

当前，实施规划的最大困难，还是人、财、物的问题。尤其是该乡经济基础差，财力不足，百业待兴，困难很大。面对现实，不可能由国家包办，还是要以自力更生为主，广泛地筹集建设资金。乡、村、组和农户要把分散的资金集中到一些重点项目上，通过发展生产，增加收入，扩大再生产能力。养、种、加都必须以“短、平、快”的项目为主，实行以短养长。要积极地发展横向经济联合，向乡外、县外、省外引进资金，开发资源。

国家给予适当扶持也是必要的。建议县、区从增加农贷指标、发放无息贷款扶助、增加扶持少数民族的资金、支农经费等方面给予扶持。只有这样，以自力更生为主，加上国家的扶持，克服当前资金困难，加快经济建设步伐。

（四）切实建立起服务体系

实现云梯乡总体规划，必须切实解决好产前、产中、产后的服务问题。乡、村要积极了解省内外市场行情，向农民及时提供信息，指导发展适销对路的商品生产。加强与县、区有关部门的联系，取得各方面的支持。扩大横向经济联系，利用名、特、优、稀产品的优势，在大城市设立窗口。以供销社为主渠道，发展户办、联户办运销业，疏通山区商品流通渠道。建立科技指导体系。根据全省科技工作会议的要求，乡要成立农林技术站，在国家的扶持下，配备林、农、牧等各业技术员，抓好农、林、牧科技普及。各个村可视其具体情况，配备有关专业的农民技术员，加强农业技术服务工作。当前在养殖业上，疫病防治的问题十分突出，要健全乡村防疫体系，抓好疫病防治，使畜牧业的发展得到保障。引进和供应良种应该引起特别注意。种植业、养殖业的发展，选用和推广优良品种十分重要，要自始至终地抓好引进和更新工作。

（五）抓好交通建设

云梯是个山区乡，除河千公路沿线外，大部分地区交通不便。深山区群众购买生产、生活资料，出售农副产品，全靠人力运输，实属困难。所以，交通是开发山区的基础工作。茅坦村自筹经费修建简易公路，规格低，危险性大，一遇暴风雨无法通行。千秋、白鹿村委会所在地连机耕公路都不通，边远村组更成问题。所以，振兴云梯经济，解决交通问题非常紧迫，干部群众要求强烈。建议在“七五”期间，整修茅坦公路（太阳基—千红）11 千米，加宽路面，减少急弯。新建 3 条公路：管前—红旗水库 3.5 千米，半月塘—白鹿林场 3.8 千米，云梯—三十六间—铜岭关 3.9 千米。上述公路建成，连接河千干线，是实现云梯山区经济腾飞的重要条件。修建村际公路可以民办公助，占地问题由乡解决，民工由村解决，桥梁和雷管、炸药要求国家给予补助。

（六）重视智力建设

云梯乡经济发展不快，与文化教育落后，人才缺乏是分不开的。所以，要从教育这个基础抓起，1989年实行九年义务教育，开办技术夜校，提高全乡科技文化水平。建议县科委、科协和县区有关部门大力组织科技进山，通过多种途径，加速人才培养，特别是鼓励、支持回乡知识青年学习科技，利用文化知识建设家乡。采取派出去、引进来的办法，培养山区各类技术人才。建议县教委今后对云梯乡实行“定向招生、定向培养、定向分配”的办法，在近两三年内的教师分配上予以优先照顾，改善师资条件。要认真落实知识分子政策，尊师重教，对来乡工作的知识分子要热情欢迎，切实帮助解决一些实际问题，使其能安心山区，建设山乡。

（七）落实党在农村的政策

宣传和落实党在农村的各项政策，进一步调动农民积极性，是抓好云梯乡经济建设的保证。乡村要采取多种方式进行普法教育，发挥政策和法律的威力，使全乡社会治安根本好转，保证经济建设顺利进行。在规划实施过程中，要宣传《森林法》，依法治林，同时制订出台乡规民约，坚决刹住乱砍滥伐歪风；继续抓好计划生育工作，将人口自然增长率控制在5‰范围内，以确保规划指标的实现。保护“两户”（专业户、重点户）合法经济权益，对于干扰和破坏“两户”生产的案件要及时查处，使“两户”在发展山区生产中起到示范、带头的作用。由于云梯乡地处省际边境，受省际边区政策影响大。为此，要求上级能制定边区优惠政策。如：价格政策、退粮还林、减少粮食征购任务、增加粮食供应指标、允许省际商品流通价格就高出售、落实少数民族政策等。

（八）加强对规划实施的领导

云梯乡农业综合开发规划是一个系统工程，乡党委、政府领导要列为重点工作，持之以恒，狠抓到底。乡要成立实施规划领导组，具体确定一名负责同志抓。在实施过程中，涉及部门要做的工作，各部门要想方设法予以解决，不能推诿扯皮。建议县人民政府加强对云梯乡综合规划实施工作的领导，云梯乡农业综合考察领导组应继续发挥作用，主要是做好协调的工作，帮助解决乡村无法解决的一些实际困难。领导组成员单位要做好本部门的支持和协调工作，上下同心协力，按照综合规划的设想，把云梯乡建设成为宁国县经济发达、环境优美的东南门户。

宁国县云梯农业综合考察队

一九八六年九月

1951—1980年云梯乡多年平均降雨量一览表

表15

月份	1	2	3	4	5	6	7	8	9	10	11	12	全年
雨量（毫米）	43.0	91.7	96.7	134.0	167.8	203.8	157.5	172.3	142.0	89.5	38.6	51.3	1388.2

1951—1980年云梯乡不同海拔高度多年平均积温情况一览表

表16

海拔高度（米）	200	300	400	600	800	1000
≥0℃积温（摄氏度）	5452.8	5288.8	5124.8	4796.8	4468.8	4140.8
≥10℃积温（摄氏度）	4752.9	4640.6	4528.3	4303.0	4079.1	3854.5
≥20℃积温（摄氏度）	3069.4	3002.4	2935.4	2801.4	2667.4	2533.4

1985—1990年云梯乡畜牧业项目规划一览表

表17

项目名称	1985年实际数			1990年规划数		
	数量	人均或户均数	商品量	数量	人均或户均数	商品量
生猪饲养量	5355头	3.85头/户	—	6700头	5头/户	—
生猪出栏量	2192头	—	333头	3700头	—	1700头
牛	366头	3.8户/头牛	6头	460头	3户/头牛	50头
羊	57头	—	—	200头	—	50头
家禽饲养量	20978只	3.5只/人	5000只	30390只	5只/人	15000只
禽蛋	11.3吨	1.9千克/人	—	30吨	5千克/人	15吨
兔	1560只	1.1只/户	—	4100只	3只/户	—
兔毛	1吨	—	1吨	2吨	—	2吨
肉量	164吨	27.7千克/人	68吨	482吨	79千克/人	220吨
养蜂	500箱	—	1.5吨	600箱	—	6吨
母猪	382头	—	—	500头	—	—

1986—1990年云梯乡山场绿化和“三还”规划一览表

表18

项目名称	任务数	分年度治理面积					备注
		1986年	1987年	1988年	1989年	1990年	
封山育林（亩）	9200	3000	2500	2200	1300	200	“三还”是指山坡地种粮食、油料、药材的土地退耕还林、还经（济林）、还牧
植树造林（亩）	7300	1500	1500	1500	1500	1300	
其中：山地垦种“三还”（亩）	2500	1000	1000	500	—	—	
天然草场改良利用（亩）	2000	300	600	600	300	200	

续表 18

项目名称	任务数	分年度治理面积					备注
		1986 年	1987 年	1988 年	1989 年	1990 年	
望天收田“三还”（亩）	800	—	200	200	200	200	包括茅坦 44 亩不适宜种稻水田

1985—2000 年云梯乡产业结构调整规划一览表

表 19

项目	1985 年实际数		1986 年计划		1987 年计划		1988 年计划		1989 年计划		1990 年计划		“七五”期年递增率（%）	比“六五”期实际增长（%）	2000 年预计		
	产值（万元）	占比（%）	产值（万元）	占比（%）	产值（万元）	占比（%）	产值（万元）	占比（%）	产值（万元）	占比（%）	产值（万元）	占比（%）			产值（万元）	占比（%）	比“七五”期增长（%）
工农业	253.7	100	280	100	319	100	366	100	425	100	504	100	9.6	98.4	1510	100.0	200
农业	232.0	91.5	248	88.6	272	85.3	296	80.9	322	75.8	350	69.4	8.5	51.8	710	47.0	103
种植业	116.0	45.7	121	43.2	131	41.1	140	38.3	150	35.3	160	31.7	6.7	37.9	200	13.2	25
林业	55.2	21.8	61	21.8	67	21.0	74	20.2	81	19.1	89	17.7	10.0	61.0	351	23.2	294
畜牧业	42.6	16.8	46	16.4	51	16.0	57	15.6	63	14.8	70	13.9	11.0	63.8	100	6.6	43
副业	16.5	6.5	18	6.4	21	6.6	23	6.3	25	5.9	28	5.6	10.0	69.7	55	3.6	96
渔业	1.7	0.7	2	0.7	2	0.6	2	0.5	3	0.7	3	0.6	11.5	76.4	4	0.3	33
工业	18.2	7.2	27	9.6	40	12.5	59	16.1	87	20.5	129	25.6	48.0	609.0	700	46.4	443
第三产业	3.5	1.4	5	1.8	7	2.2	11	3	16	3.8	25	5	48.3	614.0	100	6.6	300

1985—1990 年云梯乡农林项目规划一览表

表 20

项目	1985 年实际数			1990 年规划数			
	面积（亩）	总产（吨）	商品量（吨）	面积（亩）	单产（千克）	总产（吨）	商品量（吨）
1. 粮食及大豆	7088.5	2398	175	6600	—	2350	25
夏粮	677	91	60	1000	250	240	25
其中：小麦	677	91	60	800	250	160	20
稻谷	5971.5	2206	115	5150	387.5	1996	—
其中：早稻	1088	383	—	1300	375	488	—
中稻	3616	1480	—	2350	450	1058	—
双晚	1267.5	343	—	1500	300	450	—
薯类	32	2.1	—	100	100	5	—
玉米	315	46	—	300	300	90	—
大豆	569.6	24	—	200	150	30	—

续表 20

项目	1985 年实际数			1990 年规划数			
	面积（亩）	总产（吨）	商品量（吨）	面积（亩）	单产（千克）	总产（吨）	商品量（吨）
2. 经济作物	632.5	—	—	1700	—	—	—
油料	585.5	32	0.8	1600	114	182	78
其中：油菜	578	31	0.6	1000	80	80	13
花生	2	0.1	—	500	200	100	65
3. 其他作物	3219	—	—	4350	—	—	—
蔬菜	111	250	28	350	1500	262	150
药材	44	—	—	300	—	—	—
其他	3064	—	—	3700	—	—	—
桑园、蚕茧	278	12.5	12.5	550	30	16.5	16.5
茶园、茶叶	1430	13.6	8.1	1250	25	31	25
果园、水果	15	5	1.5	200	150	30	20
4. 经济林	5500	—	—	19610	—	—	—
山核桃	78	39	22.5	580	—	50	40
笋竹、笋干	7871	115	110	16600	—	207	190
元竹、鲜笋	357	156	150	850	—	315	300
板栗	14	7	5	400	—	20	10
青梅	0.5 万株	40	40	2 万株	—	80	80
木本药材	10	—	—	510	—	—	—

1980—2000 年云梯乡劳动力结构调整预测一览表

表 21

名称	1980 年实际数		1985 年实际数		1990 年预测		2000 年预测	
	人数	占总劳力（%）	人数	占总劳力（%）	人数	占总劳力（%）	人数	占总劳力（%）
全乡人口	5845	—	5924	—	6078	—	6400	—
全乡劳动力	2148	—	2272	—	2426	—	2674	—
1. 农业	2106	98.3	2113	93	2016	83.2	1550	58.0
种植业	1981	87.8	1658	73	1210	50	900	33.7
林业	199	9.3	364	16	606	25	400	14.9
养殖业	26	1.2	91	4	200	8.2	250	9.4
2. 工业	5	0.2	45	2	260	10.6	754	28.2
3. 第三产业	32	1.5	114	5	150	6.2	370	13.8

表 22

1985 年云梯乡农业分区概况一览表

区名	各区范围	总面积		最高海拔（米）	最低海拔（米）	一般海拔（米）	人口情况			地貌类型						林业用地		水田	
										中山		低山		丘陵					
		平方千米	占全乡（%）				人数	占全乡（%）	人口密度（人/平方千米）	面积（平方千米）	占本区（%）	面积（平方千米）	占本区（%）	面积（平方千米）	占本区（%）	面积（亩）	人均（亩）	面积（亩）	人均（亩）
东部中低山保护开发区	茅坦村6个村民组和茅坦林场	23.20	45.8	1587	370	600～1000	623	10.5	26.7	5.80	25.0	16.90	73.0	0.50	2.0	29477	47.3	44	0.07
南部低山丘陵开发治理区	白鹿、云梯、千秋3个村沿皖浙边界的12个村民组和4个林场	10.48	20.7	1130	320	400～600	1135	19.2	108.0	0.13	1.2	8.88	84.7	1.47	14.1	13196	11.6	1060	0.93
西北部丘陵平畈治理开发区	白鹿、云梯2个村的大部分和千秋村的一部分，共30个村民组	16.97	33.5	461	150	200～350	4166	70.3	245.0	—	—	5.58	32.9	11.39	67.1	14226	3.4	3816	0.92

云梯农业综合开发实验区实施效益及探讨

安徽省宁国县云梯乡位于皖浙交界的天目山西北麓，是少数民族——畲族集居地，是水阳江上游东津河的源头，是经济贫困、靠财政补贴过日子的山区。在我县农业区划阶段性任务基本完成后，狠抓农业区划成果应用为重点时，组织开办了农业综合开发实验区。四年多来，坚持“区划—规划—实施”的服务体系，使这个“少、边、贫”乡面貌发生了显著变化。实验区的实践充分显示了农业区划成果的旺盛生命力，并为正确指导农业生产发展，直接服务于农村经济建设作出了有益尝试。

一、实验区确立的历史背景

1985 年，在县级农业资源调查和农业区划阶段性任务基本完成以后，农业区划工作面临着如何深化和发展的问题。回顾以往历程，解放后我县从上到下年年都要搞规划，大的规划隔不了几年要搞一次，但绝大多数规划是流于形式，形成了“规划—写画—汇报—布置”的格局，从干部到群众认为区划不过是纸上画画、墙上挂挂罢了，持冷淡态度，究竟农业区划成果能不能直接应用于社会实践，服务于经济建设？这是关系到农业区划事业生存与否的重大课题。我们认为，农业区划工作是尊重自然规律和经济规律，因地制宜，扬长避短，发挥优势，科学的指导农业生产的重要基础工作，应该经得起实践检验，更有效地为社会经济建设服务。于是我们把农业区划工作的重点转移到狠抓成果应用上来，并选择确定典型区域进行开发实验，探索出“区划—规划—实施”的体系。

农业综合开发实验区选在云梯乡，主要基于该乡影响力较大，具有典型的代表性。其依据有：

云梯乡地处皖浙两省交界处，东部和南部分别与浙江安吉县和临安县相邻。一方面从全省全国来看，以往注重抓中心地带建设，而忽视了边缘地区的门户作用。因而，边缘地区一般比较落后，所以，抓云梯乡开发具有探索研究边界效应，发挥区位优势的重要意义；另一方面考虑到省际边界地区的对照度大。作家陈刚在报告文学《伐木者，醒来》中，描述他站在千秋关面对安徽这边的荒芜景象感慨万千，可见这里的影响之大。

云梯是全省重要的少数民族乡。全乡下辖千秋，白鹿、云梯、茅坦 4 个行政村，54 个村民组，计有 1643 户，6392 人，其中畲族 1213 人，为全省畲族聚居最多的乡。畲民居住深山，劳动强度大，经济收入低，人均收入 150 元左右，明显低于汉族生活水平。对于我们这个多民族国家来说，支援少数民族振兴经济，其意义重大而深远。

云梯乡为水阳江上游东津河的发源地，水土流失严重，且危及整个下游地区。全乡总面积 50.64 平方千米，千白云小流域面积 27.45 平方千米，其中中度以上流失面积达 16.48 平方千米，分别占全乡和流域面积的 32.5% 和 60%，平均侵蚀模数为 2776.5 吨／平方千米，最高值达 4500 吨／平方千米，造成塘库河道淤塞、土壤沙化、倒埂塌方的情况非常严重。

云梯是一个典型的贫困山区乡。该乡处在天目山脉的西北坡，属中低山地貌类型，境内一般海拔高度为 400 ~ 600 米，与浙江交界的龙王山海拔高度 1587 米，为全县最高点。长期以来，经济文化落后，生产经营方式粗放，资源破坏严重，经济和生态恶性循环，国家财政每年补贴这个乡 3.5 万元，为全县之最。通过实验探索，以期寻找开发治理山区资源，振兴山区经济的路子，从而带动和影响我县山区乃至整个皖南山区经济的发展。

此外，云梯乡的干部群众对综合开发治理的要求迫切，加之皖浙交通干线穿越该乡，这为实验区的确立提供了更加有利的条件。

针对云梯乡山荒人穷，农业生产经济效益低，二、三产业几乎空白的状况，以及历史上曾经走过的曲折弯路。根据农业区划贵在综合协调的特点，制订了“综合考察—综合规划—计划—实施”的工作技术方案。报经省、地农业区划部门批准，于 1986 年 3 月由县农业区划委员会牵头，组织了农、林、水等县直 9 个部门 16 位专业科技人员参加的综合考察队，深入云梯乡村调查研究。之后，经反复研讨论证，制定了《云梯乡综合开发治理规划》。1986 年底提交该乡人代会审议通过形成决议，并经县人民政府正式批准后，全面组织实施。

二、规划实施的综合效益

四年多来，云梯农业综合开发实验区坚持连续开发治理，使这个少、边、贫的山区乡发生了深刻的变化，山、田、林、路的面貌换新颜。不仅取得考察规划的智力成果，而且取得了明显的实施效果。

实施四年多来，经历两个平年（1986 年、1989 年），两个特大灾年（1987 年洪水、1988 年大旱），1989 年又遇上大风、特大洪水的影响。但以 1989 年实绩与 1985 年相比，其效益是显著的。

（一）经济效益

全乡工农业总产值 652 万元，比 1985 年的 254 万元，增长 1.57 倍。按照国家和地方投资数计算，单位投资产值增长率为 1∶3.3。此外，治理水土流失的间接经济效益经测算达 210 万元。

农业总产值 426 万元，比 1985 年的 232 万元，增长 0.84 倍；乡镇企业产值由 1985 年的 21.7 万元，增长到 174 万元，增长 7 倍。

农民人均收入水平达到 543 元，比 1985 年 239.8 元，增长 1.3 倍。

（二）生态效益

累计造林 6670 亩，封山育林 9790 亩，全乡有林地面积达 54847 亩，比 1985 年扩大 42.9%。森林覆盖率达到 72.2%，比 1985 年的 50.5%，增长 43.0%。

治理中强度水土流失面积 14.48 平方千米，治理率达 87.9%。平均侵蚀模数由 2776.5 吨 / 平方千米，下降到 480 吨 / 平方千米，来沙量显著减少，河床下切很快。

人工种草 250 亩，人工管理使用牧场 540 亩，发展青梅面积 1050 亩，修建水平梯地 251 亩，全乡绿色覆盖率达 87%。

综合开发治理提高了抗灾能力。1989 年“9·16”洪水，附近乡村受灾严重，而云梯河水是清的，界线分明；1989 年 15 号台风带来特大洪水，我县沿天目山的南部乡村遭受历史上少见的洪灾，冲毁堤坝、良田，冲倒房屋、树木等，损失巨大，而在云梯乡范围，特别是小流域综合治理区内安然无恙，受影响极轻。

（三）社会效益

提高农副产品商品数量和商品率。向社会上提供的农业商品经济价值由 1985 年的 103.9 万元，占当年农业总产值的 44.8%，增加到 1989 年的 258 万元，占当年农业总产值的 60.6%。

新建改造省柴灶 1260 个，占农户数的 76.7% 以上，每年节省烧大柴量为 2520 吨，相当于少砍 420 亩薪炭林地。还办了一个煤饼加工厂，新建 15 个沼气池，新建 26 千瓦小水电站一座，改善了人口居住稠密的乡集镇和大村庄居民烧柴难的问题，又有效地保护了山林资源。

新建 5 条 7.5 千米长，含 8 道桥梁的村际公路，维修 11 千米长的山区林道，改变了山区交通运输条件。

兴建了 3 所小学教学楼，新建 900 平方米的商业大楼等，改善了教育条件和活跃了商品市场。

（四）与规划指标吻合度

工农业总产值规划与实绩相比：前三年的吻合度为 +1.03% ~ +1.11%，第四年减去乡镇企业新办两个厂产值外为 +1.15%。

以竹笋生产为突破口的规划与实施吻合度：规划建立万亩竹笋生产基地已经实现，现有面积 10568 亩，比 1985 年扩大 33.53%；鲜笋产量达 2730 吨（包括笋干产量），比 1985 年增长 72.5%，与规划数吻合度 ±1%。

强化林业建设为重点的规划与实施吻合度：停垦还林经山地 2500 亩，与规划数相吻合；封山育林面积吻合度 +8%，植树造林面积吻合度 +11%，已消灭荒山 17991 亩，与规划吻合度为 +14.5%。经县林业、区划、水保部门联合调查核实，目前尚有荒山面积 609 亩，已基本实现绿化乡的目标。

此外云梯小流域水土流失综合治理和发展乡镇企业的实绩均超过规划数较大。粮油、茶叶、水产、畜牧业等生产都达到全县高产水平。

（五）示范作用

云梯农业综合开发实验区对全县乃至全地区、全省有一定影响，为农业区划部门提出建立实验区的决策提供了依据。特别是在县内示范和带动作用很大，靠近云梯附近的乡村学习云梯开发模式收效很大。如仙霞乡东安村与云梯一山之隔，把云梯乡突破口定为本村主要开发项目，四年来早竹面积翻一番，产值增长 5 倍，人均仅早竹笋一项达 171 元。杨山、仙霞、平兴、中溪、板桥、河沥溪等十多个乡镇或打报告，或上门要求，还有三个乡的县人大代表在两届县人民代表大会上作专门提案，要求区划部门帮助搞调查规划进行综合开发。农业区划在广大干部群众心目有了一定位置，县委、县政府、人大多次要求区划办公室继续牵头协调，再办农业综合开发实验区。我们在总结云梯试点经验的基础上，对平兴乡进行调查规划，并经省农业区划委员会办公室邀请专家论证，正式立项投资，第一期项目工程已经进入实施阶段。

三、规划实施的技术路线

云梯农业综合开发实验区从实地考察到制订规划，狠抓实施的整个过程中，应用农业区划、系统工程和农业生态的理论和方法，实行“区划—规划—计划—实施”。即按照区划所规定的发展方向、途径制订出突出重点、综合开发的规划；按照规划确定开发目标和重点项目分解到年度，落实到山场地块，制订出定项定位定量定时的实施计划；按照计划指标体系，通过抓资金、物资、劳力、领导、技术五落实，精心组织实施。这既解决了规划的科学性和实用性，又解决了规划归规划，干归干“两张皮”做法的历史沿袭，把规划和实施紧紧结合起来。

（一）坚持综合考察规划并组织论证

我们把统一组织内外业调查研究、制订综合开发规划、组织论证、实行科学民主决策作为建立农业综合开发实验区的前期基础性工作。坚持严谨的科学态度，努力提高规划的科学性和实用性。

1. 组织一支综合考察队伍

在县人民政府的重视下和上级农业区划部门的指导下，充分发挥县农业区划委员会的领导、组织、协调作用，为了集中精力抓好实验区前期基础性工作，以县农业区划委部分成员为主体，专门成立了以分管农业区划工作副县长为组长的宁国县云梯农业综合考察领导组，加强对综合考察的组织领导和协调工作。

从县、区、乡三级抽调了 13 个专业和基层行政干部，成立了由 27 人组成的宁国县云梯农业综合考察队。按照农业开发治理以土地资源为载体，划分为山、水、田、企（企业）四个专业调查组以及综合组、后勤组，将调研任务分解到各个组。并由各专业、综合组按分解任务制订各组调研任务和方案，以提高工作效益和工作质量。从提高整个考察成果的质量出发，加强整体分析研究，聘请县农、林、水方面学术水平高的工程师、农艺师为考察队的技术顾问，专门成立了技术顾问组。

2. 坚持“三个三结合”的方法

一是实行以外业调查为主，内外业相结合。考察队来自各部门、各专业，进入考察前做了大量准备工作，广泛系统收集有关云梯乡的资料，而且在内业阶段补充收集资料、数据，特别是县农业综合区划和专业区划收集的历史性资料较多，但由于受到部门专业职能限制，单一调查资料多，资料反映情况难免存在片面性。针对这种情况，在云梯农业综合考察过程中，坚持了内外业结合，以外业调查为主。在外业调查上分成统一综合调查与单项专业调查两个阶段，历时 40 天，吃住在山村，跋山涉水，实地踏查量算，户访座谈了解。考察队员按计划冒风沙、大雨，披荆斩棘，在云梯山山水水上都留下足迹。通过逐组逐山逐片逐库塘的调查，查清了农业自然资源的数量、质量与利用现状、产出水平；查清了乡、村、组的经济状况与文化科技水平，以及有代表性的农户情况；查清了形成荒芜和低产资源的历史和现实原因，查明当地资源开发典型路子和干部群众的设想、打算；查明开发治理的有利条件及其难度。连续调查研究，取得大量数据、资料和照片。在外业调查基础上，考察队工作转入内业，县农业区划委员会专门作出布置，又通过两个月的内业分析研究，在规定时间内提交了 11 份专题调查报告。以县区划办公室为主的综合组起草考察总体报告和综合开发规划的初步设想。

二是实行以技术人员为主体，技术人员、干部和农民群众相结合。调查资料既来源于实地调查和收集部门掌握的调查统计，还须向当地干部群众调查收集，特别是历史演变情况、历史传统生产经验和现实存在的问题。作为加深层次进行调查，专门组织调查组对专业户、联合体、庭院经济进行调查分析，总结了 35 个典型资料，并帮助他们研究深层开发的路子。考察结束后，又对重点资源、开发项目做了加深调查，组织三批人员到浙江省相邻的几个乡参观了解。在规划蓝图拿出来后，实行分工负责，科学性由技术人员负责，实用性由区、乡、组干部负责，广泛发动乡、村、组干部群众讨论修改，集中了广大干部群众的聪明智慧，把群众迫切要求上的经济效益好项目列入规划之中。

三是实行以开发项目为主线，把调查、规划和计划有机结合起来。实验区的综合开发是以项目为支撑，由各个开发项目组织编列的项目群所构成。它是在原来区划基础上的合理延伸和深入推进，按照区划思想，把定性定向、定位定量、定时序紧密结合，形成综合开发治理的规划计划。所以，在分析研究过程中，以选准开发项目和确定重要项目为主要目标。因此，对专业组和综合组所提出的项目，通过效益评估分析，全面衡量，综合选优，并经过县、地组织论证验收。当时专业组提出三个突破口、建设五个基地等，通过分析论证，深刻认识到在一个乡域范围内，应该突破口准确，重点项目集中。既要按照山区复杂多样地形地貌特征，因地制宜确定分散多品种的开发项目；又要抓住主要方面，以规模经营、发展商品经济为特点，选定重点开发治理项目。通过集中统一论证，选定竹笋生产和加工为突破口，以强化林业建设，综合治理千（秋）白

（鹿）云（梯）小流域水土流失和发展以资源加工为主的乡镇企业为重点项目。

3. 考察规划达到了“三个统一”

第一是把因地制宜与优选项目统一起来。既采取了因地制宜、因土种植的小型多样化开发，又实行宜中选优，突出重点的规模性开发。云梯乡山地土壤属于轻砂质壤土，多宜性好，但是笋干竹生长更为适宜。该乡竹种多，早竹品种优良，是著名的天目笋主产地之一，历来畅销沿海城市，经济效益显著。同时，竹子枝叶繁茂，竹鞭发达，能防风固沙，控制水土流失，选作突破口经实践证明是准确的。1989 年建成万亩笋干竹生产基地，年产笋干量和鲜笋量分别占全县的 60%、15% 以上。笋类年产值由 1985 年 41.9 万元，占当年全乡工农业总产值的 16.5%，到 1989 年达到 142 万元，占全乡工农业总产的 21.7%，分别提高 239% 和 5.2 个百分点。

第二是把单项开发与综合开发统一起来。针对云梯乡水土流失严重的状态，如不解决水土流失问题，一切规划都有落空的危险。所以，把开展小流域水土流失综合治理作为一个重点项目。四年多来，采取以生物措施为主，生物、工程和节能措施相结合，进行综合治理。实践证明，它既保障农业生产，又发展了林业和畜牧业，改善生态环境，正确处理了开发与治理的关系。四年来，不仅维修新建水利工程 193 处，还挑出沙压农田 60 亩，修建梯地 251 亩，增加蓄水能力，稳定粮油种植面积，发展水产养殖。对“压山”（禁止山坡旱地种植农作物）带来农民吃黄豆（豆腐）难的问题，又引进矮秆早熟丰产的黄豆品种，大力推广种植田埂豆，开发田埂经济。

第三是把致富脱贫与生态农业统一起来。云梯农业经济开发治理目标是发展农村经济，建立良性循环的生态农业。主体上是绿化山区，控制水土流失，从根本上改变生态恶性循环局面，建立高效益、生态型的农村经济结构。由于搞生态农业，长期效益好，短期效益不明显，技术人员感兴趣，开发者无兴趣；由于农民现实主义思想较为严重，希望早上干活晚上能拿到钱，习惯于传统经营方式，技术界担心，农民热心。通过制订综合开发规划，系统分析设计，把生态农业长远利益与脱贫致富的眼前利益结合起来，做到以短养长，长短结合，融为一体，技术界高兴，群众满意。

（二）坚持统一组织领导和全面协调

规划实施的时间长，难度大，需要有一个强有力的组织机构来进行统一领导，全面组织协调。县人民政府决定以原来考察领导组为基础，成立了云梯农业综合开发领导组，同时为云梯小流域水土流失综合治理重点项目成立了指挥部，实行一个机构、两块牌子，在云梯乡政府设立专门办公室，由乡党委书记兼任办公室主任，分管乡长具体抓，村、组确定专人管。健全实施技术指挥组，加强对实施过程的技术指导。列入乡党政工作中心任务来抓。这样在县人民政府直接领导下，由区划办公室牵头协调，以乡、村为主体，各部门配合支持，全面实施。分管县长在关键时刻去现场检查指挥。领导组每年在现场召开两三次协调会议。县人民政府每年对云梯农业综合开发和小流域水土流失综合治理都要发 1 ~ 2 期协调会议纪要。县农业区划委员会每年对实施情况及时以送阅材料方式向县委、县政府、人大等领导机关作文字汇报。县委、县政府、人大、政协等几大班子领导成员在实施过程中多次去现场检查指导督战，并及时提出一些指导意见，帮助解决实施中的具体问题。如山区交通是发展山区经济一项基础工作，云梯乡交通除一条宁国至杭州过境公路外，还有两个行政村和多数村民组不通公路。为解决修建村际公路，县长和人大常委会主任、副主任带领交通、林业等部门负责人亲自踏看现场，研究方案，并专门派出技术员进行测量规划，保证村际公路逐步修通。

（三）坚持按目标管理，保持开发治理连续性

在综合开发治理规划批准后，按照各个开发治理项目，分解为逐年实施计划，作为项目目标管理具体内容，实行领导、技术岗位负责制。按照以乡村为主，部门支持配合的原则，乡党政领导实行分工负责制。分管领导抓全面，保证重点，其他领导按照行政上分工包村，负责包村开发项目实施工作，列入领导岗位责任制的考评范围。在突击实施阶段，乡党委、政府的干部，除保留值班人员外，全部分赴各个开发治理阵地，负责抓进度和质量，及时发现和解决实施中存在的问题。行政村干部较少，也确定一名村长专门抓，村“两委”干部分工包片，抓开发项目的实施，对办公室专职人员实行常年分工到村，包重点项目，巡回检查指导，做好后勤工作，明确责任，奖优罚劣。所以，整个实施工作是在乡、村干部分工负责制中运行。县、区各有关部门按照部门职能分别承担了综合开发项目的支持、配合任务，确定领导和技术骨干专门负责，列入各自工作范围和目标管理中。对实验区实施项目优先安排，优先提供，优先指导，积极支持、配合乡村抓实施。例如，在杂竹山改造利用上，林业部门认为经济效益不高，要砍掉造林；当地群众要求保留改造。为此，乡政府作了专题汇报，并于 1988 年 7 月由分管乡长带队，组织乡水保办、林业站、农经站人员用半个月时间逐块调查量算，提出具体处理意见。领导组专门召开会议听取汇报，讨论研究指定县区划办公室牵头，林业、水利部门派员参加，逐块核实情况，就地落实方案。核查组实

地核查，对杂竹立竹度高、长势好、经济效益稍好的 1204 亩杂竹山划作保留改造；对立竹度稀疏、长势差、经济效益差的 811 亩杂竹山进行垦挖植树造林，及时解决了实施中的难题。为实现植树造林的目标管理，乡村培育各种苗木，其中外松种子数量少，县林业局优先供应外松种子，并实地指导育苗，不仅保证云梯乡造林需要，而且为其他乡镇营造速丰林提供苗木。

（四）坚持以民办为主，各方面支持为辅

在农业综合开发项目中，除深层开发的农林加工业项目外，主要以劳动力的投入为主，其次为技术、物资、资金等方面投入。所以，坚持以民办为主，公助为辅的原则。四年多来，实验区共投入开发治理项目累计劳动日 41 万个，完成治水修路土石方量达 27.4 万立方米，平均每个劳动力投工 130 个。具体办法是抓劳动积累工兑现，承包经营者筹集。在多方筹集资金上，乡、村、组和农民筹集资金量达 15 万元。面对这个经济贫困乡，国家和地方投资 37.5 万元（包括周转金）。国家和地方投入资金只是作为优先安排项目和适当补助形式。如：水利维修和新建工程项目，只是补助水泥和雷管、炸药及部分投工工资；造林上按照县林业局对全县造林、封山育林补助标准发放，对大面积造林每亩由乡政府发放 10 元开办费，对小面积造林只投放苗木。新建公路、学校都是按统一标准补助，只是在项目安排上优先。发展乡镇企业按照县统一安排周转资金和贷款项目支持，没有无偿投资。搞农业综合开发实验区，特别是在少、边、贫的山区乡，本来经济基础薄弱，通过多方面筹集投入一定资金扶持是必要的。为此，先后将云梯农业综合开发项目划分成几个主要项目，报请各有关部门立项支持。如水土流失综合治理，上报了云梯小流域水土流失综合治理项目，获省、地水保部门批准立项，投资 20 万元。由于水土流失综合治理是以生物措施为主，生物措施、工程措施和节能措施相结合的办法，这个项目一上马就解决这几个村的农业综合开发上多个项目需要国家投资扶持的问题。规划人工种草的牧场，县畜牧部门将国家、省投放给宁国县高山草场实验经费一部分，支持扶助金毛坞牧场开发利用。林业、民委、税务、财政、科委等部门都分别以或投，或贷，或借的方式给予支持。因此，多渠道筹集开发资金保证了实验区项目的顺利实施。

（五）坚持按照规划实施，严把质量关

综合开发实验区实施成败的关键，是既要有一个科学、实用的综合开发治理规划，又要有规划实施的连续性，讲究质量，严格把关。在云梯农业综合开发规划实施中，乡党、政领导干部先后换人员三四次，具体抓此项工作的干部也有所变动，但规划一直持续实施。其办法有：一是规划经过乡人民代表大会作出决议，经过基层立法程序；二是广泛宣传，把规划思想深入到人民群众中去，并坚持不懈地进行层层抓，一级抓一级；三是新任领导有科技兴农意识和实干精神。所以，尽管原来参加规划设计、抓规划实施的领导干部调动了工作位置，但是他们在离开这个岗位之前都及时与县领导组通气，并主动办好交接手续。新任领导干部主动与主管部门联系，熟悉规划，坚持按规划办事。这既维护了规划的严肃性，又保证了规划实施的连续性。县委、县人民政府、县人大领导为此做了许多实际工作。

在综合开发项目实施上，首先要把好工作质量关，才能提高施工质量。为此，一抓领导岗位负责制，二抓实施技术方案标准的检查验收，三抓科技知识的培训，四抓现场技术指导传授，五抓典型教育路子。如大于 25° 山坡旱地退耕问题，群众想种植黄豆、芝麻、玉米等。开始是以行政手段促使退耕还林。1987 年 6 月 24 日大洪水暴露出未退耕的地方，洪水冲刷损失严重，而退耕地块损失极轻，乡政府及时组织群众去看现场对比，推动群众主动退耕还林。建造水平梯地难度大，但从水土保持，为子孙后代谋福利和稳定粮油耕地面积等角度出发，抓出试点让群众去看，让事实教育群众，对不建梯地的一律栽上元竹，达到保持水土、增加经济收入的目的。

四、对建立农业综合开发实验区的思索与探讨

云梯农业综合开发实验区从组织综合考察到制订综合开发规划，直至四年多的实施，在宁国县是第一次尝试，在国内尚未看到报道，无经验可借鉴，在探索中前进，难免存在一些问题。如产业结构调整中，有的项目受市场价格波动，有的受政策调整的影响，另外由于工作量过大，力量不足，致使一些项目规划不得不有所改变和相应推迟实施期，但未影响实验区实施总体功能和效益。根据第三次全国农业区划工作会议精神和安徽省已经明确的农业区划工作职能，对建办农业综合开发实验区做一些探讨。

（一）办好实验区是探索正确指导农业生产发展有益的尝试

我国开展第二次农业区划工作时，当时毛泽东主席提出大搞科学实验的指示，江苏省先行一步，各地随之大兴调查研究之风，领导干部蹲点抓样板。当时，宁国县有 3 个样板点，作为县委、县政府领导蹲点调查研究、参加劳动、总结经验、摸索规律、指挥生产的样板；又是农业科技部门开展试验、示范、推广技术的样板。样板点对推动全县农业发展起到很大作用，至今在干部群众中记忆犹新。二十年以后，在第三次农业区划阶段性任务基本完成，县级农业区划工作重点转向何处？宁国县确以农业区划成果应用为重点，及时组织云梯农业综合考察、规划和综合开发治理的实施，事实证明不仅取得考察、规划的成果，而且把数学模型的规划变成现实的实体模型，推动了云梯乡尽快脱贫致富，提高农业总体的功能效益。不仅如此，其带动影响作用大，附近几个乡都在学习借鉴云梯乡的做法。如在笋干竹生产开发上，狮桥区的几个乡向沿海大城市销售量达160万千克，比1985年总产量增加2.1倍。所以，通过实验示范是实行分类指导、以点促面指导生产的重要方法，它是历史上抓示范样板的继续和发展。农业区划成果可算是科技成果，在农业生产拨乱反正，避免瞎指挥，实行科学决策和分类指导上起到过积极作用，那么建办农业综合开发实验区是农业区划工作向深层发展，是解决正确地指导农业生产的有益尝试。

（二）农业区划成果必须通过综合实施，才能显示其在经济建设中的重要作用

农业区划工作任务在于服务生产建设，既要为领导正确决策提供依据，又要为分类指导提供实际的模式。要做到在经济建设中真正发挥作用，就要狠抓农业区划成果的应用。农业区划成果的应用，一是渗透融入领导决策，二是区划部门间接参与，三是靠专门部门职能使用，但这远远不够，究其原因：

一是农业区划成果侧重于定性定向的宏观研究，缺乏定位定量研究，难于真正应用。由于搞农业综合区划和专业区划的成果既有时效性问题，又有农业区划专业力量不足问题。为了赶时间写区划报告，基本上是依据专业区划，缺乏对自然资源和社会经济技术条件的实地调查，难免存在不实和受到专业部门观点的影响。因此，我们在抓农业综合开发实验区之前，必须有一个综合考察过程，这是对农业区划的补充和验证。云梯实验区的综合考察就充分证明了这一点，它既有补充农业资源的情况，又有对原规定发展方向、途径进行必要的修正，使区划成果更加符合实情。如青梅资源未写到区划本上，早竹也不突出，通过调查发现了这些资源的潜在优势，在全省也是名列前茅，才引起部门重视，进行了专业调查，制订了开发规划。特别是贝母资源得到鉴定，被命名为“宁国贝母”。因此，对区划确定的发展方向也补充得更加明确和具体。另外，由于区划工作阶段性任务制约，缺乏规划层次，很难定位定量，更不可能入微入细，所以，真正使用区划成果必须有一个实地调查、制订规划的合理延伸和发展阶段。

二是农业区划必须经过规划实施，才能真正在生产建设中发挥作用。云梯农业综合开发实验区的实践证明，制订规划就是要依据农业区划所确定的农业发展方向、途径，

将需要与可能结合起来分析研究，把区划提出的方向性建议具体化、定量化，从而有力地指导农业生产。按照规划组织实施，把区划、规划的智力成果变成现实的效益，真正体现在发展生产力上。

（三）办好实验区要靠各级政府重视和调动社会各方面力量，从上到下形成合力

云梯农业综合开发实验区从组织综合考察、制订规划，到组织实施的过程，充分体现了各级政府的重视和各有关部门的支持配合。

各级领导重视是办好实验区的保证。县委、县政府、县人大对云梯农业综合开发实验区工作一直很重视，从综合考察规划到实施的数年间，县人民政府有一名分管县长负责，专门成立了领导组，每年都要在现场召开协调会，并发出会议纪要，不断地指导实施，解决实施中具体措施和部门协调问题。分管领导在关键季节都去现场指挥和解决实际问题。县委、县人大领导亲自参加论证会，并深入现场检查督促，为规划实施排忧解难，出谋划策。狮桥区委和乡党政领导挂帅出征抓实施。这些既表现出领导者的科技意识、综合性思维，又体现了领导者真抓实干的精神。

部门支持协作是办好实验区的关键。实验区综合考察期间从县直 9 个部门抽调专业科技人员，参加为期 3 个多月的内外调查工作，各部门既要安排抽出人员所承担的业务任务，又要承担车旅费、补助费等开支；在实施阶段既要指派技术人员担负技术指导，又要从物资、种苗、资金上帮助解决困难。调查组成员自始至终参加每次协调会。所以，实验区取得成果，是部门协调配合形成合力的结果。

（四）办好实验区必须遵循自然规律和经济规律，加强综合分析与整体研究

作为农业区划部门牵头协调建办的实验区，具有农业区划特征的综合性。它是以开发资源为对象，以区域开发为特点，以“区划—规划—实施”为手段，以项目群为内容，以提高农业总体功能效益为目的。建立一个多项目、多功能、多效益的实验区，必须坚持严谨的科学态度，既要遵循自然规律，坚持因地制宜，合理布局，又要遵循经济规律，综合选优，稳定协调地发展经济。云梯农业综合开发实验区在制订综合开发规划、加强宏观综合研究上，不是把单项和专业的规划进行简单汇总。由于部门从各自的角度出发，强调各自重要，所确定的规划方向、时间和速度，往往缺乏全局性。特别是在解决专业争夺用地、抢占开发突破口和重点项目上，如果没有宏观综合的指导，就难以形成真正有用的规划。随着农村经济发展，在制订综合规划和实施过程中，还必须包括交通、教育、卫生、商业、计划生育、村镇建设等内容。

（五）建办实验区符合国情，具有现实可能性

在国家财力不足、农业欠账多、问题多的情况下，各级各地方能集中力量，选择易于突破区域，每年上一两个实验区是能够办得到的。我国农业由于部门分割、单一化发展，其经济效益不高，迫切需要转入区域综合开发的轨道上来。然而，搞农业综合开发，国家和地方财力有限，除了国家批准的大项目外，县一级在一保吃饭、二搞建设的现实财政状况下，投入农业开发的资金十分有限。以宣城地区为例，每个县市一年安排农业发展资金只有数十万元到一百多万元。因此，所需农业开发资金不可能很快得到解决。但是，集中一定数量资金，抓一些实验区综合开发还是可能的。这样既可以避免一些地方搞单一和零星分散的开发而效益不高的问题，又可起到示范推广的作用，为各级领导指导农业生产提供依据和模式。

宁国县农业区划委员会办公室

一九九〇年十一月

1989 年云梯实验区基本情况一览表

表 23

<table>
<tr><th colspan="2">名称</th><th>实际数</th><th colspan="3">名称</th><th>实际数</th></tr>
<tr><td colspan="2">地理位置</td><td>北纬：30° 20′10″ ～ 30° 24′30″，东经：119° 14′40″ ～ 119° 24′0″</td><td colspan="3">村民组（个）</td><td>54</td></tr>
<tr><td colspan="2">土地总面积（平方千米）</td><td>50.64</td><td colspan="3">总户数（户）</td><td>1643</td></tr>
<tr><td rowspan="6">地形地貌</td><td>最高海拔（米）</td><td>1587</td><td>人口情况</td><td colspan="2">总人口（人）</td><td>6392</td></tr>
<tr><td>最低海拔（米）</td><td>150</td><td>—</td><td rowspan="2">其中</td><td>农业人口（人）</td><td>6314</td></tr>
<tr><td>一般海拔（米）</td><td>400 ～ 600</td><td></td><td>畲族人口（人）</td><td>1213</td></tr>
<tr><td>中山（平方千米）</td><td>5.93</td><td>—</td><td colspan="2">人口密度（人 / 平方千米）</td><td>126</td></tr>
<tr><td>低山（平方千米）</td><td>31.36</td><td colspan="3">总劳动力（个）</td><td>2439</td></tr>
<tr><td>丘陵（平方千米）</td><td>13.36</td><td colspan="3">—</td><td>—</td></tr>
<tr><td colspan="2">耕地总面积（亩）</td><td>5680</td><td colspan="3">—</td><td>—</td></tr>
<tr><td rowspan="2">其中</td><td>水田（亩）</td><td>4920</td><td colspan="3">—</td><td>—</td></tr>
<tr><td>旱、菜地（亩）</td><td>760</td><td colspan="3">—</td><td>—</td></tr>
<tr><td colspan="2">农业人均耕地（亩 / 人）</td><td>0.90</td><td colspan="3">—</td><td>—</td></tr>
<tr><td colspan="2">山场总面积（亩）</td><td>66894</td><td colspan="3">—</td><td>—</td></tr>
<tr><td colspan="2">农业人均山场（亩 / 人）</td><td>10.5</td><td colspan="3">—</td><td>—</td></tr>
<tr><td colspan="2">林业用地（亩）</td><td>56899</td><td colspan="3">—</td><td>—</td></tr>
<tr><td colspan="2">行政村数（个）</td><td>4</td><td colspan="3">—</td><td>—</td></tr>
</table>

1985—1989 年云梯实验区山场绿化和水土保持规划实施情况一览表

表 24 单位：亩、万立方米

名称	1985 年实绩	1986—1990 年规划开发数	1986—1989 年累计完成数	完成率（%）
荒山（亩）	18500	18500	17991	97.0
封山育林（亩）	2500	9200	9790	105.0
植树造林（亩）	354	7300	6670	91.4
其中：经济林（亩）	5500	3400	3224	94.8
有林地（亩）	31998	16500	16460	99.8
退耕停垦还林（亩）	—	2500	2500	100.0
改良利用草场（亩）	—	2000	790	39.5
建水平梯地（亩）	—	500	251	50.2
修复、新建水利、水土保持工程（处）	—	35	193	451.0
治水完成土石方（万立方米）	—	—	5.6	—
新建、改造省柴灶（个）	—	850	1260	148.0
新建沼气池（个）	—	30	15	50.0
新建小型水电站（个）	2	3	1	50.0
水土流失治理面积（平方千米）		16.48	14.48	87.9
侵蚀模数（吨 / 平方千米）	2276.5	800	480	—
林木总蓄积量（万立方米）	9.2	—	10.4	—
森林覆盖率（%）	50.5	72	72.2	100.3

云梯实验区农林牧项目规划实施前后对比表

表 25 单位：亩、吨

项目	1985 年实绩		1990 年规划数		1989 年完成数	
	面积（亩）	总产量或数量（吨）	面积（亩）	总产量或数量（吨）	面积（亩）	总产量或数量（吨）
粮食及大豆	7088.5	2211	6600	2350	6825	2255
油料	585.5	32	1100	82	911	51.8
茶叶	1430	13.6	1250	31	754	22.6
青梅	150	40	600	80	1050	100
其他水果	25	5	200	30	210	27
竹笋（鲜产）	8228	1553	17450	2903	10568	2730
其中：笋干	7557	115	16600	207	9328	180
板栗	14	7	400	20	191	10
山核桃	78	39	580	50	538	50
牛（头）	—	366	—	460	—	490
山羊（头）	—	57	—	200	—	185
生猪（头）	—	5355	—	6700	—	6525
其中：出栏量（头）	—	2192	—	3700	—	1965

续表 25

项目	1985 年实绩		1990 年规划数		1989 年完成数	
	面积（亩）	总产量或数量（吨）	面积（亩）	总产量或数量（吨）	面积（亩）	总产量或数量（吨）
家禽（只）	—	20978	—	30390	—	25500
禽蛋	—	11.3	—	30	—	25.3
肉类总产量	—	164	—	482	—	305

说明：本表粮食产量已经减去山上开垦种植产量数

宁国县云梯乡工农业总产值规划实施前后对比表

表 26

单位：万元

	1985 年实绩	1989 年规划数	1989 年完成数
工农业总产值（万元）	254.0	425.0	652.3
农业总产值（万元）	232.0	322.0	425.9
其中：种植业产值（万元）	116.0	150.0	132.0
林业产值（万元）	55.2	81.0	177.5
畜牧业产值（万元）	42.6	63.0	80.0
副业产值（万元）	16.5	25.0	31.0
渔业产值（万元）	1.7	3.0	5.4
工业总产值（万元）	18.2	87.0	200.5
第三产业总产值（万元）	3.5	16.0	25.9
全乡人均收入（元）	239.8	500.0	543.0
农业商品经济价值（万元）	103.9	260.0	258.0

宁国县人民政府
关于扶持云梯畲族乡发展经济的决定

我县云梯乡业经省人民政府批准为云梯畲族乡。为进一步落实党的民族政策，加速云梯畲族乡的经济发展，实现各民族共同富裕和共同繁荣，根据国家有关规定，县人民政府决定对扶持云梯畲族乡发展经济作如下决定：

1. 大力支持和帮助云梯畲族乡发展开发性农业。县农委、科委、水利、农业、林业、财政、医药等部门对云梯畲族乡的开发性农业项目要在政策、投入和工作指导下实行倾斜，尤其是要帮助该乡落实好笋干竹、青梅、中药材、母猪等重点项目发展计划，搞好技术培训。财政、金融等部门对开发性农业发展资金要给予重点支持。

2. 县交通、林业、水利、土地等部门要帮助该乡搞好道路建设总体规划，逐年实施。每年要挤出一部分资金，支持该乡道路、桥梁建设。

3. 农业、水利、林业等有关部门要从规划、资金等方面支持该乡搞好小流域治理和水利、农田基本建设。

4. 供电等部门要切实帮助该乡制定电力规划，确保工农业生产和人民生活需要，收费要给予优惠。

5. 从一九九三年起，授权云梯畲族乡人民政府根据国家规定，结合本乡实际，自行决定“两费”（根据农民应承担的社会负担而向农民收取的乡统筹款和村集体提留款）征收比例。

6. 积极扶持云梯畲族乡乡镇企业的发展。该乡乡、村新办企业，给予减免产品税、增值税、营业税二年，减免所得税三年的照顾。

7. 鼓励县内外国营、集体、乡镇企业、“三资”企业、私营企业到该乡创办企业或与原有企业进行联营、合资、合作；凡到云梯畲族乡联营、合资、独资、私营的企业可以享受乡镇企业税收的优惠政策。

以上决定请各部门、各单位遵照执行。

1992 年 11 月 7 日

主要参考文献

宁国市地方志办公室整理:《宁国县志》(明嘉靖版和民国版点校合订本)，黄山书社，2008 年 10 月。

国家文物事业管理局主编:《中国名胜词典》(安徽分册)，上海辞书出版社，1981 年 12 月。

宁国县地名委员会编:《安徽省宁国县地名录》，1985 年 9 月。

宁国县农业区划委员会办公室编:《安徽省宁国县名特优稀新产品资源》，1987 年 11 月。

宁国县水利水电局编:《宁国县水利志》，1988 年 11 月。

宁国县地方志编纂委员会编:《宁国县志》，生活・读书・新知三联书店，1997 年 7 月。

高志民主编:《宁国县公路志》，黄山书社，2000 年 10 月。

赵祖军编著:《走进宁国》，安徽教育出版社，2003 年 9 月。

谢红旗主编:《走进畲族乡》，宁国市云梯畲族乡中心小学，2007 年 10 月。

赵祖军主编:《安徽畲乡文化集锦》，安徽教育出版社，2012 年 10 月。

宁国市地方志编纂委员会编纂:《宁国市志(1978—2003)》，黄山书社，2013 年 12 月。

高生元:《古邑宁国》，中国文史出版社，2014 年 4 月。

蓝红英、汪斌主编:《说畲语》，宁国市云梯畲族乡中心小学，2016 年 5 月。

蓝红英主编:《唱畲歌》，宁国市云梯畲族乡中心小学，2016 年 5 月。

高生元编著:《许国公吴潜诗词文及年谱》，北京团结出版社，2017 年 8 月。

编纂始末

《中国名镇志丛书·云梯畲族乡志》是宁国市地方志办公室在完成编纂《宁国市志（1978—2003）》之后，即刻启动的编纂工程。2015年2月，宁国市人民政府举办《宁国市志（1978—2003）》首发式，安徽省地方志办公室领导参加了首发式并举行了宁国市地方历史文化调研座谈会。会后，到云梯畲族乡考察，对云梯畲族乡党委、人民政府提出编纂《中国名镇志丛书·云梯畲族乡志》的想法表示支持，同意列入中国地方志指导小组办公室开展的中国名镇志文化工程。

2015年6月，云梯畲族乡人民政府聘请《宁国市志（1978—2003）》主编、宁国市政协学习与文史资料委员会主任赵祖军为《中国名镇志丛书·云梯畲族乡志》主编，并随即成立了云梯畲族乡志编纂委员会，乡党委书记朱俊敏任主任，乡长钟奕辉任第一副主任，乡志编纂委员会下设办公室（以下简称乡志办），分管地方志工作的副乡长金雅玲任办公室主任，安排乡原党委副书记、退休干部钟有根和乡中心小学原校长、退休教师蓝开友协助主编开展乡志的编纂工作。

2015年6月，主编根据《中国名镇志文化工程实施方案》制定《中国名镇志丛书·云梯畲族乡志》编纂工作方案报乡志编纂委员会审定。7月，主编参加中国地方志指导小组办公室举办的“中国名镇志丛书编纂业务培训班”学习，并制定《中国名镇志丛书·云梯畲族乡志》篇目征求意见稿。8月，主编及乡志办的工作人员参加宣城市地方志办公室组织的到江苏吴江考察学习乡镇志编纂工作。9月，乡志办召开由乡、村干部参加的乡志篇目设计研讨会。10月，主编参加安徽省地方志办公室举办的“全省名镇名村编纂人员培训班”学习。11月，乡志办召开乡各部门负责人会议，部署乡志资料征集工作。12月，乡志办召开由省、宣城市、宁国市方志专家和历届乡党委书记、乡长参加的乡志篇目征求意见座谈会。

2016年12月，主编完成《中国名镇志丛书·云梯畲族乡志》初稿，2017年5月完成评议稿。6月，由乡志办邀请省、宣城市、宁国市方志专家史五一、章慧丽、郭晓辉、郑树森、王宁生以及市、乡文史专家高生元、钟有根、蓝开友参加《中国名镇志丛书·云梯畲族乡志》评议会，与会人员对志稿的篇目设置、内容取舍与归类、文字精练与规范以及志稿需要补充、完善的地方提出很好的意见和建议。8月，乡志办召开由乡、村干部参加的乡志评议稿征求意见座谈会。10月，中国地方志指导小组办公室组织专家对《中国名镇志丛书·云梯畲族乡志》篇目进行审阅修改。12月，主编完成《中国名镇志丛书·云梯畲族乡志》评议稿的修改，并请王宁生、郑树森校对，形成送审稿报各级地方志办公室审查。2018年5月，根据中国名镇志丛书审查验收评审意见，主编完成送审稿的修改，报中国名镇志丛书学术委员会验收。6月，根据方志出版社的审稿意见，主编完成志稿修改，报中国名镇志文化工程办公室验收。7月，根据方志出版社责任编辑意见，主编完成志稿修改形成定稿，报方志出版社。8—10月，主编配合出版社开展志稿的三审三校工作。11月，正式出版。

《中国名镇志丛书·云梯畲族乡志》是按照《中国名镇志文化工程实施方案》《中国名镇志丛书行文通则》要求编纂的。志书采用条目体结构，在坚持横排竖写、述而不论、生不立传等传统志体前提下，有所创新，不求面面俱到，突出“名”“特”内容，图文并茂，资料以微观为主，能反映名镇发展道路并揭示发展规律。

为突出《中国名镇志丛书·云梯畲族乡志》的民族特色，乡志在篇目中设置“畲族文化”和“畲乡风情”两个类目，在“基本乡情”类目中设置“畲族居民生活”“民族团结”分目，在艺文中选录了部分畲族民歌，节选了《畲山情》皖南花鼓戏剧本。

云梯畲族乡人民政府多次荣获“全国民族团结进步模范集体”称号。为充分反映云梯畲族乡的发展道路并揭示其发展规律，乡志设置“特色农业”类目，并在附录中选录了《云梯农业综合考察总体报告》《云梯农业综合开发实验区实施效益及探讨》《宁国县人民政府关于扶持云梯畲族乡发展经济的决定》3篇文献。

编纂《中国名镇志丛书·云梯畲族乡志》的资料来源，除志中所列参考文献外，一是来源于宁国市各部门统计、调研、总结材料：统计部门的人口普查资料、农业生产统计年报、统计年鉴；林业部门的森林资源调查报告；农业部门的龙王山土壤调查、中药材种植技术资料；农业区划部门的考察调研报告、实验总结材料；旅游部门的优秀旅游乡镇、星级景区、星级农家乐申报资料。二是来源于云梯畲族乡部门、单位的资料：新农村建设办公室的村村通水泥路工程、农村饮用水工程、农村环境卫生综合整治工程、千秋畲族村建设资料，文化站的非物质文化遗产申报、文物古迹和古籍调查、文化活动和实物照片资料，学校的校本教材和活动照片资料，卫生院的概况资料、电管站的电力建设资料，林业站的年报资料。三是来源于个人调研、摄影、绘画资料：蓝开友收集整理、创作的畲族民歌、畲乡美食菜谱等资料；钟有根调查整理的畲族人口、畲民生活等资料；高生元搜集整理的云梯吴氏和朱氏家谱、云梯人物、云梯古诗、千秋关历史等资料；黄国华搜集整理的云梯古迹、畲民生产生活习俗等资料；刘强调查整理的云梯畲族民间信仰资料；吴志辉调查研究宁国山核桃栽培资料；张连新、黄力刚、余小云、芮海林、陈为中、钱复生、许东升、汤玉清、余鸿亮、潘志强、王俸青、壹加影像等提供的照片资料；陈为中根据记忆绘出云梯一些消失古迹的印象画；赵祖军多年搜集整理的宁国地情资料，并根据乡志编纂需要编绘的《云梯畲族乡地图》《云梯畲族乡地理位置图》，拍摄的大量照片。在此，我们对各部门、单位、个人为编纂乡志提供资料表示衷心的感谢。

我们是首次编纂乡镇志，按照《中国名镇志文化工程实施方案》要求编纂乡志更是一种探索，由于时间和水平所限，该志难免有疏漏和不妥之处，敬请广大读者批评指正。

编　者

2018 年 11 月